THÉATRE
DE
SEDAINE

Avec une introduction

PAR

M. LOUIS MOLAND

Le Diable à quatre	Le Philosophe sans le savoir
Le Roi et le Fermier	La Gageure imprevue
Rose et Colas	Le Deserteur
Richard Cœur-de Lion	

PARIS
GARNIER FRÈRES, LIBRAIRES-ÉDITEURS
6, RUE DES SAINTS-PÈRES, 6

THÉATRE

DE

SEDAINE

ORLÉANS. — IMPRIMERIE ORLÉANAISE
69, rue Royale, 68

THÉATRE
DE
SEDAINE

Avec une introduction

PAR

M. LOUIS MOLAND

Le Diable à quatre
Le Roi et le Fermier
Rose et Colas
Le Philosophe sans le savoir
La Gageure imprévue
Le Déserteur
Richard Cœur de Lion

PARIS
GARNIER FRÈRES, LIBRAIRES-EDITEURS

6, RUE DES SAINTS-PÈRES, 6

INTRODUCTION

Michel-Jean Sedaine, l'auteur du *Philosophe sans le savoir*, n'était pas d'illustre origine et ce ne sont pas des ducs et des comtes qui se pressent dans sa généalogie. Ce sont des maîtres maçons ou architectes, des menuisiers, des serruriers. Déjà, de son vivant, on lui faisait un mérite de cette origine modeste. A plus forte raison ne peut-elle lui faire tort aujourd'hui.

Sa famille était de Saint-Maur, près Paris. Son grand-père, Jean Sedaine, y demeurait dès le milieu du xviie siècle ; il y était maître maçon architecte. Le fils de Jean, né à Saint-Maur, Jean-Pierre Sedaine, fut, comme l'on dit, « élevé dans le bâtiment ». Il se maria, le 22 avril 1718, à la paroisse de Saint-Gervais ; il n'habitait cette paroisse que depuis quatre mois. Jean-Pierre Sedaine est qualifié, dans l'acte de mariage, « architecte, entrepreneur des bâtiments de Son Altesse Sérénissime madame la duchesse de Bourbon ». Il épousa Marie-Jeanne Gourdain, demeurant rue des Escouffes, fille de Dieudonné-Didier Gourdain, menuisier. Ce menuisier était « absent depuis dix-sept ans sans qu'on en ait reçu des nouvelles ni qu'on ait pu savoir où il est ». Le mariage eut lieu en présence des père et mère de l'époux Jean-Pierre, et de Michel Richer, architecte, rue des Escouffes, oncle de la mariée, représentant la mère de celle-ci.

Marie-Jeanne Gourdain donna à Jean-Pierre Sedaine sept enfants, dont six fils. L'aîné est notre poëte Michel-Jean, né le vendredi 2 juin 1719.

Dans les baptistaires de ses enfants, Jean-Pierre est dit tantôt maître maçon, tantôt architèque (*sic*). A l'enterrement de sa sœur Jeanne, femme de Nicolas Poitevin, maître serrurier, il est qualifié « architecte et entrepreneur des bastiments du Roi » (registre de Saint-Séverin, 19 janvier 1725). Malgré ces titres, Jean-Pierre, loin de faire fortune, mangea ce qu'il pouvait avoir. On lui procura un emploi dans les forges du Berry. Il partit, emmenant Michel-Jean qui avait commencé ses études. Le père ne tarda pas à mourir, de chagrin, dit-on, et Michel-Jean revint à Paris, où la tradition prétend qu'il fut obligé, pour vivre, de prendre le marteau de tailleur de pierres. « Je n'ai pu, dit M. Jal (1), trouver ni une lettre de Sedaine faisant allusion à cette circonstance de sa vie, ni un témoignage écrit d'un contemporain, d'un ami du jeune ouvrier. »

Nous pouvons du moins citer les lignes suivantes de la préface du *Recueil de Poésies fugitives* (1752) : « J'ai mis fort à leur aise ceux qui voudront me deviner; non pas que j'aie placé au frontispice ni mes qualités, ni l'anagramme de mon nom : mais on lira quelques détails qui pourront au moins faire deviner ma profession ; et je m'attends bien que quelque lecteur, qui y aura pris garde, pourra me

---

1) *Dictionnaire de biographie et d'histoire.*

dire par forme d'avis : *Soyez plutôt maçon*. Mais pourquoi ne serais-je pas maçon et poëte ? Apollon, mon seigneur et maître, a bien été l'un et l'autre. Pourquoi ne tiendrais-je pas un petit coin sur le Parnasse auprès du Menuisier de Nevers ? Pourquoi n'associerais-je pas ma truelle au vilebrequin de maître Adam ? Je sais bien qu'on a lieu de se défier qu'un maçon-poëte ne maçonne mal, et qu'un poëte-maçon ne fasse de méchants vers. Là-dessus j'ai fait mon choix : j'aime encore mieux passer pour mal versifier que pour mal bâtir ; c'est pour vivre que je suis maçon : je ne suis poëte que pour rire. »

Ce témoignage paraît assez explicite. Dans l'épître à Mme L. C. (Le Comte), qui est en tête de ses poésies, l'auteur s'exprime d'une manière plus précise encore :

> Ma vanité craint peu de lever le rideau,
> Et de mes premiers jours regarder le tableau :
> Avant que le soleil, pénétrant l'atmosphère,
> Eût porté ses rayons jusque sur l'hémisphère,
> Arraché chaque jour à l'humble matelas
> Où souvent le sommeil me fuyait quoique las,
> J'allais, les reins ployés, ébaucher une pierre,
> La tailler, l'aplanir, la retourner d'équerre.
> Souvent le froid m'ôtait l'usage de la voix,
> Et mon ciseau glacé s'échappait de mes doigts.
> Le soleil dans l'été, frappant sur des murailles,
> Par un double foyer me brûlait les entrailles.
> La rigueur des saisons, la peine de mes mains,
> N'étaient que mes travaux, et non pas mes chagrins
> Un tempérament faible, une santé peu ferme,
> N'annonçaient à mes maux que le trépas pour terme,
> Et l'âge, déployant en moi le sentiment,
> Par ce présent funeste augmentait mon tourment.
> Enfants efféminés de Virgile et d'Horace,
> Est-ce là le chemin qui conduit au Parnasse ?

> Et Thalie à des doigts chargés de durillons
> A-t-elle osé jamais confier ses crayons ?

Pourquoi n'en croirait-on pas le poëte lui-même ? Je ne vois aucune raison de douter de commencements qui sont si simplement avoués. Il est vrai qu'au moment où il écrit cette dédicace, Sedaine caractérise autrement sa besogne quotidienne :

> Boileau, dans des jardins qu'ornait le chevrefeuil,
> N'était importuné que des oiseaux d'Auteuil.
> Libre du triste sort qui sans cesse m'opprime,
> Son seul travail était de chercher une rime.
> Par lui cent artisans dirigés, employés,
> De leurs travaux par lui n'étaient pas soudoyés ;
> Des maçons effrénés, des manœuvres rustiques
> Ne l'étourdissaient point de leurs accents gothiques.

Ainsi il était, comme l'on dit, passé des chantiers dans les bureaux ; il était contre-maître, surveillant, payeur. L'anecdote mise en circulation par Ducis, contemporain de Sedaine, qui montre celui-ci lisant et s'instruisant dans l'intervalle de son rude travail, surpris dans sa lecture par l'architecte Buron, le grand-père du peintre David, qui s'intéresse à lui et lui donne des occupations, sinon littéraires, du moins plus conformes au tempérament et aux goûts du jeune homme ; cette anecdote est donc parfaitement justifiée, et le savant M. Jal n'aurait eu qu'à en demander au poëte lui-même la confirmation très-formelle. Il arrive ainsi que les érudits cherchent parfois bien loin ce que leur auteur leur eût fourni sans peine.

Le témoignage de Diderot, dans le *Paradoxe sur le comédien*, est aussi très-concluant : « Savez-vous, dit-il, ce qui serait sorti de la tête de l'auteur du *hilosophe sans le savoir*, etc., si, au lieu de passer trente-cinq ans de sa vie à gâcher le plâtre et à couper la pierre, il eût employé tout ce temps à lire et à méditer Homère, Virgile, etc.? »

Ce n'était pas tout de n'être plus réduit à subsister du travail de ses mains, d'être employé, peut-être associé d'un architecte. Sedaine, tourmenté de l'ambition d'écrire, cultivait la poésie. Quelques pièces de vers commencèrent sa réputation. *L'Épître à mon habit* fut celle qui fit le plus pour mettre son nom en lumière. Cette pièce, plusieurs fois imprimée, eut assez de succès pour que certains rimeurs voulussent l'adopter. L'abbé Raynal, dans les *Nouvelles littéraires*, écrivait, à la date du 8 février 1751 : « M. Dromgold est Irlandais et secrétaire des commandements de M. le comte de Clermont. Il doit ce qu'il a de réputation et de fortune à une assez mauvaise critique du poëme de *Fontenoi*, de M. de Voltaire, qu'il fit dans le temps. On n'avait pas entendu parler depuis de lui dans les lettres. Il y a quelques jours qu'ayant paru très-bien vêtu dans un cercle il y fut accueilli avec plus de distinction qu'il ne l'était ordinairement. Cette aventure lui donna l'idée d'adresser à son habit un remerciement. L'imagination de cette pièce m'a paru plaisante ; mais j'en ai trouvé l'exécution commune et prosaïque (1). » Et l'abbé Raynal transcrit tout au long en cet endroit l'épître de Sedaine. Celui-ci, comme vous pensez bien, fut piqué au vif. Son amour-propre lui disait : « Vous

---

(1) Voyez la nouvelle édition de la *Correspondance littéraire...*, par Grimm, Diderot, Raynal, Meister, etc. Paris, Garnier frères, 1877, t. II, p. 26.

êtes soupçonné d'un mensonge, d'un plagiat ; le cas est sérieux, la probité y est intéressée, réclamez votre épître ; et pour justifier le droit que vous y avez, joignez-y quelques nouvelles productions à peu près du même ton : on sera plus disposé à croire que vous l'avez faite, lorsqu'il sera démontré par pièces de comparaison que vous avez pu la faire (1). »

De là le recueil de 1752, qui est son début dans les lettres et qui ne fut pas mal accueilli, puisqu'il fut réimprimé en 1760. Une vocation prononcée le dirigea bientôt vers le théâtre. Après quelques essais sur les théâtres de société 2), il aborda la scène publique, non pas la scène autorisée et officielle des Comédiens-Français, mais d'abord la scène plus modeste des théâtres forains. *Le Diable à quatre, ou la Double Métamorphose*, qu'on trouvera ci-après, est véritablement sa première pièce. Ce fut un succès populaire.

Ne comptons pas l'échec d'*Anacréon* au Théâtre-Italien, en 1758. La deuxième pièce de Sedaine est *Blaise le Savetier*, opéra comique représenté au théâtre de la foire Saint-Germain le 9 mars 1759. La musique était de Philidor. Vous vous rappelez sans doute un petit conte de La Fontaine intitulé *le Savetier :*

> Un savetier, que nous nommerons Blaise,
> Prit belle femme et fut très-avisé..., etc.

C'est ce conte qui a fourni à Sedaine son opéra comique. Blaise va se rendre au cabaret malgré les

---

(1) *Poésies fugitives*, préface au lecteur.
(2) *Anacréon*, pastorale héroïque, y fut joué dès 1754.

remontrances de sa femme Blaisine, quand des recors, soutenus de la femme d'un huissier, propriétaire de la maison où ils demeurent, viennent saisir leurs meubles. Blaise confie à sa femme l'amour de la femme de l'huissier pour lui, et Blaisine lui confie à son tour l'amour de l'huissier pour elle. Tous deux se mettent en tête de duper l'huissier. Une armoire, où l'huissier est enfermé, sert à leur stratagème, qui réussit complétement.

Ce que Sedaine ne pouvait savoir c'est que, de la même anecdote, La Fontaine lui-même avait fait une petite pièce sous ce titre : *Les Rieurs du Beau-Richard*, car *les Rieurs du Beau-Richard* n'ont été retrouvés que dans notre siècle, parmi les papiers de Tallemant des Réaux (1).

Sedaine avait toutefois innové, dans une certaine mesure, en formant la partie carrée entre ses personnages et en donnant à son M. Pince une Mme Pince, qui joue avec Blaise le même jeu que M. Pince avec Blaisine. Il y a des mots assez lestes. Blaisine dit à son adorateur : « Vous vous moquez de moi, monsieur Pince, un homme comme vous! — Pourquoi, pourquoi? dit M. Pince la pressant. — Dame! un huissier à verge! »

Blaise le Savetier fut représenté à Versailles devant Leurs Majestés, le mercredi 17 mars 1762, par les Comédiens-Italiens, et n'eut pas moins de succès à la cour qu'à la ville.

Ce succès mit Sedaine hors de pair parmi les fournisseurs de ces théâtres forains, qui étaient à cette époque ce que furent ensuite les théâtres de genre

---

(1) Voyez notre édition des *Œuvres complètes de La Fontaine*, t. V, pp. xiv-xvii.

par rapport aux scènes classiques. Il déploya une sorte de génie instinctif dans la composition des comédies mêlées d'ariettes ou des opéras comiques, qui étaient alors dans leur nouveauté.

Après *Blaise le Savetier* Sedaine produisit :

L'Huître et les Plaideurs, ou le Tribunal de la chicane, opéra comique en un acte, musique de Philidor, joué le 18 septembre 1759 sur le théâtre de la foire Saint-Laurent ;

Les Troqueurs dupés, comédie en un acte mêlée d'ariettes, musique de Sodi, jouée le 6 mars 1760 sur le théâtre de la foire Saint-Germain ;

Le Jardinier et son Seigneur, opéra comique en un acte, musique de Philidor, joué sur le même théâtre le 18 février 1761 ;

On ne s'avise jamais de tout, opéra comique en un acte, musique de Monsigny, joué sur le théâtre de la foire Saint-Laurent le 14 septembre 1761, et qui, de même que *Blaise le Savetier,* eut l'honneur de paraître devant la cour, à Fontainebleau, le 2 décembre de la même année.

Comme l'on voit par les titres de ces diverses pièces, Sedaine puisait habituellement ses inspirations dans La Fontaine, et il existe en effet une parenté, une affinité très-visible entre l'esprit de l'un et l'esprit de l'autre. Tous deux ont la naïveté et la bonhomie ; leur talent est d'instinct, non d'éducation, et si Sedaine est un poëte bien faible en comparaison du maître souverain de la fable et du conte en vers, il a son don propre, le don de créer pour la scène, de concevoir des tableaux que la perspective du théâtre fait merveilleusement valoir.

Continuons à énumérer ses productions successives :

Le Roi et le Fermier, comédie en trois actes mêlée d'ariettes, musique de Monsigny, jouée sur le Théâtre-Italien, le 22 novembre 1762 ; qui fait partie de notre recueil ;

Rose et Colas, comédie mêlée d'ariettes, en un acte, musique de Monsigny, représentée le 8 mars 1764 par les Comédiens-Italiens ; qui fait partie de notre recueil ;

L'Anneau perdu et retrouvé, opéra comique en un acte, musique de Laborde, joué le 20 août 1764 à la Comédie-Italienne.

Sedaine a quarante-cinq ans. Jusqu'ici il n'a travaillé que dans un genre évidemment inférieur, au point de vue littéraire, puisqu'il n'est pas indépendant de la musique et que Philidor, Sodi, Monsigny, etc., avaient droit de réclamer dans les succès obtenus une part au moins égale à celle de l'écrivain. Ces succès avaient mis Sedaine en relations avec les littérateurs de son temps, notamment avec Diderot, très-préoccupé, comme on sait, du théâtre et prétendant révolutionner la scène française au moyen du *drame*.

Le drame n'était pas d'invention nouvelle. Déjà, à vrai dire, nous le pouvons reconnaître dans les pièces de Nivelle de La Chaussée, créateur de la *comédie larmoyante*, qui diffère peu de la *comédie sérieuse* ou drame, si ce n'est qu'elle avait des prétentions moins révolutionnaires. Il avait fleuri avec beaucoup d'éclat dans la littérature espagnole de la belle époque, où l'on trouve des drames comme l'*Étoile de Séville*, de Lope de Vega, ou le *Médecin de son honneur*, de Calderon. Il fleurissait dans la littérature anglaise, où les successeurs de Shakespeare lui conservaient assez de vigueur et surtout de liberté. Il ne s'agissait donc pas d'une découverte, encore moins d'une révélation, mais de l'introduction, ou plutôt de la réinstallation sur notre scène d'un genre qui, depuis longtemps, en était à peu près exclu.

Toute affirmation, chez nous, a besoin d'abord de se faire agressive et de combattre ce qui existe avant elle. Diderot entra en guerre contre la tragédie et contre la comédie, qui n'en pouvaient mais. Il imagina, en outre, des principes nouveaux : que ce sont les conditions qu'il faut mettre en scène, et non plus les caractères ; que les personnages ne doivent plus être contrastés, mais différenciés, etc. Toutes ces discussions étaient stériles et oiseuses. Le drame n'avait qu'à prendre place à côté de ses sœurs aînées et au-dessous d'elles, sans prétendre les supprimer. On voit bien maintenant que la tragédie, la comédie, le drame, peuvent parfaitement subsister sur la même scène, en charmant tour à tour les esprits.

Pour rendre son droit de cité à cette forme de l'art, ce qu'il fallait, c'étaient, non pas des dissertations, mais des œuvres puissantes et durables. Le mérite d'avoir produit la plus durable de ces œuvres revient à Sedaine. Le *Philosophe sans le savoir*, quoique l'auteur l'ait intitulé comédie, est sans contredit un drame intéressant, pathétique, qui décida la fortune de ce genre de pièces, que le succès même du *Père de famille*, de Diderot (1761), n'avait pas assurée.

Aussi l'on sait avec quels transports Diderot accueillit l'apparition de cette œuvre qui donnait raison à ses théories ; il a raconté à plusieurs reprises ses premières impressions. Voici ce qu'il dit dans le *Paradoxe sur le comédien* : « Sedaine donne le *Philosophe sans le savoir*. Je m'intéressais plus vivement que lui au succès de la pièce ; la jalousie de talents est un vice qui m'est étranger, j'en ai assez d'autres sans celui-là : j'atteste tous mes confrères en littérature, lorsqu'ils ont daigné quelquefois me consulter sur leurs ouvrages, si je n'ai pas fait tout ce qui dépendait de moi pour répondre dignement à cette marque distinguée de leur estime. Le *Philosophe sans le savoir* chancelle à la première, à la seconde représentation, et j'en suis bien affligé ; à la troisième, il va aux nues, et j'en suis transporté de joie. Le lendemain matin, je me jette dans un fiacre, je cours après Sedaine ; c'était en hiver, il faisait le froid le plus rigoureux ; je vais partout où j'espère le trouver. J'apprends qu'il est au fond du faubourg Saint-Antoine, je m'y fais conduire. Je l'aborde, je jette mes bras autour de son cou ; la voix me manque, et les larmes me coulent le long des joues. Voilà l'homme sensible et médiocre. Sedaine, immobile et froid, me regarde et me dit : « Ah ! monsieur « Diderot, que vous êtes beau ! » Voilà l'observateur et l'homme de génie ! »

Lisez la lettre du même Diderot à l'abbé Le Monnier, dans l'édition des *Œuvres complètes* publiée par MM. Assézat et Tourneux (1), tome XIX, page 360 ; elle est bien curieuse et expressive.

Grimm écrit dans sa *Correspondance :* « Je ne me souviens pas d'avoir jamais eu au spectacle une émotion plus délicieuse que celle que j'éprouvai à la première représentation de cette charmante pièce. Mon seul regret était de ne la pas voir recommencer tout de suite. Quoique je ne connusse l'auteur pas même de vue, je me sentis tout à coup embrasé pour

(1) Librairie Garnier frères.

lui de l'amitié la plus vive et la plus tendre. Je l'ai vu depuis; son air simple, serein et tranquille, n'est pas propre à diminuer l'intérêt qu'inspire son ouvrage. Je pense que tout homme qui a le goût du vrai et de l'honnête ne peut penser à M. Sedaine et à sa pièce avec indifférence, et j'ai éprouvé que l'attache qu'on met à son succès peut aller jusqu'à troubler le sommeil. »

Michel Sedaine en effet, c'est ici le moment de le constater, joignait à son talent un caractère probe et solide, simple et honnête, que tous ceux de ses contemporains qui ont parlé de lui se sont plu à reconnaître. Ses opéras comiques lui avaient valu l'aisance (on verra (1) que le *Roi et le Fermier* ne lui rapporta pas moins de dix mille livres), le *Philosophe sans le savoir* lui valut la réputation. Les pièces suivantes vinrent affermir et accroître cette réputation :

Aline, reine de Golconde, opéra-ballet, musique de Monsigny, joué à l'Opéra le 15 avril 1766 ;

La Gageure imprévue, donnée à la Comédie-Française le 27 mai 1766 ;

Les Sabots, comédie en un acte mêlée d'ariettes, où il eut Cazotte pour collaborateur, musique de Duni, jouée au Théâtre-Italien le 27 mai 1768 ;

Le Déserteur, drame en trois actes mêlé d'ariettes, musique de Monsigny, représenté le 6 mars 1769 au même théâtre.

Le 4 avril 1769, à cinquante ans, il épousa, à Saint-Paul, Susanne-Charlotte Seriny, orpheline. Ses témoins furent le compositeur Monsigny, et son frère Jacques-Joseph Monsigny, « écuyer, officier dans la légion royale ». Sedaine demeurait alors rue du

---

(1) Page XXVI.

Puits, sur le territoire de Saint-Jean en Grève. Après son mariage, il alla demeurer au vieux Louvre. Deux mois plus tard, le 11 juin, il fut père d'une fille, Susanne-Charlotte, ce qui prouve qu'il régularisait par ce mariage une liaison préexistante. Outre Susanne-Charlotte, il eut encore trois enfants : Anastase-Henri, le 9 novembre 1770 ; Anastase-Michel, le 11 septembre 1778 ; et Anastase-Susanne, le 12 septembre 1779.

Dans l'acte de naissance de son deuxième enfant, Anastase-Henri, Sedaine est qualifié « architecte du roi, secrétaire perpétuel de son Académie d'architecture ». C'est à l'auteur dramatique, sans doute, beaucoup plutôt qu'à l'ancien contre-maître, que ces titres avaient été décernés.

Sedaine continua de travailler, mais presque exclusivement pour les théâtres où la musique s'associait aux paroles. Il avait, après la *Gageure imprévue*, composé pour les Comédiens-Français une tragédie en prose, en cinq actes, intitulée *Maillard, ou Paris sauvé*, qu'ils reçurent en 1771. Mais la représentation en fut interdite par la censure. Imprimé chez Prault en 1788, in-8°, *Maillard, ou Paris sauvé* eut la permission de paraître devant le public en janvier 1790. A cette époque les Comédiens montrèrent peu d'empressement à jouer le drame historique de Sedaine ; ils donnèrent le pas à d'autres ouvrages. Sedaine, mécontent, leur signifia, en termes d'une parfaite convenance d'ailleurs, qu'il leur retirait sa pièce pour la porter au théâtre du Marais. Dazincourt, au nom de ses camarades, lui répondit, le 26 novembre 1791, pour lui témoigner poliment leurs regrets. Il est douteux que, même au théâtre du Marais, *Maillard, ou Paris sauvé* ait vu la lumière de la rampe. Pour retracer ici jusqu'au bout les malheureuses destinées de cet ouvrage, nous avons devancé beaucoup les événements ; nous allons reprendre la suite des compositions de Sedaine :

Thémire, pastorale en un acte mêlée d'ariettes, musique de Duni, représentée à Fontainebleau, devant la cour, le 20 octobre 1770, puis la même année à la Comédie-Italienne ;

Le Faucon, opéra comique en un acte, musique de Monsigny, représenté à Fontainebleau, devant la cour, le 2 novembre 1771, et à la Comédie-Italienne le 19 mars 1772 ;

Le Magnifique, comédie en trois actes, en prose et en vers mis en musique, terminée par un divertissement, musique de Grétry, à la Comédie-Italienne, 4 mars 1773 ;

Les Femmes vengées, opéra comique en un acte, musique de Philidor, à la Comédie-Italienne, le 20 mars 1775 ;

Le Mort marié, opéra comique en deux actes, musique de Bianchi, à la Comédie-Italienne, le 12 février 1777. Ce fut d'abord, dit-on, une comédie que les Comédiens-Français refusèrent ;

Proverbe par M. Sedaine, imprimé dans la *Correspondance* de Grimm, septembre 1777 ;

Félix, ou l'Enfant trouvé, comédie en trois actes, en prose, mêlée d'ariettes, musique de Monsigny, représentée le 10 novembre 1777 à Fontainebleau, devant la cour, puis à la Comédie-Italienne ;

Aucassin et Nicolette, ou les Mœurs du bon vieux temps, comédie en trois actes, avec ariettes, musique de Grétry, représentée le 30 décembre 1779 à Versailles, devant la cour, puis à la Comédie-Italienne ;

Thalie au Nouveau Théâtre, prologue en prose et

en vers, avec ariettes et vaudevilles, musique de Grétry, à la Comédie-Italienne, 28 avril 1783, pour l'inauguration de la nouvelle salle (de la rue Favart);

Richard Cœur de Lion, comédie en trois actes, en prose et en vers mis en musique, musique de Grétry, à la Comédie-Italienne, le 21 octobre 1784.

Le succès extraordinaire de cette dernière œuvre contribua sans doute à faire arriver l'auteur à l'Académie française, où il fut reçu, en 1786, à la place de Watelet. Cette nomination fut sollicitée avec hauteur par le public, mécontent de voir sans cesse refuser un vieillard toujours applaudi, et dont la modestie et les bonnes mœurs étaient généralement connues. C'est un des cas très-rares où le corps académique a dû, bon gré mal gré, compter avec l'opinion.

Quoiqu'il eût alors soixante-sept ans, Sedaine continua de travailler. Il donna :

Le comte d'Albert, drame en deux actes mêlé d'ariettes, musique de Grétry, à Fontainebleau, devant la cour, le 13 novembre 1786, puis à la Comédie-Italienne ;

La Suite du comte d'Albert, opéra comique en un acte, musique de Grétry, à la Comédie-Italienne, 1787 ;

Amphitryon, opéra en trois actes, musique de Grétry, représenté à Versailles devant la cour, le 15 mars 1786, et à l'Académie de musique, le 15 juillet 1788 ;

Raoul Barbe-Bleue, comédie en trois actes mêlée d'ariettes, musique de Grétry, à la Comédie-Italienne, le 2 mars 1789 ;

Raymond V, comte de Toulouse, ou le Troubadour, comédie en cinq actes, en prose, à la Comédie-Française, le 22 septembre 1789.

C'est par cette pièce que l'auteur du *Philosophe sans le savoir* reparut une dernière fois sur le Théâtre-Français.

En voici le sujet. Le comte de Toulouse tâche de retenir à sa cour la comtesse de Boulogne, dont il est très-amoureux et dont il voudrait devenir l'époux. Il a trouvé dans un bosquet une comédie critique contre les courtisans, dont la comtesse est l'auteur. Celle-ci la lui redemande. Raymond refuse de la rendre et prie la comtesse de lui permettre de la faire représenter sur son théâtre. La comtesse y consent, et promet à Raymond de l'épouser s'il réussit à faire représenter son ouvrage. Un troubadour qui se trouve à la cour de Raymond veut bien, après quelques difficultés, passer pour l auteur de la pièce. Pour la représentation de l'ouvrage, il faut l'approbation du grand référendaire, du sénéchal, celle de leurs subordonnés, etc., etc., qui déclarent la pièce immorale, scandaleuse, et expédient à l'auteur l'ordre de quitter la ville. Le comte, indigné, menace de sa colère ceux qui s'opposent à la représentation, et déclare qu'il veut qu'elle ait lieu le jour même. On feint d'obéir; mais, au moment de commencer, on vient annoncer à Raymond que le théâtre est la proie des flammes. Le comte est désespéré de cet accident, qui lui enlève la main de la comtesse. Mais celle-ci, qui a voulu seulement lui prouver que, malgré son rang et son pouvoir, il ne pourrait point faire jouer un ouvrage proscrit par ses courtisans, se fait connaître pour le véritable auteur de la comédie persécutée, et donne sa main à Raymond.

La comédie de Sedaine n'eut que deux représentations. Cela peut jusqu'à un certain point expliquer la tiédeur des comédiens pour *Maillard, ou Paris sauvé*, lorsque cette pièce, dont nous avons parlé précédemment, leur fut rendue quelques mois plus tard.

Guillaume Tell, drame en trois actes, en prose et en vers, musique de Grétry, au mois de mars 1791, aux Italiens;

Pagamin, ou le Calendrier des vieillards, opéra comique en un acte, musique de Berardo Porta, en 1792, au théâtre des Amis de la patrie, ci-devant Théâtre de la rue Louvois;

Basile, ou A trompeur trompeur et demi, opéra comique, poëme du citoyen Sedaine, musique du citoyen Grétry, aux Italiens, 17 octobre 1792;

La Blanche Haquenée, opéra lyrique en trois actes, du citoyen Sedaine, musique du citoyen Porta, aux Italiens, le 24 mai 1793.

La Révolution avait ruiné Sedaine et l'avait dépouillé du titre qui lui était le plus cher, celui d'académicien. Lorsque, en 1795, fut créé l'Institut national, dont l'Académie française forma l'une des sections, Sedaine ne fut pas du nombre des anciens académiciens appelés à faire partie de l'institution nouvelle. Il en éprouva un vif dépit. En revanche, le lycée des Arts s'honora de le compter parmi ses membres.

Sedaine vécut deux années encore, fort infirme et souffrant. Peu de temps avant sa mort, le bruit qu'il avait succombé ayant couru, les journaux du temps se répandirent en éloges du défunt, et le vieillard eut la consolation de lire ces flatteuses oraisons funèbres. Il expira le 17 mai 1797, à l'âge de soixante-dix-huit ans, dans sa petite maison de la rue de la Roquette, entouré de sa femme et de ses enfants, à qui il ne laissait guère que son nom pour toute fortune.

A propos de cette petite maison de la rue de la Roquette, M. Jal fournit les renseignements suivants : « Elle existe encore ; c'est celle qui est sous le n° 13. Lorsque Régnier, le peintre de paysages, recueillit les éléments de l'ouvrage qu'il publia avec Champion le lithographe, sous ce titre : *Habitations des personnages les plus célèbres de France*, la maison de Sedaine appartenait à Mme de La Sable, qui l'avait acquise des héritiers de notre auteur. Cette dame fit remarquer à Régnier, outre le plan général et la décoration de ce petit logis assez singulier, un cadran solaire porté sur un pied en pierre, sculpté d'après un dessin de Sedaine, et, dans le fond du jardin, au milieu d'un bosquet, une sorte de cabinet rustique, revêtu de troncs et de branches d'arbres. Au bas de cette maisonnette, était la chambre du dramaturge. C'est dans cette retraite que Sedaine composa son *Philosophe*. Mme de La Sable fit voir à Régnier une porte assez éloignée du kiosque, et lui dit : « Voici la porte à laquelle Sedaine fit frapper, pour en essayer l'effet, les trois coups qui produisent une si vive impression à la représentation du *Philosophe sans le savoir*. »

Cette dernière partie de la tradition était sans doute erronée. M. Jal a constaté lui-même qu'à l'époque de son mariage, quatre ans après la représentation du *Philosophe,* Sedaine habitait encore rue du Puits, et qu'il alla ensuite demeurer au vieux Louvre. Aujourd'hui, toute trace de cette maisonnette de la rue de la Roquette a disparu, mais le nom de Sedaine a été donné à une rue voisine.

Sedaine avait un neveu qui s'appelait Sedaine de Sarcy et qui fit jouer, du vivant de son oncle :

Les Défauts supposés, comédie en un acte, représentée pour la première fois sur le théâtre du Palais-Royal, le 28 janvier 1788 ;

L'Ile enchantée, opéra comique en trois actes, musique de Bruni, représentée au théâtre de Monsieur (salle des Tuileries), le 3 août 1789.

La dernière survivante des enfants de Sedaine, Anastase-Susanne, mourut à Tours, en 1864, dans sa quatre-vingt-sixième année.

LE DIABLE A QUATRE

Les deux premières pièces de Sedaine que nous reproduisons, le *Diable à quatre* et le *Roi et le Fermier*, sont imitées de l'anglais. Sedaine n'alla pas les chercher bien loin. En 1756 parut le *Choix de petites pieces du théâtre anglais*, traduites par Patu (1). Dans le premier tome se trouvaient traduites la petite pièce du libraire Dodsley, *the King and the Miller of Mansfield* (le Roi et le Meunier de Mansfield), et une petite pièce de Farqwhar, que le traducteur intitule « *le Diable à quatre, ou les Femmes métamorphosées*, comédie burlesque en un acte ». C'est de cette dernière que Sedaine fit d'abord son profit; il l'adapta à la scène sans grand changement, et la même année, le 19 août 1756, à la foire Saint-Laurent, fit représenter « *le Diable à quatre, ou la Double Métamorphose*, opéra comique », avec un grand succès.

Sedaine avait tout de suite compris qu'il y avait là un excellent canevas comique; ce canevas, en effet,

---

(1) A Londres, et se vend à Paris, chez Prault fils, à l'entrée du quai de Conti, à la Charité, 2 tomes in-12.

paraît venir de nos vieux contes, source fertile des bonnes plaisanteries satiriques, surtout des plaisanteries sur les femmes qui ont mauvaise tête. La gaieté gauloise se reconnut dans ce miroir. Aussi le *Diable à quatre* eut-il une fortune peu commune. Pendant la première moitié de ce siècle, il a été repris sans cesse, sans cesse transformé et arrangé. Nous ne signalerons que les plus notables de ces reprises et de ces transformations. Le *Diable à quatre, ou la Femme acariâtre*, de Sedaine, arrangé par Creuzé de Lesser, fut joué au théâtre de l'Opéra-Comique, rue Feydeau, le jeudi 30 novembre 1809. Creuzé de Lesser, qui n'a pas signé, explique dans une note son travail : « Cet opéra comique, dit-il, un des premiers ouvrages de Sedaine, n'est pas le meilleur ; mais c'est incontestablement le plus gai. En s'y permettant, dans tous les actes et surtout dans le troisième, des changements quelquefois nécessaires, on a conservé avec scrupule tout ce qui, dans cette pièce, a paru susceptible de quelque effet. Dans ce travail, on a appris à apprécier encore plus ce grand architecte théâtral, dont les moindres productions sont souvent empreintes d'un talent si vrai, et que, malgré ses défauts, tout auteur dramatique doit estimer, sous peine de n'être jamais lui-même très-estimable dans son art. »

Le marquis et la marquise sont devenus M. Floridor, jeune banquier, et Mme Floridor. La scène se passe à la campagne, « dans le temps où il y avait des sorciers ». L'arrangeur a été surtout préoccupé de faire accepter le sorcier Kerbumalec à des spectateurs sceptiques. Il lui donne un langage ironique, le langage d'un enchanteur qui ne croit pas en lui-même : « Je veux prouver, dit-il, en punissant cette femme, et même en la corrigeant s'il est possible, que je suis un sorcier moral et qu'il y a des honnêtes gens partout. » Je doute que cet air de ne vouloir pas être dupe fût une innovation heureuse. Il valait mieux prendre les choses tout simplement, comme l'avait fait Sedaine.

En 1845, le *Diable à quatre* régna un moment sur tous les théâtres de Paris. Il était applaudi aux Funambules, où le mime Debureau était un excellent maître Jacques, et à l'Opéra, sous forme de ballet. En même temps, on vit paraître, à vingt-quatre heures de distance, le *Diable à quatre* sur le théâtre des Variétés et sur le théâtre du Vaudeville. Sur le théâtre des Variétés, la pièce, jouée le 13 octobre, était signée par MM. de Leuven, Brunswick et Siraudin. On ne rappelait même plus le nom de Sedaine, quoiqu'on se fût borné à tourner la petite pièce à la grosse bouffonnerie. Le marquis et la marquise étaient le marquis et la marquise de Groslichard. Le marquis était représenté par l'énorme acteur Lepeintre jeune. Hyacinthe jouait le rôle de Jacques, le savetier. La marquise de Groslichard était Mme Bressant. L'enchanteur Perlinpinpin opérait le troc des deux femmes au moyen de deux énormes gobelets d'escamoteur.

Sur le théâtre du Vaudeville, la pièce, « imitée de Sedaine » par MM. Jaime et Michel Delaporte, fut jouée le 14 octobre. Le sorcier était ici une fée, qui paraissait tantôt en vieille femme, tantôt brillante dans un nuage.

L'opéra comique de Sedaine fut enfin repris à l'ancien Opéra-National, créé par Ad. Adam au boulevard du Temple en 1853.

Le *Diable à quatre,* après une longue carrière,

semble destiné à disparaître de la scène, la délicatesse moderne ne supportant plus guère qu'un savetier même batte sa femme, à plus forte raison la femme d'autrui. Il reste comme un spécimen de la gaieté du vieux temps ; c'est la plus récente de ces anciennes farces comiques où les corrections conjugales se distribuaient si copieusement. La forme que lui a donnée Sedaine est encore la meilleure, celle sous laquelle elle doit être conservée pour ceux qu'amusent les facéties d'autrefois et pour les moralistes qui peuvent en tirer un argument en faveur de l'adoucissement des mœurs. Il est vrai qu'aucuns prétendent que depuis qu'on se bat moins entre époux on se tue davantage : ce qui serait une compensation. Mais ceux qui prétendent cela sont sans doute des négateurs et des contempteurs du progrès.

LE ROI ET LE FERMIER

Le *Roi et le Fermier,* puisé à la même source que le *Diable à quatre,* n'eut pas d'abord une fortune moins heureuse. C'était un excellent canevas dramatique, et Sedaine, en s'en emparant, avait été bien servi encore par son instinct. La musique de Monsigny contribua beaucoup au succès. « Les comédiens assurent, disent Laporte et Clément, que les représentations de cette pièce ont valu plus de vingt mille francs à MM. Sedaine et Monsigny, qui, comme auteurs, avaient le dix-huitième de chaque recette, les frais prélevés. » Le poëte et le musicien, en supposant qu'ils aient partagé, auraient touché dix mille francs chacun, et c'était là une recette exceptionnelle pour les auteurs dramatiques de cette époque. Mais la suite ne fut pas aussi favorable. Une autre adaptation, celle de Charles Collé, sous ce titre : *la Partie de chasse de Henri IV*, l'emporta sur la pièce de Sedaine. Quel est celui des deux écrivains qui avait eu la priorité de l'entreprise ? Cela est difficile à décider et nous paraît peu important : il était très-permis à tous deux de consulter le recueil de Patu. Mais Sedaine arriva plus vite à la scène. La pièce de Collé se produisit beaucoup plus tardivement, à cause précisément des changements plus considérables qu'il fit à l'original et de l'idée qu'il eut de nationaliser cette historiette et de substituer notre Henri IV au roi anglais.

Dans son *Journal*, Collé inscrit qu'il a commencé à travailler à une comédie intitulée *le Roi et le Meunier*, à la date de juin 1760. Mais ce ne fut qu'en décembre 1764 que cette pièce, devenue la *Partie de chasse de Henri IV*, fut représentée sur le théâtre particulier du duc d'Orléans, à Bagnolet. Elle y produisit une grande sensation.

Le duc de Richelieu disait à Collé, en sortant du spectacle, « qu'il y avait pleuré de très-bonne foi, et que les larmes qu'il avait répandues ne ressemblaient point à celles qu'il avait versées à des tragédies : que ce n'étaient point des larmes d'emprunt ».

Le duc de Choiseul et les gentilshommes de la chambre avouèrent aussi y avoir pleuré. Malgré cet attendrissement général, la pièce fut interdite. Louis XV déclara nettement qu'elle ne serait pas représentée, de son vivant, sur les théâtres publics, et elle ne fut en effet donnée à la Comédie-Française que le 14 octobre 1774, dix ans après qu'elle avait paru la première fois. D'où venait cette interdiction que nous avons peine à comprendre aujourd'hui? Le fait seul de faire de Henri IV un héros de comédie semblait peu respectueux pour la royauté ; le rôle de Henri, si avantageux qu'il fût en réalité, ne laissait pas de choquer le décorum monarchique. Le Béarnais est, dans cette pièce, traité avec une familiarité toute rustique. Il y reçoit des tapes sur le ventre et des bourrades qui manquent de le renverser : « S'il m'eût poussé un peu plus fort, dit-il en un endroit, il m'eût jeté à terre. » Cela paraissait un peu trop vif à Louis XV. Et puis Louis XV, à cette date de son règne, n'était plus populaire comme en sa jeunesse. Le tableau de Collé amenait une comparaison inévitable, et le roi régnant y perdait, en somme, tout ce que gagnait son ancêtre. L'apologie du passé ressemble souvent à une satire du présent.

La pièce de Collé avait été imprimée pour la première fois en 1766. De toute manière, Sedaine avait donc les devants sur Collé, puisque le *Roi et le Fermier* fut représenté en 1762 et imprimé la même année. Sedaine avait eu aussi l'initiative d'un changement essentiel. Dans la pièce anglaise, l'héroïne a été séduite tout de bon par le lord Lurewell, et malgré cela Richard ne laisse pas de l'épouser à la fin. La Jenny de Sedaine, comme l'Agathe de Collé, a su résister à la séduction. Mais le coup de partie, dans un sujet comme celui-là, consistait à en faire l'expression nationale et populaire du sentiment monarchique. Nous avons vu la *Partie de chasse de Henri IV* représentée avec succès le 2 février 1873, dans une matinée dramatique du théâtre de la Gaîté, précédée d'une conférence de M. E. Legouvé, de l'Académie française. Nous venons de la revoir encore à l'Odéon, également dans une représentation de jour (fin 1877). La comédie de Collé nous offre donc la forme définitive sous laquelle l'anecdote sera perpétuée.

Il est intéressant toutefois, pour ceux qui font du théâtre une étude un peu spéciale, de voir comment la même donnée avait été mise en œuvre par Sedaine. Nous reproduisons l'édition originale, publiée sous ce titre : « *Le Roi et le Fermier,* comédie en trois actes mêlée de morceaux de musique, représentée pour la première fois par les Comédiens-Italiens ordinaires du Roi, le lundi 22 novembre 1762. Par M. Sedaine. La musique de M. de M***. Le prix est de 24 sols. Les Airs détachés, 36 sols : ils se vendent séparément. A Paris, chez Claude Hérissant, imprimeur libraire, rue Neuve-Notre-Dame, à la Croix d'or. M.DCC.LXII, avec approbation et privilége du Roi. La Partition se trouvera chez le même libraire et chez les marchands de musique. »

ROSE ET COLAS

Rose et Colas, au seul point de vue littéraire, et sans tenir compte de la musique de Monsigny, n'est nullement une pièce méprisable. Il y a du naturel et de la grâce dans cette bergerie. Sedaine, mettant en scène des villageois, est plus vrai qu'on ne l'avait été avant lui, plus vrai même que ne l'ont été ses successeurs jusqu'à nos jours. L'auteur de *Rose et Colas* ne s'est pas cru pourtant obligé de faire parler patois à ses personnages. Mais il ne leur prête que des sentiments simples, naïfs et primitifs. Il leur fait prendre leurs expressions, leurs comparaisons dans le milieu champêtre où ils vivent. Et, en bonne critique, je ne crois pas que, surtout dans le genre auquel l'œuvre appartient, on puisse exiger davantage.

Les couplets mêmes, cette partie du poëme qui chez Sedaine est toujours très-heureusement coupée et rhythmée pour la musique, mais qui offre des libertés et des négligences incroyables, portent ici la marque d'un travail plus délicat et plus soigné.

Sedaine était tellement convaincu de la valeur littéraire de sa pièce, qu'à la fin de sa vie, en 1795, lorsqu'il se trouva exclus de l'Institut national, il s'écriait avec dépit : « En est-il un seul, parmi tous ceux qu'on a nommés, qui soit capable d'écrire *Rose et Colas?* » Il ne disait pas le *Philosophe sans le savoir*, ni la *Gageure imprévue*, mais *Rose et Colas*.

J'assistai à la reprise de *Rose et Colas* sur le théâtre de l'Opéra-Comique au mois de mai 1862, et voici le compte rendu que je fis de cette reprise ; j'aime à recueillir ces impressions de la représentation, qui sont plus vives que celles de la lecture.

« Cette petite pièce de Sedaine et de Monsigny est une véritable fête, toute riante ; c'est un rien, si l'on veut, mais tout parfumé de fraîcheur, de grâce et de gaieté ! Et quelle simplicité de moyens ! Le théâtre représente l'intérieur d'une chaumière ; deux pères ; deux enfants qui s'aiment ; une vieille voisine, qui fait des cancans, comme l'on dit : tels sont les personnages. L'action consiste à faire surprendre Colas près de Rose, et à les marier sans retard. Il n'en fallait pas davantage à Sedaine pour esquisser un aimable tableau, animé, éclairé de tendresse et de bonhomie. Monsigny a répandu le long de ce petit acte je ne sais combien de jolies chansons. On peut citer :

INTRODUCTION. xxx

> *Sans chien et sans houlette*, etc. (1)

Puis l'air :

> *Nature, jeunesse, santé*, etc. (2)

Celui :

> *Demandez-moi pourquoi,*
> *Pourquoi cette colère ?* (3)

La romance de Colas :

> *C'est ici que Rose respire...* (4)

Et la chansonnette de Rose :

> *Il était un oiseau gris.* (5)

« Enfin, c'est à choisir. On peut puiser comme dans une coupe pleine de perles cristallines. Tout est charmant et joyeux dans l'œuvre de Sedaine et de Monsigny. Tout est plaisir. Des critiques, il est vrai, ont prononcé que la musique n'est pas savante et que l'orchestration est d'une simplicité barbare. Pour nous, qui aimons ce qui est clair, limpide, naturel, français, même en musique, nous continuerons de trouver un grand charme aux œuvres des auteurs de *Rose et Colas* et du *Déserteur*, et leur retour sur la scène qui les a vues naître sera toujours bien venu. »

Rose et Colas, en 1862, avait pour interprètes MM. Cro ti (Mathurin), Sainte-Foy (Pierre Leroux),

---

(1) Page 135.
(2) Page 145.
(3 Page 156.
(4) Page 158.
(5) Page 163.

Montaubry (Colas), MM^mes Tual (Rose), et Lemercier (la mère Bobi).

Nous reproduisons l'édition originale publiée sous ce titre : « *Rose et Colas,* comédie en un acte, prose et musique, représentée pour la première fois par les Comédiens-Italiens ordinaires du Roi, le 8 mars 1764. Le prix est de 24 sols. A Paris, chez Claude Herissant, imprimeur-libraire, rue Neuve-Notre-Dame, à la Croix d'or. M. DCC. LXIV. Avec approbation et privilége du Roi. On trouve chez le même libraire les Airs détachés, 1 liv. 16 s. On grave la partition. »

LE PHILOSOPHE SANS LE SAVOIR

Nous arrivons enfin au chef-d'œuvre de Sedaine, toujours joué, toujours vu avec émotion, avec plaisir

Pour moi, je le déclare, ni à la représentation, ni à la lecture, jamais la scène X du cinquième acte, celle où Victorine, ayant saisi les derniers mots d'Antoine, répète : « Mort ! Hé qui donc ? Monsieur votre fils ?... » jamais cette scène n'a passé sous mes yeux sans qu'ils devinssent humides, et c'est le plus grand éloge que je puisse faire d'une pièce, car il en est bien peu qui aient produit sur moi une impression aussi vive et aussi persistante.

Le *Philosophe sans le savoir* est une des pièces qui ont été reprises le plus régulièrement depuis son apparition en 1765. On cite la reprise de 1806, où Mlle Mars joua le rôle de Victorine ; celle de 1826, où le rôle du Philosophe fut interprété par Monrose père ; celle de 1851, où ce même rôle fut rempli par Geoffroy ; celle de 1865, où Mme Victoria Lafontaine fit le personnage de Victorine. On compte plus de trois cents représentations de ce drame depuis l'origine.

On sait le sujet de cette pièce, qui avait d'abord été plus justement intitulée par l'auteur *le Duel*. Sedaine y a voulu peindre les angoisses que jette dans une famille de braves négociants une affaire d'honneur que le fils s'est attirée par sa vivacité et son étourderie. La scène capitale est la cinquième du troisième acte où le père, M. Vanderk, et le fils, qui va s'échapper pour aller au lieu du rendez-vous, se rencontrent. Le fils, sur les pressantes questions de son père, est obligé de raconter les torts qu'il a eus ; il a insulté un officier, il doit une réparation par les armes.

Dans le manuscrit de l'auteur, qui est aux archives de la Comédie-Française, et que M. Georges d'Heylli a publié le premier en 1877 (1), Vanderk père, voyant que le duel est inévitable, fait taire sa douleur, il se charge de cacher l'absence de son fils, d'imaginer un prétexte pour la justifier. Il lui donne des lettres de crédit sur l'étranger, pour le cas où, ayant tué ou blessé son adversaire, il serait obligé de quitter la France. Quand le jeune homme s'approche pour l'embrasser, le père, dominant son émotion, le repousse doucement et indique d'un geste suprême que l'heure de faire son devoir est venue.

La censure du temps exigea quelques modifications. Le duel était alors sévèrement défendu par les lois. Les rigoureux édits de Louis XIV, qui étaient venus presque à bout du vieux préjugé, étaient encore dans toute leur vigueur. Le censeur Marin

---

(1) *Théâtre de Sedaine*, publié avec notice et notes, par G. d'Heylli. Paris, 1877.

crut qu'il ne devait pas permettre de montrer un père qui se fait en quelque sorte le complice de son fils allant braver les lois. Il réclama des corrections, auxquelles Sedaine se soumit. Dans le texte corrigé, M. Vanderk père dit à son fils : « Faites rentrer vos chevaux ; remontez chez vous. Je vais réfléchir aux moyens qui peuvent vous sauver l'honneur et la vie. » Vanderk fils se retire ; mais, s'apercevant que son père, plongé dans la douleur, ne le suit pas des yeux, il s'esquive pour s'aller battre.

Sedaine n'exécuta pas ces corrections sans faire quelque résistance. Grimm et Diderot prirent fait et cause pour lui, et attaquèrent vivement le censeur Marin, qui resta inexorable. Après même qu'il eut cédé aux injonctions du censeur, et qu'il eut obtenu l'approbation de celui-ci (10 novembre), et le permis de représenter du lieutenant général de police (13 novembre), il fallut qu'une répétition générale devant une commission du Châtelet vînt lever les derniers scrupules ; voici ce qu'on lit dans la *Correspondance* de Grimm :

« Le 29 du mois de novembre, sur les onze heures du matin, une commission du Châtelet s'est transportée à l'hôtel de la Comédie-Française pour assister à la répétition du *Philosophe sans le savoir*, comédie en prose et en cinq actes par M. Sedaine, retenue à la police... Cette descente du Châtelet devait enfin décider si nous verrions le *Philosophe sans le savoir* ou non. La commission était composée de M. de Sartine, lieutenant général de police, de M. du Lys, lieutenant criminel, et de M. le procureur du roi au Châtelet. Le poëte, très-sagement, avait prié ces magistrats de vouloir bien mettre leurs femmes de la commission. « Mais elles n'entendent

rien à la partie de la législation, a dit M. de Sartine.
— N'importe, a repris Sedaine, elles jugeront le reste. »

« M. Sedaine a de l'esprit ; sans cette précaution, nous n'aurions peut-être jamais eu la satisfaction de voir sa pièce. Mme de Sartine est fort aimable ; madame la lieutenante criminelle a de fort beaux yeux, sans compter un naturel charmant. Les beaux yeux de ces dames ont fondu en larmes pendant toute la répétition. La sévérité des magistrats n'a pu tenir contre tant de beaux yeux en larmes. D'un côté on a obligé le poëte à quelques sacrifices, désavoués à la vérité par la raison et le bon sens, mais convenables à l'esprit de pédanterie qui souffle depuis quelque temps ; et de tout cela il est résulté que le 2 de ce mois de décembre on a donné la première représentation d'une pièce que le public n'osait plus se flatter de voir. »

Sedaine a expliqué lui-même sur quels motifs se fondait sa résistance. Dans les deux premières éditions de sa pièce, il a donné le texte corrigé qui se jouait au théâtre, mais il l'a fait suivre de variantes qui rétablissaient le texte primitif, en les faisant précéder d'un avis qu'il est intéressant de reproduire ici *in extenso ;* voici cet avis important :

« De tous les défauts de la pièce, celui qui n'échappe pas à la plus légère attention est qu'elle ne remplit pas son titre ; j'ai été le premier à le dire après les changements. Mon Philosophe sans le savoir était un homme d'honneur, qui voit toute la cruauté d'un préjugé terrible, et qui y cède en gémissant. C'était, sous un autre aspect, Brutus qui, pénétré de ce qu'il doit à sa patrie, étouffe la voix de la raison, le cri de la nature, et envoie ses fils à la mort.

« Les considérations les plus sages m'ont forcé de

changer la situation et d'affaiblir mon caractère principal; j'avoue que le titre de Philosophe paraissait proposer Vanderk comme un modèle de conduite, et ce prétendu modèle, malheureusement trop près de nos mœurs, était trop loin de nos lois Mais, si cet ouvrage a le bonheur d'être représenté dans les pays étrangers, les considérations nationales n'existant plus, puisque le lieu de la scène n'est plus le même pour eux, je crois que le caractère de mon Philosophe tel qu'il était aura plus de ressort, et le personnage plus de feu; les passages de la fermeté à la tendresse seront marqués avec plus de force, et les situations deviendront plus théâtrales.

« C'est cette raison qui m'a fait ajouter à la pièce, telle qu'on la joue, les scènes telles qu'elles étaient avant d'être changées, et j'ai même remis ce que le public m'a forcé de supprimer, l'or donné après la reconnaissance, l'arrivée des musiciens, etc.

« Ce n'est pas que le public n'ait bien vu et bien décidé. J'avais diminué la force, le nerf, la vigueur de mon athlète, et je lui laissais le même fardeau à porter : les proportions étaient ôtées. Je désire que la représentation, en quelque lieu qu'elle se fasse, assure la justesse de ma réflexion. »

Je ne sais si les théâtres étrangers profitèrent des indications que leur donnait l'auteur; mais en France, lors même que la censure eut disparu, que les lois furent adoucies, et que les comédiens furent libres de se conformer au texte primitif, on continua de représenter la pièce telle qu'on l'avait jouée d'abord. Dans toutes les reprises qui eurent lieu jusqu'en 1865 et 1869, les corrections exigées par le censeur Marin furent respectées. C'est le 17 septembre 1875 seulement que M. Perrin, administrateur de la Comédie-

Française, a eu l'idée de recourir aux premières éditions et même au manuscrit de l'auteur, retrouvé aux archives de la Comédie.

De même les éditeurs reproduisaient invariablement le texte qui continuait à être en possession de la scène, sans même le faire suivre des variantes que l'auteur avait données. Maintenant que, même au répertoire de la Comédie, la leçon primitive a remplacé la leçon corrigée, il y a lieu de suivre une marche différente. Il convient d'adopter le texte *ante censuram*, et de donner en variantes les modifications que la censure avait imposées et qui furent acceptées si longtemps par la tradition. C'est ce que nous avons fait dans ce volume.

On a vu déjà, par un extrait de Diderot, quelle fortune le *Philosophe sans le savoir*, représenté le 2 décembre 1765 (1), eut à l'origine. Les deux premières représentations soulevèrent quelques protestations de la part des spectateurs. L'auteur, comme il le marque dans son avis reproduit ci-dessus, fut obligé à des coupures autres que celles que la censure lui avait imposées. Mais le succès fut ensuite éclatant; les contemporains sont unanimes à le constater. Après la septième représentation, la mort du Dauphin fit fermer les théâtres; ils s'ouvrirent le 12 janvier et la pièce fut encore jouée vingt-une fois avec de belles recettes. Elle était, comme on peut le voir par la liste qui est en regard des personnages (2), interprétée par les acteurs les plus estimés de l'époque. Diderot ne se montre pas satisfait de la plupart d'entre eux, dans la lettre à l'abbé Le Monnier,

(1) L'édition originale porte à tort la date du 2 novembre.
(2 Page 186.

mentionnée ci-dessus (1). Il paraît toutefois que Mlle Doligny fut d'une sensibilité et d'une grâce ravissante dans le rôle de Victorine.

On sait que ce rôle a été un des meilleurs de Mlle Mars, qui le joua pendant vingt ans.

A la reprise du 17 septembre 1875, la distribution était celle-ci :

Vanderk père............	MM. Maubant.
Vanderk fils.............	Laroche.
Le baron d'Esparville.......	Talbot.
Antoine...............	Barré.
Le président............	Prudhon.
Mme Vanderk............	Mmes Guyon.
La Marquise............	Provost-Ponsin.
Victorine..............	Barretta.
Mlle Vanderk...........	Martin.

Mlle Baretta fut fort applaudie, et justement applaudie. M. Maubant joua avec autorité le rôle de Vanderk père. M. Laroche mit beaucoup de distinction dans celui du fils. M. Barré se montra plein de bonhomie dans le personnage du vieil Antoine. Mmes Guyon, Provost-Ponsin, Martin, méritèrent aussi d'être mentionnées dans cet excellent ensemble.

Un de nos grands écrivains a donné une suite au *Philosophe sans le savoir*. George Sand a expliqué, dans la préface de sa pièce, comment cette idée lui vint. Son drame de *Claudie* venait d'être représenté. Gustave Planche, le critique de la *Revue des Deux Mondes*, en parlant de cette pièce, s'avisa de dire que l'auteur était le disciple de Sedaine; il lui conseilla d'étudier le maître. George Sand se défend d'avoir

---

(1) Page xv.

suivi ce conseil, en disant que Sedaine n'est pas *étudiable*. Mais il ne faut pas la prendre au mot. Elle fut préoccupée de mériter le titre qu'on lui avait décerné. Elle lut et relut le dramaturge du XVIIIe siècle. Elle s'attacha à le comprendre et à le goûter. Aussi en parle-t-elle très-bien.

« Ce qui est inimitable dans Sedaine, dit-elle, c'est la sensibilité profonde et vraie de l'expression, c'est la noblesse vaillante et simple des caractères. On aime les personnages de Sedaine. On croit à leur réalité. Sous ce rapport, le *Philosophe sans le savoir* est bien véritablement son chef-d'œuvre, et je ne trouve pas que, excepté M. Planche, aucun des critiques qui ont parlé dernièrement de la reprise de cette pièce l'ait appréciée comme elle le mérite. On a dit que c'était une bonne petite vieillerie charmante, un tableau d'intérieur flamand bien suave, bien frais, et d'une harmonie bien agréable à regarder pour reposer la vue après les tons criards de la moderne littérature dramatique. Tout cela est vrai, mais cela n'est pas tout. Il y a plus que de la fraîcheur, plus que de l'harmonie dans le tableau de Sedaine ; il y a de la véritable grandeur. »

Pénétrée d'admiration pour le maître, Mme Sand entreprit de continuer le *Philosophe sans le savoir*.

Dans la pièce de Sedaine, il y a deux rôles qui dominent tous les autres : celui d'Antoine, le vieux domestique, comique par sa sensibilité même, et surtout celui de Victorine, en qui est si délicieusement personnifiée l'amitié innocente et naïve qui ressemble à l'amour et n'est pas encore lui, fleur de sentiment délicate et pure qui n'a peut-être jamais été exprimée avec plus de grâce.

Vous vous rappelez tous la jolie scène où Vanderk

fils, qui doit se battre le lendemain matin, confie sa montre à Victorine, en lui recommandant de ne la rendre qu'à lui, recommandation qu'il répète deux ou trois fois, à la grande surprise d Victorine, qui n'en soupçonne pas le mot ; puis après l'affaire, lorsque le jeune Vanderk lui dit : Que je suis aise de te revoir! Victorine se souvient du mot : « Qu'à moi! qu'à moi! » et lui en fait un doux reproche.

Il n'y a qu'un sentiment sur cette création, une des plus ravissantes qu'il y ait au théâtre. Il n'est personne qui n'apprécie le charme de cette figure si discrètement esquissée, qui exprime la tendresse inconsciente, le penchant d'un cœur virginal qui s'ignore et qui se trahit. Mais Victorine est l'expression d'un moment fugitif. Eclairez-la, ce n'est plus elle. Elle peut être transformée, non continuée. Il n'en est pas moins vrai que tous ceux qui ont lu ou qui ont vu jouer le *Philosophe sans le savoir* se demandent : Qu'est-ce qui va suivre cette heure charmante que Sedaine a pour ainsi dire saisie au passage et fixée dans son tableau? Que deviendra cette inclination naissante entre le fils du riche négociant et la fille d'un serviteur, estimé et considéré, mais d'un serviteur?

Chacun a pu se donner une fois la fantaisie de suivre ce rêve, de résoudre ce problème. C'est ce que George Sand a fait dans le *Mariage de Victorine*.

Le *Mariage de Victorine* fut représenté pour la première fois le 26 novembre 1861, sur le théâtre du Gymnase. Il a été repris à la Comédie-Française, le 7 mars 1876, et joué alors à la suite du *Philosophe sans le savoir*. Mais le spectacle a paru manquer de variété, et l'on a séparé les deux pièces. La pièce de George Sand ne se soutient pas à la scène aussi bien que celle de Sedaine, quoiqu'elle ait près d'un siècle de moins. C'est un petit roman dialogué. Il y a beaucoup de talent sans doute dans les déductions logiques qui aboutissent à la conclusion qu'a voulue l'auteur, c'est-à-dire au mariage de Victorine avec Vanderk fils. Mais l'action est languissante, et cette suite du *Philosophe sans le savoir* est plus agréable à la lecture qu'à la représentation.

Nous donnons plus loin une analyse succincte de cette pièce (1).

LA GAGEURE IMPRÉVUE

On croirait difficilement, s'il n'y avait pas toute certitude à ce sujet, que cette comédie est l'œuvre de Sedaine, tant, par l'esprit et par le style, elle diffère du *Philosophe sans le savoir*. L'esprit, au lieu d'être simple, y est *précieux*, et le style, un peu maniéré, à la manière de Marivaux. Sedaine dit lui-même, dans son avertissement (p. 283) que son sujet est emprunté d'une nouvelle de Scarron, la *Précaution inutile*. Après avoir rappelé la source de la *Gageure imprévue*, les auteurs des *Anecdotes dramatiques* (1775) ajoutent : « Si, comme dans la nouvelle de Scarron, la femme eût été réellement galante, et son mari réellement trompé, la scène de cette comédie eût été bien autrement piquante qu'elle ne l'est. »

« Piquante », c'est vrai, mais la bienséance imposée alors à la scène française, et à laquelle elle n'a pas encore tout à fait renoncé, a contraint Sedaine à modifier le récit original.

---

(1) Voyez p. 278.

La *Gageure imprévue* reste au répertoire courant, et il n'est guère d'année où elle ne paraisse plusieurs fois sur l'affiche de la Comédie. Elle a devancé les Proverbes modernes de Musset, d'Octave Feuillet et de leurs émules.

Nous reproduisons l'édition originale publiée sous ce titre : « *La Gageure imprévue*, comédie en prose et en un acte, représentée pour la première fois à Paris, par les Comédiens-Français ordinaires du Roi, le vendredi 27 mai 1768, par Monsieur Sedaine. Le prix est de trente sols, brochée. A Paris, chez Claude Hérissant, imprimeur-libraire, rue Neuve-Notre-Dame, à la Croix d'or. M.DCC. LXVIII. Avec approbation et permission. »

LE DÉSERTEUR

Depuis qu'il parut pour la première fois en 1769, le *Déserteur* n'a jamais abandonné longtemps la scène. La reprise la plus importante à noter est celle qui eut lieu le lundi 30 octobre 1843, sur le théâtre de l'Opéra-Comique : une nouvelle orchestration avait été composée par Ad. Adam.

Au point de vue littéraire, ce drame a été souvent critiqué. Une épigramme, qui déjà avait eté appliquée à plus d'un ouvrage dramatique, courut dans Paris peu après la première représentation :

> D'avoir hanté la comédie
> Un pénitent, en bon chrétien,
> S'accusait, et promettait bien
> De n'y retourner de sa vie.
> « Voyons, lui dit le confesseur,
> C'est le plaisir qui fait l'offense ;

Que donnait-on ? — *Le Déserteur...*,
— Vous le lirez pour pénitence. »

Apprécié comme œuvre littéraire, le *Déserteur* sans doute prête beaucoup à la critique, mais un opéra comique est un tout, composé de paroles et de musique, qui ne peut bien être jugé qu'à la scène, et l'inépuisable succès du *Déserteur* témoigne assez de la valeur de l'œuvre totale.

Titre de l'édition originale : « *Le Déserteur*, drame en trois actes, en prose mêlée de musique, par Monsieur Sedaine, la musique par M*** (Monsigny); représenté pour la première fois par les Comédiens-Italiens ordinaires du Roi, le 6 mars 1769. A Paris, chez la veuve Duchesne, rue Saint-Jacques. M.DCC.LXIX. »

Quelques indications de jeux de scène et quelques détails de la mise en scène, qui ne se trouvaient pas dans l'édition originale, ont été reproduits ici d'après l'impression courante, qui sert au théâtre.

RICHARD CŒUR DE LION

Représenté pour la première fois le 21 octobre 1784, *Richard Cœur de Lion* comptait déjà quatre-vingt-dix représentations le 7 avril 1788. C'est un des opéras comiques qu'on a revus le plus souvent depuis lors, et qui restent le plus constamment au répertoire. La reprise du 27 octobre 1841 mérite d'être signalée à cause de l'orchestration nouvelle d'Adolphe Adam.

Titre de l'édition originale : « *Richard Cœur de Lion*, comédie en trois actes, en prose et en vers mis en musique, par Monsieur Sedaine, représentée pour la première fois, à Paris, par les Comédiens-Italiens du Roi, le 21 octobre 1784, et à Fontainebleau, devant Leurs Majestés, le 25 octobre 1785. A Paris, chez Brunet, libraire, rue de Marivaux, près la Comédie-Italienne. M.DCC.LXXXVI. »

ÉPITRE A MON HABIT

Nous reproduisons enfin l'opuscule qui commença la réputation de Sedaine. Un temps où une bagatelle comme celle-là suffisait à vous faire connaître avait de bons côtés, s'il en avait de peu agréables, pour les poëtes et les littérateurs.

Louis Moland.

LE DIABLE A QUATRE

ou

LA DOUBLE MÉTAMORPHOSE

OPÉRA COMIQUE EN TROIS ACTES

*Représenté pour la première fois sur le théâtre de la Foire
Saint-Laurent, le 19 août 1756,
et repris, le 12 février 1757, à la Foire Saint-Germain.*

PERSONNAGES

—

LE MARQUIS.
LA MARQUISE.
MAÎTRE JACQUES, savetier.
MARGOT, femme de Jacques.
LUCILE, femme de chambre de la Marquise.
MARTON, autre femme de chambre de la Marquise.
UN CUISINIER.
UN COCHER.
UN MAÎTRE D'HÔTEL.
UN MAGICIEN.
UN AVEUGLE, jouant de la vielle.
DES DANSEURS ET DANSEUSES, DOMESTIQUES DU MARQUIS, ET UNE TROUPE DE LUTINS.

La scène est au château du Marquis.

LE DIABLE A QUATRE
OPÉRA COMIQUE

ACTE PREMIER

SCÈNE PREMIÈRE

UN CUISINIER.

Air : *Ah! madame Anrou.*

O la méchante femme !
O la méchante femme !
D'un rien elle s'enflamme.
Elle crie, elle bat :
Ah ! c'est un sabbat.
Je n'oi de ma vie eu de pareil début.

C'est un bruit; on ne s'entend pas : j'étais prêt à servir; la cloche avait sonné; j'étais tranquille dans ma cuisine,

Elle entre, elle saisit d'une main assurée,
Pour le dîner des gens, la soupe *préparée.*

Patatras, tout est au diable ; et je ne sais plus où 'en suis.

SCÈNE II

LE CUISINIER, LUCILE.

LUCILE.

Même air.

Oh ! la voilà partie :
Oh ! la voilà partie :

Oui, c'est une furie
Comme on n'en connaît pas.
Ah ! c'est un fracas.
Je n'ai de ma vie entendu plus d'éclats.

Elle me demande un verre d'eau, bonnement je le lui apporte ; elle me le jette au visage : Marton se met à rire, elle lui campe un soufflet.

SCÈNE III

LE CUISINIER, LUCILE, MARTON.

MARTON.

ARIETTE

Oui, oui, je veux en sortir ;
J'en jure :
L'injure
Ne peut se soutenir,
Je ne puis le souffrir.
Oui, oui, c'est trop longtemps souffrir.
A moi des coups ! Ah ! c'est trop en souffrir :
L'affront ne peut se soutenir.

Ris donc, sotte, avec ton verre d'eau.

LUCILE, en souriant.

Je ne ris pas ; mais c'est que.... Ah ! j'en sortirai.

LE CUISINIER.

J'en sortirai aussi. J'aimerais mieux.... j'aimerais mieux....

MARTON.

Je serais bien au désespoir d'y rester ; ce qui me fait de la peine, c'est notre maître qui est un si honnête homme.

ACTE I, SCÈNE III.

Air : *Ma commère, quand je danse.*

Sa complaisance m'assomme ;
Il est plus doux qu'un mouton.

LE CUISINIER.

Jamais un plus honnête homme
N'eut pour femme un tel démon.

LUCILE.

Il est trop bon.

LE CUISINIER.

Il est trop bon.

MARTON.

Il est trop bon.

LE CUISINIER.

Il est trop bon.

LUCILE.

Il est trop bon.
Sa complaisance m'assomme ;
Il est plus doux qu'un mouton.

LE CUISINIER.

Que voulez-vous qu'il fasse ? Il l'aime ; elle est jolie.

LUCILE.

Air : *La bergère un peu coquette.*

Une belle
Sans cervelle
Aurait en vain des attraits :
Je sais bien, si j'étais homme,
Comme
Je la punirais.

SCÈNE IV

LE CUISINIER, MARTON, LUCILE,
MAÎTRE JACQUES.

LE CUISINIER.

Demandez à maître Jacques.

MAÎTRE JACQUES.

De quoi s'agit-il ?

MARTON.

Quand une femme....

LUCILE.

Comme notre maîtresse....

LE CUISINIER.

Laissez-moi dire.

AIR : *Jardinier, ne vois-tu pas ?*

Quand votre femme en courroux
Auprès de vous s'échappe,
Compère, que faites-vous ?

MAÎTRE JACQUES.

Moi, d'abord, crainte des coups,
Je frappe, je frappe, je frappe.

Écoutez-moi.

ARIETTE

Je veux qu'on me révère,
Et ne connais chez moi
Que ma loi.
Quand un regard sévère
Annonce ma colère,
Ma femme se tient coi,
Tremble à part soi,

Songe à se taire,
Et meurt d'effroi.

LE CUISINIER.

Il faudrait que monsieur le marquis prît de vos leçons.

LUCILE.

Que serait-ce si elle criait toute la journée, et ne quittait jamais la maison ?

MARTON.

Ah ! je crois l'entendre.

MAÎTRE JACQUES.

Ne craignez rien, elle est partie ; je l'ai vue passer : votre maître a parlé au maître d'hôtel ; il m'a semblé qu'il lui disait :

AIR : *J'ai rêvé toute la nuit.*

Ma femme est hors de chez nous :
Enfants, divertissez-vous ;
Faites ensemble un repas.
 Ne vous grisez pas ;
 Ne vous grisez pas :
Tenez, voici dix écus.
Dans sa main je les ai vus.

SCÈNE V

LES PRÉCÉDENTS ; DES DANSEURS ET DES DANSEUSES,
habillés en domestiques, entrent en se tenant par la main.

LE CUISINIER chante.

AIR : *Brillant soleil.*

Enfants, prenez du bon temps ;
Le diable n'est plus céans.

(On danse)

MAÎTRE JACQUES.

Air : *Quand je tiens de ce jus d'octobre.*

Mais j'aperçois le père Ambroise ;
Sans doute il sort du cabaret :
Quand le bonhomme y cherche noise,
Ce n'est jamais qu'au vin clairet.

SCÈNE VI

Les précédents, le père AMBROISE.

LE PÈRE AMBROISE.

Où êtes-vous, bonnes gens? On ne vous voit pas.

LE CUISINIER.

Mettez-vous là, père.

MARTON.

Air : *Frère Ignace avait un cordon.*

Donnez-nous un cotillon nouveau.

LE PÈRE AMBROISE.

Donnez-moi du vin, n'y mettez point d'eau.
Je m'en vais accorder ma vielle :
Allons, belle,
Allons; accostez-vous d'un jouvenceau.

LUCILE.

Donnez-nous un cotillon nouveau.

LE PÈRE AMBROISE.

Donnez-moi du vin, n'y mettez point d'eau.

(On range l'aveugle sur un des côtés du théâtre ; il fait toutes les mines d'accorder sa vielle ; les filles prennent les garçons; on forme la contredanse.)

SCÈNE VII

Les précédents, LE MARQUIS, LA MARQUISE.

LE CUISINIER.

La voilà, la voilà! Madame, madame! la voilà, madame! la voilà! (La contredanse se mêle, ils veulent fuir; ils se choquent l'un l'autre; le père Ambroise joue toujours, et suit toujours la contredanse sans changer de place).

LA MARQUISE.

Air : *Ciel! l'univers va-t-il donc,* etc.

Ciel! quel fracas!

LES DOMESTIQUES.

C'est elle ; fuyons vite.

LA MARQUISE.

Race maudite.
Tu me le payeras ;
En vain vous prenez la fuite :
Vous êtes des scélérats ;

Et toi, coquine !

(Elle tire les oreilles de Lucile.)

LUCILE.

Ah! ah! ah! ah!

LE MARQUIS.

Madame, ce courroux
Est déplacé . qui vous oblige... ?
Rentrez, vous dis-je.

LA MARQUISE.

Monsieur, taisez-vous.

SCÈNE VIII

LE MARQUIS, LA MARQUISE, maître JACQUES, le père AMBROISE.

LE MARQUIS.

Madame....

LA MARQUISE.

Que fait ici ce coquin de savetier ?

MAÎTRE JACQUES.

Je m'en vais, je m'en vais ; je sais bien que vous n'êtes pas bonne.

LE MARQUIS.

Hé, madame ! quel mal ont-ils fait ?

LA MARQUISE.

Monsieur, quand vous êtes à la chasse, je ne me mêle ni de vos chiens ni de vos piqueurs.

LE PÈRE AMBROISE.

Allons, enfants, la paix : qu'est-ce qui veut danser ? Donnez-moi donc à boire : où en est la contredanse ?

LA MARQUISE.

Attends, je te vais donner de la contredanse. (Elle lui casse sa vielle, et la jette à terre.)

LE PÈRE AMBROISE.

Air : *La luette, ah! qui me la remettra ?*

Ma vielle,
Ma vielle,
Ah! qui me la remettra ?
Pourquoi me chercher querelle ?
Ah! ma pauvre vielle,
Moi qui n'avais que cela.
Ma vielle,
Ma vielle,
Qui me la raccommod'ra ?

ACTE 1, SCENE VIII.

LE MARQUIS.

Tiens, mon cher ami.

LA MARQUISE.

Ces misérables !

LE PÈRE AMBROISE, *retirant sa main.*

Monsieur, je vous demande pardon.

LE MARQUIS.

Je ne te veux point de mal.

LA MARQUISE.

Cette coquine de Lucile !

LE PÈRE AMBROISE.

AIR : *Nous sommes précepteurs d'amour.*

Ah ! si je savais mon chemin,
Je sortirais d'ici bien vite.

LE MARQUIS.

Mon ami, donnez-moi la main.

LE PÈRE AMBROISE.

Mon bon monsieur, en suis-je quitte ?

LA MARQUISE.

AIR : *Belle princesse.*

Ah, canaille !
Ah, canaille !
Vous vous mettez à danser
A boire, à faire ripaille.
Ah, canaille !
Ah, canaille ! (1

---

(1) Voyez la variante page 58.

SCÈNE IX.

LE MARQUIS, LA MARQUISE, LE MAGICIEN, MARTON.

MARTON.

Madame.

LA MARQUISE.

Hé bien?

MARTON.

Madame.

LA MARQUISE.

Veux-tu parler?

MARTON.

Madame, le docteur Zambulamec, ce grand homme, cet homme si savant, qui fait grêler quand il veut, s'est égaré de son chemin : il demande à se reposer chez vous.

LA MARQUISE.

Air : *Des fleurettes.*

Cela très-peu m'importe.

LE MAGICIEN.

Madame, permettez...

LA MARQUISE.

De vous mettre à la porte.
Vite, à l'instant, sortez.

LE MARQUIS.

Mais, enfin...

LA MARQUISE.

    Que j'héberge
Ici quelque fripon :

Le sot prend donc ma maison
Pour une auberge.

LE MARQUIS.

Madame, rentrez, je vous prie. Monsieur, excusez.

LA MARQUISE.

Je vais te faire rouer de coups, si tu restes, misérable fainéant, avec ta robe, plutôt que de labourer la terre. Il faut envoyer aux galères ces coquins-là.

LE MARQUIS.

Monsieur, je vais vous envoyer quelqu'un pour vous conduire chez mon fermier. Madame, rentrez : vous pouvez avoir quelque chose à dire à vos gens.

LA MARQUISE.

Oui, oui, je vais leur dire...

SCÈNE X

LE MAGICIEN.

Air : *J'ai bien la plus simple femme.*

Non, jamais méchante femme
Ne le fut à cet excès :
Je serais digne de blâme
Si je ne la punissais.
Elle verra la vengeance
Que prend un sot tel que moi,
Moi dont la haute puissance
Tient tout l'enfer sous sa loi.

Quelqu'un vient ; allons plus loin méditer ma vengeance.

SCÈNE XI

LE MAGICIEN, au fond du théâtre ; MARGOT.

MARGOT.

Ah! l'on m'avait dit qu'on dansait ici, et il n'y a personne. Voilà un bon tour. Si je prenais du tabac à présent que je suis seule?

(Râpant et prenant du tabac.)

AIR

Je n'aimais pas le tabac beaucoup ;
J'en prenais peu, souvent point du tout :
Mais mon mari me défend cela.
   Depuis ce moment-là,
   Je le trouve piquant
     Quand
   J'en peux prendre à l'écart
     Car
   Un plaisir vaut son prix,
     Pris
   En dépit des maris.

Ah! qu'est-ce que ce monsieur-là? Il doit être bien savant, car il a une grande robe.

LE MAGICIEN.

Est-ce vous, ma chère enfant, qui devez me conduire chez le fermier du château?

MARGOT.

Non, monsieur; mais si vous voulez, je le ferai avec plaisir.

LE MAGICIEN.

Air. *Si vous étiez son époux.*

Que cherchez-vous donc ici?

MARGOT.

Mon mari.

LE MAGICIEN.

Votre mari ?

MARGOT.

Monsieur, oui :
Dans ces lieux il devait être

LE MAGICIEN.

Je n'ai pas le bonheur de le connaître.

MARGOT.

Ah, monsieur, c'est bien de l'honneur pour lui !

LE MAGICIEN.

Quelle est sa profession, son état ? et quel est votre nom ?

MARGOT.

Il se nomme Jacques : il est cordonnier pour femmes. Je m'appelle madame Jacques, et au château, Margot, tout court.

LE MAGICIEN, à part.

Il me vient une idée : oui, cela peut servir à ma vengeance. (Haut.) Madame Jacques, vous me conduirez donc chez ce fermier ?

MARGOT.

Plus loin encore, s'il le fallait.

LE MAGICIEN.

Air : *Tout le monde m'abandonne.*

Vous êtes trop complaisante,
Je dois vous remercier ;
De votre humeur obligeante,
Je m'engage à vous payer.

MARGOT.

Je suis bien votre servante,
Et vous pouvez m'employer.

LE MAGICIEN.

Air : *Tout roule aujourd'hui*, etc.

Pour vous récompenser, ma chère,
Donnez, donnez-moi votre main.

MARGOT.

Eh, monsieur! qu'en voulez-vous faire ?

LE MAGICIEN.

J'y veux lire votre destin.
Apprenez la bonne aventure
Que réservent pour vous les cieux :
De mes paroles soyez sûre ;
Je lis dans les secrets des dieux.

Je vais vous apprendre tout ce qui vous arrivera.

MARGOT.

Ah, monsieur! s'il y a du mal, ne me le dites pas.

LE MAGICIEN.

Ne craignez rien. Je vois déjà que votre mari vous a battue hier.

MARGOT.

C'est vrai ; Jacques me bat, mais pas toujours.

LE MAGICIEN.

Air : *Pour héritage*.

Oh, ciel! que vois-je ?
Quel suprême bonheur !
Mais qu'aperçois-je ?

MARGOT.

Ne me faites point peur.

LE MAGICIEN.

Je vois, je vois des laquais et des pages,
Meubles exquis,
Grands équipages,
Et puis un marquis.

ACTE I, SCÈNE XI.

MARGOT.

Pour moi, monsieur ?

LE MAGICIEN.

Oui, pour vous.

MARGOT.

Et Jacques ?

LE MAGICIEN.

Il aura une marquise.

MARGOT.

Oh ! je ne le veux pas. Aurai-je un carrosse

LE MAGICIEN.

Oui, attendez un carrosse.

MARGOT.

Un carrosse !

LE MAGICIEN.

Oui, un carrosse ; un, deux, trois.

AIR : *Folies d'Espagne.*

Quand vous verrez, écoutez, Marguerite,
Quand vous verrez reluire à ces trois doigts
Trois beaux anneaux ou trois bagues d'élite,
Vous aurez tout alors à votre choix.

MARGOT.

Et un carrosse ?

LE MAGICIEN.

Et un carrosse.

AIR : *Des proverbes.*

Mais retenez ce que je vais vous dire :
Quand tout en vous de forme changera,
Soyez discrète, et gardez-vous d'instruire
Quiconque près de vous sera.

Comme marquise, agissez en marquise.

MARGOT.

Oui, être bien fière, bien méchante, bien... J'aurai de la peine ; mais sera-ce bientôt ?

LE MAGICIEN.

Demain.

MARGOT.

Demain !

LE MAGICIEN.

Allez m'attendre sous ce grand chêne ; vous me conduirez chez le fermier ; et souvenez-vous de moi, quand vous serez marquise.

MARGOT, à part en s'en allant.

Un carrosse ! Trois bagues à mes trois doigts ! Il a bien dit que Jacques me battait. Ah, l'habile homme !

SCÈNE XII

LE MAGICIEN.

Air : *Ciel, l'univers,* etc.

Que l'univers apprenne ma vengeance !
Sortez, démons, brisez, brisez vos fers :
De la folle qui m'offense
Venez punir les travers ;
Nulle indulgence
Pour les pervers.
Et toi, noir souverain
De la caverne souterraine,
Entre en ma peine,
Et venge mon chagrin.

Air : *Des folies d'Espagne.*

On traite ici de fables ridicules
Ce que l'on dit de ton pouvoir fatal ;
Viens avec moi, confonds les incrédules
Qui se moquaient du séjour infernal.

ACTE I, SCÈNE XII.

Air : *On vit des démons.*

Sous des traits badins
Accourez, lutins,
Accourez, troupe formidable ;
Mais prenez une figure aimable.
Démons de nos colifichets,
Démons de nos abbés coquets,
Démons de nos galants plumets,
Démons chicaneurs du Palais,
Lure lure et lure,
Et flon flon flon,
Ayez-en le ton
Et l'allure.

(Les démons paraissent en abbés, en plumets, en procureurs. Ils dansent sur l'air : *Courez vite, prenez le patron.* Ici un pas de ballet de la Vengeance, dont l'habillement est couvert de masques ; dans une main des serpents ; dans l'autre, un masque qui couvre un poignard.)

(La contredanse reprend. Un démon s'avance un tison à la main, et dit:)

Air : *Sur un sofa.*

Nous accourons
Du fond de nos antres profonds ;
Réponds,
Et sois prompt :
Veux-tu la guerre ou la paix ?

LE MAGICIEN.

Paix.

Air : *Au fond de mon caveau.*

Aussitôt que la nuit
Rendra ce lieu plus sombre,
Il faut aller sans bruit
Au lit,
A la faveur de l'ombre,
Enlever hors de ce logis
La femme du marquis ;
La porter aussitôt
Dans le lit de Margot,
Sous le toit de Jacquot,
Et mettre Margot à la place
Dans ce logis.

Change jusqu'aux habits ;
Les maris,
Endormis,
Doivent en ignorer la trace.
Vite, obéis.

Que sous les traits de Margot elle apprenne à devenir douce comme elle; et que Margot, sous les traits de la marquise, reçoive la récompense de sa douceur. Pour nous, allons chez le fermier.

FIN DU PREMIER ACTE.

ACTE DEUXIÈME

(Le théâtre représente une boutique de savetier : on voit un méchant grabat sur un des côtés. Les diables enlèvent Jacques et le posent à terre sur le devant du théâtre, la tête sur un escabeau, et cependant la marquise est vue sur ce grabat.)

SCÈNE I

LA MARQUISE, MAÎTRE JACQUES

MAÎTRE JACQUES se réveille, bâille, tâte le pied de l'escabeau, ensuite l'escabeau.

Air : *Le sombre roi Pluton.*

C'est, je crois, un tréteau ;
Non, c'est l'escabeau.
Le tour est nouveau,
Le plaisant berceau !
C'est sur le carreau
Que je suis étendu comme un veau.
Ahi ! j'ai le cou démis ;
Qui peut m'avoir mis
Sur ce plaisant tapis ?
Je n'étais pas gris ;
Mais je suis habillé :
Me serais-je éveillé ?
D'un pareil tour je suis émerveillé.
Oui, je me souviens bien
De l'entretien
Qu'eut ma femme, à la fin,
Sur ce devin.
Je me suis fâché,

>   Je me suis couché,
>   J'aurai rêvé.

Margot! elle aurait bien dû me le dire : quelle heure peut-il être? Il est bien cinq heures. Margot, lève-toi, allume la lampe; mais si avant de la réveiller je buvais un petit coup de cette affaire? il ne faut pas que les femmes sachent tout.

ARIETTE

>   En grand silence,
>   Faisons dépense
> D'un doigt de brandevin.
>   Oui, pour l'ouvrage,
>   Ce doux breuvage
>   Donne en partage
>   Plus de courage;
>   Tout homme sage
> En boi chaque matin.
> Se sent-n lourd, chagrin,
> Et dans l'esprit enfin,
>   Quelque nuage?
> En un moment la tête se dégage :
> Pour le travail on est plein de courage,
> On est gaillard, et pour se mettre en train,
>   Rien n'est plus sain.

(Il boit.)

LA MARQUISE.

Qu'est-ce que j'entends là? ma petite chienne sera tombée. Lisette! Lisette! venez ici, ma mère, venez, maman. (Elle tâte pour trouver la sonnette.) Mais je ne trouve pas le cordon de ma sonnette.

MAÎTRE JACQUES.

Elle parle toute seule; à ta santé, Margot. (Il boit.)

> De mon pot je vous en réponds,
> Mais de Margot, non, non.

(Il boit encore.)

ACTE II, SCÈNE I.

LA MARQUISE.

Mais quelle insolence! ce coquin de cocher m'étourdit tous les matins, je le mettrai dehors; mais je ne trouve pas cette sonnette.

MAÎTRE JACQUES.

Je crois qu'elle est folle, Margot.

LA MARQUISE.

Mais je ne la trouve pas. Lucile! Lucile!

MAÎTRE JACQUES.

Du fil, du fil : il faut qu'elle ait quelque chose à coudre.

Air : *Palsembleu, monsieur le curé.*

Puis que tu veux te préparer
Si matin pour ton ménage,
Attends, Margot, je m'en vais t'éclairer,
Tu feras mieux ton ouvrage.

(Il cherche et bat le briquet.)

LA MARQUISE.

Qui est-ce donc qui fait du feu dans mon appartement? Lucile! Lucile! Marton! Mais voilà qui est affreux. (Maître Jacques allume la lampe, va à son lit, tire le bout du rideau, la fait voir tout habillée et sur son séant; elle ouvre de grands yeux, et se jette hors du lit.) Ah! ciel! où suis-je?

MAÎTRE JACQUES.

Air : *Dans le fond d'une écurie.*

Je te vois émerveillée,
Ton air me semble bourru;
Moi j'ai dormi tout vêtu,
Te voilà tout habillée ;
A la fin m'as-tu bien vu ?
Tu n'es pas trop éveillée.
A la fin m'as-tu bien vu ?
Hé bien! me reconnais-tu ?

LA MARQUISE.

Oui, je te reconnais, infâme; tu es ce coquin de savetier qui demeure en face du château.

MAÎTRE JACQUES.

Tu as bien de la mémoire.

LA MARQUISE.

Tu te nommes maître Jacques.

MAÎTRE JACQUES.

AIR : *Vous qui feignez d'aimer.*

Quoi! tu t'en ressouviens ?

LA MARQUISE.

Cela n'est pas équivoque.

MAÎTRE JACQUES.

Oui, Margot, j'en conviens.

LA MARQUISE.

Finissons ce colloque.
Sans nuls raisonnements,
Vite, je veux apprendre
Pourquoi ces changements ;
Si tu mens,
Je te ferai pendre.

MAÎTRE JACQUES.

Mais elle est folle, Margot.

LA MARQUISE.

Oui, je veux tout savoir : qui m'a fait porter ici? qui m'a mise sur ce lit? qui m'a souillée de ces guenilles? et l'attentat le plus noir, l'infâmie, l'horreur, l'indignité la plus affreuse envers une femme de ma condition....

MAÎTRE JACQUES.

AIR : *A quoi s'occupe Madelon ?*

Mais rêvé-je! ou bien rêves-tu ?
Quel galimatias viens-tu faire ?

Mais rêvé-je! ou bien rêves-tu?
Quel diable d'esprit tortu!

LA MARQUISE.

Réponds-moi, si tu veux que je te pardonne, avoue-moi tout, conduis-moi au château, et là....

MAÎTRE JACQUES.

Mais tu dors encore, je vais te secouer.

LA MARQUISE.

Ne m'approche pas.

MAÎTRE JACQUES.

Donne-moi la main.

LA MARQUISE.

Ne me tutoie pas.

MAÎTRE JACQUES.

Donne-moi la main.

LA MARQUISE.

Tu me conduiras donc.

MAÎTRE JACQUES.

Oui.

AIR : *C'est ce qui vous enrhume.*

Tu voulais du fil,
Tu voulais du fil;
Finis un peu tout ce babil,
A la fin je m'en lasse.
Suis-je ton jouet?
Voici ton rouet,
Et voilà ta filasse.

Travaille, ou morbleu!

LA MARQUISE lui donne un soufflet.

Tiens, coquin; je t'apprendrai à respecter une femme de ma sorte.

MAÎTRE JACQUES.

Ah, parbleu! voilà la première fois qu'elle me prévient; mais tu me le payeras. (Il tourne dans la chambre, cherche son tire-pied.)

LA MARQUISE.

Ah! c'est un tour du marquis.

AIR : *Quoi! c'est donc là cet objet radieux.*

Il m'a donné pour changer mon état,
Quelque poison, afin que je m'endorme;
Il m'a donné pour changer mon état
Quelque poison ; oui, c'est un scélérat.
   Complot énorme!
   L'on me transforme.
Pour me venger je vais faire un éclat.
   Il faut, en forme,
   Que je m'informe
Qui peut avoir conduit cet attentat.
Il m'a donné pour changer mon état, etc.

MAÎTRE JACQUES la bat.

Ah, ah, coquine! vous faites sabbat.

LA MARQUISE.

Ah, scélérat!

MAÎTRE JACQUES.

Ah, coquine!

LA MARQUISE.

Je me trouve mal; je me meurs.

MAÎTRE JACQUES va chercher le seau où il met tremper ses cuirs.

AIR : *Accordons ma musette.*

Pour aller à ton aide
Je sais un bon remède :
Je vais à mon plaisir
Te faire revenir.

ACTE II, SCÈNE I.

LA MARQUISE.

Ah! il n'est pas possible de s'évanouir avec ce coquin-là. Hé bien, misérable, veux-tu me tuer ?

MAÎTRE JACQUES.

Non ; je veux que tu baises la joue que tu as frappée.

LA MARQUISE.

Moi? oh, ciel !

MAÎTRE JACQUES.

Tu hésites ?

LA MARQUISE.

Jamais.

MAÎTRE JACQUES.

Je recommencerai.

LA MARQUISE.

Plutôt mourir.

MAÎTRE JACQUES.

Je t'assommerai.

LA MARQUISE.

Il me tuerait.... Si je savais où est la porte. Par grâce, écoute-moi. Tu as eu la hardiesse de me.... Enfin, tu as mérité la potence.

MAÎTRE JACQUES.

Oui, comme un faux monnayeur.

LA MARQUISE.

Par grâce, remène-moi au château, je te donnerai vingt louis.

MAÎTRE JACQUES.

AIR : *Ah, la drôle d'histoire!*

Quoi, vingt louis ! Ah ! donne,
Je les prends de bon cœur ;
De plus, je te pardonne.

LA MARQUISE fouille dans sa poche, et en tire une petite
râpe à tabac, qu'elle jette à terre.

Ah, grands dieux, quelle horreur !

MAÎTRE JACQUES, ramassant la râpe.

Tu as beau la cacher, je l'ai vue. Tu prendras donc encore du tabac !

LA MARQUISE.

Mon cher cœur, je t'en prie, écoute-moi.

MAÎTRE JACQUES.

Air : *De Joconde.*

Oui, je veux bien avoir la paix ;
Que veux-tu que j'écoute ?

LA MARQUISE.

Dis à quelqu'un de mes laquais...

MAÎTRE JACQUES, à part.

C'est ce sorcier, sans doute.

LA MARQUISE.

Qu'il fasse mettre au berlingot
Mes chevaux au plus vite.

MAÎTRE JACQUES.

Berlingot ! oh ! quel vertigo
La tourmente et l'agite !

C'est ce magicien. Veux-tu que je recommence ? Mais non, je la tuerais. Par plaisir laissons-la dire, pour voir si cela finira.

LA MARQUISE.

ARIETTE

Le désespoir de moi s'empare ;
Ah ! ma raison s'égare ·
Barbare ! barbare !

ACTE II, SCENE I.

Tu vois en ce moment
L'excès de mon tourment.
Ah! du moins pour soulagement,
Que je meure promptement!

MAÎTRE JACQUES, à part.

Barbare! barbare! Où diable prend-elle ces mots-là? Je crois qu'elle devient folle. Il faut que je la ramène doucement.

LA MARQUISE, à part.

Il faut que je parle encore avec douceur à un scélérat comme celui-là? Cela me suffoque.

MAÎTRE JACQUES.

Morbleu, la paix!

LA MARQUISE.

Tiens, maître Jacques.

MAÎTRE JACQUES.

Tiens, Margot.

LA MARQUISE.

Je te pardonne tout.

MAÎTRE JACQUES.

Et moi aussi.

LA MARQUISE.

Mais va-t'en.

MAÎTRE JACQUES.

Mais travaille.

LA MARQUISE.

Ah!

MAÎTRE JACQUES.

Je crois qu'on frappe. (Il va ouvrir.) Qui peut venir si matin! Travaille, ou morbleu!...

LA MARQUISE.

Air : *De la tourière.*

Oh, ciel! peut-on jamais voir
D'aventure aussi cruelle?
Ciel! peut-on jamais se voir
L'objet d'un crime aussi noir?
Mais je crois apercevoir...
C'est Lucile; oui, c'est elle!
Qui pourrait jamais prévoir?...
Enfin, je vais tout savoir.

Oh! je vais dévoiler cette horreur. Ils parlent bas. Me montrerai-je? Lui parlerai-je? Non : écoutons. Oh, ciel! donne-moi la patience.

SCÈNE II

LA MARQUISE, maître JACQUES, LUCILE.

MAÎTRE JACQUES.

Qui vous amène si matin, mademoiselle?

LUCILE.

C'est pour mes pantoufles; je suis accourue avant que madame fût réveillée.

LA MARQUISE, à part.

Ils se couperont.

MAÎTRE JACQUES.

Je les aurais envoyées; mais ma coquine s'est amusée avec un docteur, un magicien.

LA MARQUISE, à part.

Ce docteur, ce magicien d'hier; voilà le nœud

LUCILE.

Je ne l'ai pas vue, votre femme

ACTE II, SCÈNE II.

MAÎTRE JACQUES.

Votre maîtresse fait-elle encore le sabbat ?

LUCILE.

Ah ! c'est pis que jamais.

Air : *Quand l'auteur de la nature.*

Elle fait le diable à quatre,
Elle ne sait que crier et battre ;
Dans sa tête
Toujours prête
A songer
Comment faire enrager.

MAÎTRE JACQUES.

C'est comme chez nous : et que fait son mari ?

LUCILE.

Son mari d'un parfait mérite
N'en éprouve que du tourment.
Tout l'agite,
Tout l'irrite ;
On ne l'aborde qu'en tremblant.
Que quelque chose la dépite ;
Elle prend son air insolent.
Elle fait le diable, etc.

LA MARQUISE, à part.

Ah, coquine ! (A Lucile.) Lucile, me reconnaissez-vous ?

LUCILE.

Maître Jacques, c'est là votre femme ?

LA MARQUISE.

Ah ! tu ne reconnais pas ta maîtresse ? (Elle la bat.) Ah, misérable !

LUCILE.

Ah, maître Jacques !

MAÎTRE JACQUES.

Ah, double chienne !

LUCILE.

Ah, vous me frappez!

LA MARQUISE.

Ah, tu me frappes!

MAÎTRE JACQUES.

Ah, tu frappes! à genoux, tout à l'heure.

LA MARQUISE.

Comment, à genoux?

MAÎTRE JACQUES.

AIR : *Voici les dragons qui viennent.*

Fais excuse, ou point de grâce.

LUCILE.

Pourquoi donc ces coups?

MAÎTRE JACQUES.

Vous injurier en face!
Oui, je veux qu'elle le fasse.
Vite à genoux;
Vite à genoux.

LA MARQUISE.

Oh, ciel!

MAÎTRE JACQUES.

Veux-tu ?

LA MARQUISE.

Non, jamais.

LUCILE.

Maître Jacques, laissez votre femme, je la crois folle.

MAÎTRE JACQUES.

Non, je le veux.

LA MARQUISE.

Que faire ? que devenir ? je meurs de douleur.

ACTE II, SCÈNE II.

MAÎTRE JACQUES, la jetant à genoux.

Tu mourras de ma main avant.... Mademoiselle Lucile... veux-tu dire ?

LA MARQUISE, à genoux sur ses talons.

Mademoiselle... Oh, quelle indignité !

MAÎTRE JACQUES.

Quelle indignité, à moi !

LA MARQUISE.

Frapper une femme de condition !

MAÎTRE JACQUES.

Frapper une femme en condition, et une pratique encore !

LUCILE.

Maître Jacques, je le lui pardonne.

MAÎTRE JACQUES.

Je crois qu'on l'a ensorcelée.

AIR : *Non, je ne ferai pas.*

Non, je ne conçois pas son excès d'insolence.
Pour elle heureusement j'ai de la patience ;
Je suis la douceur même ; un autre, en pareil cas,
Irait prendre un bâton ; mais je ne m'en sers pas.

Oh, si j'étais gris !

LUCILE.

Adieu, maître Jacques.

MAÎTRE JACQUES reconduit Lucile, et cependant la marquise veut s'échapper.

Où veux-tu aller ? à l'ouvrage, coquine !

LA MARQUISE.

AIR : *Un jour que j'avais mal dansé.*

Je ne sais plus que devenir,
Si d'ici je pouvais sortir ;

Ils ferment le passage :
Dans mon dépit, dans ma fureur...
Oui, je sens naître dans mon cœur
Mille transports de rage.

Je suis meurtrie : il vient ; je tremble de frayeur : le scélérat !

SCÈNE III.

LA MARQUISE, MAÎTRE JACQUES.

MAÎTRE JACQUES.

Oh ! je t'apprendrai : souffle la lampe, il fait grand jour. *(Elle va souffler la lampe ; il se met à l'ouvrage, s'assied sur son escabeau.)*

Rossignolet du bois,
Rossignolet sauvage.

Prends mon bonnet, donne-moi ma perruque ; il faut un air décent.... Tu ne vois pas cette perruque par terre ; on dirait que tu as peur de te baisser.

Rossignolet du bois,
Rossignolet sauvage.

(La marquise ramasse la perruque, l'apporte ; et dans le temps qu'il se baisse pour ramasser quelque chose, elle lui jette sa perruque, le bat, le culbute, et se sauve.)

SCÈNE IV

MAITRE JACQUES.

Mais cela me passe, je ne la conçois point du tout.

AIR : *A coups de pied, à coups de poing.*

Qu'une femme à propos de rien,
Gronde son homme comme un chien,

Aisément cela se peut croire ;
Mais dans l'instant que j' suis trop doux,
Que des cris elle en vienne aux coups :

Sarpedié ! je ne suis pas tendre, elle s'est sauvée au château, je vais l'y trouver ;

Et je veux être un chien,
A coups de pied, à coups de poing,
Je lui casserai la gueule et la mâchoire.

FIN DU DEUXIÈME ACTE.

ACTE TROISIÈME

(Le théâtre représente un bel appartement.)

SCÈNE I

MARGOT, à demi couchée sur une bergère, revêtue des habits de la marquise, se réveille au bruit d'une pendule qui sonne ; elle est surprise étonnée.

AIR : *Quel voile importun.*

Ah ! que je fais un beau songe !
Où suis-je ? en quels lieux ?
Serais je dans les cieux ?
Ah ! si ce n'est qu'un mensonge,
D'un pareil sommeil
Que je crains le réveil !
Les beaux habits, c'est de la soie !
Oui, je les touche en ce moment.
Mais se peut-il que je me voie,
Et qu'ainsi je m'admire en dormant ?
Ah ! que je fais, etc.

Mais je ne dors pas. Ah ! que je suis bien habillée ! les belles manchettes ! Mais je fais tout ce que je veux je remue les doigts.

AIR : *Nous venons de Barcelonette.*

Non, ce n'est pas un sortilége :
Oh, ciel ! j'aperçois à mes doigts,
Une, deux et trois : me trompé-je ?
Des bagues au nombre de trois.

Ah ! le devin me l'a dit ; c'est le devin : je suis une

dame. La belle chambre, les belles chaises, les beaux miroirs! ah! si tout cela est à moi, que je suis riche!

ARIETTE

Quel plaisir me transporte!
Jamais on n'en éprouva de la sorte :
Ah! ah! ah!
Mon cœur s'en va.

Mais que sens-je à mes oreilles? (Elle fait l'action de chasser quelque chose.) Mais ce sont des pendants d'oreilles! Ah! que je me voie. (Elle se regarde dans une glace, et se retourne avec frayeur.) Ah! j'ai eu peur, j'ai cru voir la marquise, mais c'est moi; non, c'est elle; si, c'est moi, c'est moi; c'est peut-être que les miroirs des dames ne rendent jamais leur ressemblance : ah, que je suis aise!

AIR : *Des proverbes.*

Mais le devin m'a dit de ne rien dire,
Sitôt qu'en moi la forme changera.
Gardez-vous bien, disait-il, d'en instruire
Quiconque près de vous sera.

Comme marquise, agissez en marquise.... Je vais être fière; mais j'entends quelqu'un : ciel! où me mettre, où me cacher? faisons plutôt semblant de dormir.

SCÈNE II

MARGOT, LUCILE.

LUCILE.

J'ai cru entendre marcher. (En raccommodant sa coiffure.) Mais voyez cette méchante femme de me battre!

MARGOT, à part.

C'est Lucile.

LUCILE.

Air : *L'autre jour dans une chapelle.*

Ah, je vois madame endormie.
Dans l'instant que je suis sorti,
Elle aura fait venir Marton :
Il n'est plus d'espoir de pardon.

MARGOT.

Lucile?

LUCILE.

Ah, quelle gamme!

MARGOT.

Lucile?

LUCILE.

Ah, quel effroi!
Pardonnez-moi, madame.
Pardonnez-le-moi.

MARGOT, à part.

Si je me lève, elle va me reconnaître.

LUCILE, raccommodant le bonnet de Margot.

Air : *Approchez, mon aimable fille.*

Si madame veut le permettre?
Marton aurait bien dû vous mettre
Un autre bonnet.

MARGOT.

Ah! c'est bon.

LUCILE.

C'est bon!
Marton n'est guère intelligente;
Un instant, c'est au mieux.

MARGOT.

Vous me faites honneur.

LUCILE.

Honneur!

ACTE III, SCÈNE II.

MARGOT.

Je suis toujours contente.

LUCILE.

C'était mal.

MARGOT.

C'était bien, mon cœur.

LUCILE.

Mon cœur?
Ah, qu'elle est complaisante!

MARGOT.

Me lèverai-je? hélas!
Je, je, je n'ose pas.

LUCILE.

Appuyez-vous, voici mon bras.

MARGOT.

Je vous suis bien obligée.

LUCILE.

Air : *Le jardinier de ma mère.*

Que tant de bonté m'étonne!
Que son caractère est doux!

MARGOT.

Oui, je veux vous rendre heureux tous.

LUCILE.

Certes, madame est bien bonne.

MARGOT.

Mademoiselle, entre nous,
Dites, pour qui me prenez-vous?

LUCILE.

Pour qui? moi, vous méconnaître!
Aurais-je pu le paraître?
Par un air moins circonspect,
Ai-je eu le malheur peut-être
De vous manquer de respect?

MARGOT.

Non, bien au contraire ; mais c'est que...

LUCILE.

Madame...

MARGOT.

Rien, rien.

LUCILE.

Ferai-je approcher la toilette ?

MARGOT.

Apportez la toilette. (Des laquais entrent et apportent une toilette.) (A part.) Elle me prend pour la marquise, le devin a fait que je suis marquise : trédame! que je suis aise! des laquais! Oh! j'ai des grands laquais! (Elle les lorgne.)

LUCILE.

Quel bonnet veut mettre madame? Le cabriolet, le rhinocéros(1)? Le chocolat est prêt.

MARGOT.

Mettez-moi le chocolat, le chocolat. (Le maître d'hôtel entre et présente le chocolat.) Qu'est-ce que ça ?

LUCILE.

Votre chocolat : est-ce que madame ne veut pas déjeuner!

MARGOT.

AIR : *Ne v'la-t-il pas que j'aime.*

Comme il est noir! en v'là beaucoup.

LUCILE.

Madame, c'est la dose.

MARGOT, après en avoir goûté.

Fi donc! je n'en veux point du tout :
Ah, la mauvaise chose!

(1) Coiffures du temps.

Donnez-moi plutôt du pain et du cidre, un demi-septier.

LE MAÎTRE D'HÔTEL.

Du vin serait meilleur.

MARGOT.

Oui, mon cher monsieur, oui, du vin, si vous en avez. Frisez-moi, ma bonne amie.

LUCILE.

Je n'ai pas de papier ; si madame veut lire en attendant...

MARGOT.

En voilà, en voilà. (Elle déchire les feuillets d'un livre.)

LUCILE.

Quoi, madame! vous déchirez ce poëme que vous estimez tant.

MARGOT.

Ce poëme! Non, c'est du papier.

SCÈNE III

MARGOT, LUCILE, LE COCHER.

LUCILE.

Air : *Ah! qu'il est long, dondon.*

Qui t'empêche de t'approcher?
Qui t'empêche de t'approcher?

LE COCHER.

Que sais-je? On craint de la fâcher.
Je n'ose, je n'ose.

LUCILE.

Rien ne doit t'empêcher,
C'est autre chose.

Elle est d'une douceur! on ne la reconnaît plus

MARGOT *cependant fouille sur la toilette, ouvre les boîtes, en ouvre une de tabac d'Espagne, et en prend.*

Qu'il est fin ce tabac-là! comme il est jaune! (Elle et rnue.) Il est bien fort. Que voulez-vous, monsieur?

LUCILE.

C'est votre cocher, madame.

LE COCHER, parlant à Lucile.

Je voudrais savoir si madame veut le grand carrosse ou le berlingot.

MARGOT.

Le grand, le grand carrosse!

LE COCHER.

A combien de chevaux?

MARGOT.

Tout plein, tout plein; des blancs, des blancs, mon cher ami; pourrais-je le voir mon grand carrosse?

LE COCHER.

Si madame veut, par la fenêtre de son cabinet...

MARGOT.

Voyons par cette fenêtre.

SCÈNE IV

LUCILE.

Mais je ne la reconnais pas. Est-ce repentir? Est-ce caprice? quel changement! Qu'elle est bonne aujourd'hui! je l'aime à la folie.

AIR : *Nous sommes précepteurs d'amour.*

Qu'il est facile à la grandeur
D'imposer des lois à notre âme;
Un coup d'œil soumet notre cœur,
Une politesse l'enflamme.

SCÈNE V

LE MARQUIS, LUCILE.

LUCILE.

Air : *De tous les capucins du monde.*

Ah ! monsieur, l'heureuse nouvelle !
Madame qui toujours querelle,
Madame ..

LE MARQUIS.
Hé bien ?

LUCILE.
    Grâce à nos vœux,
Nous allons vivre d'une sorte
A nous estimer tous heureux.

LE MARQUIS.
Quoi ! la marquise est-elle morte ?

SCÈNE VI

LE MARQUIS, MARGOT, LUCILE.

MARGOT.
Le grand carrosse, le grand carrosse ! Ah, voici le marquis ! que vais-je devenir ?

LE MARQUIS.

Air : *Vous avez bien de la bonté.*

Que mon cœur, madame, est flatté
 De ce que l'on m'annonce !
Pour me livrer à la gaîté
 J'attends votre réponse ;

Notre paix, notre volupté
Ne dépend plus que de vous-même,
Que de vous-même.

MARGOT.

Monsieur, en vérité,
Vous avez bien de la bonté.

LE MARQUIS.

Ah! ma chère femme, soyez douce, et il ne vous manquera rien. (Il lui baise la main.)

MARGOT.

Ah! il sent bon comme un bouquet : le cœur me bat.

LE MARQUIS.

Air : *De l'amour je subis les lois.*

Un air fin,
Un souris malin,
Un beau teint,
La taille et la main,
Un coup d'œil,
Organe de l'âme,
De l'indifférence est l'écueil ;
Mais ce n'est que dans la bonté
Qu'on trouve la félicité,
Qui peut éterniser la flamme
Qu'allume la beauté.

Air : *Que ne suis-je sur la fougère.*

Vous paraissez interdite,
Et je n'en suis pas surpris.

MARGOT.

Que n'ai-je votre mérite,
Mon cher monsieur le marquis !
Oui, ma plus sincère envie
Est d'être aimable à vos yeux.
Que n'ai-je toute ma vie
Fait ce qui vous plaît le mieux !

LE MARQUIS.

Ma chère femme, oublions le passé.

MARGOT.

Je le voudrais bien.

LE MARQUIS.

Air : *Vaudeville d'Épicure.*

L'amour à la fin nous couronne,
Il nous dispense ses bienfaits.

MARGOT.

Bienfaits... oui, je serai si bonne
Que vous ne vous plaindrez jamais.
Vous aimer, vous plaire sans cesse
Sera mon plaisir le plus doux.

LE MARQUIS.

L'aveu que fait votre tendresse,
Me fait tomber à vos genoux.

SCÈNE VII

LE MARQUIS, LA MARQUISE, MARGOT, LUCILE.

LA MARQUISE, à Lucile, qui veut l'empêcher d'entrer.

Quoi! je n'entrerai pas chez moi! ôtez-vous de mes yeux.

Air : *O vous, puissant Jupin.*

Oh, ciel! à ses genoux
Un perfide époux
S'offre à mon cœur jaloux!
C'était donc
Cette trahison,
Qui te contraignait d'employer le poison!

Et toi effrontée : mais que vois-je? Ma parure, ma

figure! est-ce mon portrait, ou moi-même? Rêvé-je? Où suis-je?

MARGOT.

Mais c'est là moi.

LE MARQUIS.

C'est une folle.

LA MARQUISE.

Quoi! cruel, tu ajoutes l'insulte à la perfidie la plus noire : tu feins de ne pas me reconnaître; le changement d'habit a-t-il changé mes traits! Cette glace... Oh, ciel! (La marquise jette la vue sur le miroir de la toilette et se laisse tomber appuyée sur le dos du fauteuil, et paraît abîmée dans la plus vive douleur.)

LE MARQUIS.

Lucile, quelle est cette femme-là?

LUCILE.

C'est la femme de Jacques.

MARGOT.

C'est faux, c'est faux; ce n'est pas elle.

LE MARQUIS.

Écoutons, peut-être que par ses discours nous découvrirons..... Madame, ne craignez rien; je vais la faire sortir. Sortez d'ici : que demandez-vous?

LA MARQUISE.

AIR : *Monseigneur d'Orléans.*

Oh! ciel! j'ai tout perdu,
Mon cœur est convaincu,
Je sens tout le malheur
De leur erreur :
C'est fait de moi,
Oui, je voi
Qu'en moi le ciel
Trop cruel,
Ou ce devin,
Ce lutin!

ACTE III, SCÈNE VIII.

Par un coup inhumain,
A changé mes traits, mon destin.
C'est en vain
Que je me plains.

LE MARQUIS.

Vous nous impatientez ·
Sortez, sortez.

LE MARQUISE.

Oh, mon cher époux! écoutez,
Connaissez ce que je suis,
Mon cher marquis.

marquis sourit, Lucile rit tout à fait. Margot paraît rêveuse, et s'ap-
·he de la marquise, reconnaît ses hardes; de sorte que lorsque Jac-
· arrive, il se trouve entre elles deux.)

Hélas! on se moque de mes pleurs,
Et l'on se rit de mes douleurs.
Je vais périr,
Je vais mourir :
Sans désespoir,
Puis-je me voir
Devenir du plus haut état
La femme d'un scélérat?
Perdre en un instant ma maison,
Mon rang, ma naissance et mon nom :
De ma fortune et de mon bien,
Hélas! il ne me reste rien.

SCÈNE VIII

Les précédents, maître JACQUES

MAÎTRE JACQUES.

Suite de l'air précédent.

Qu'un mari pour te casser les bras....

MARGOT.

Ah, Jacques! ne me frappez pas.

LA MARQUISE.

Oh, ciel ! voici mon bourreau, je tremble.

MARGOT.

Je pâlis.

LA MARQUISE.

Je frémis.

MARGOT.

Cachez-moi, monsieur le marquis, je me trouve mal

LUCILE.

Madame, entrez dans votre cabinet.

LA MARQUISE.

Dans son cabinet !

MARGOT.

Que ne suis-je encore Margot !

MAÎTRE JACQUES.

Madame, je demande pardon à votre grandeur.

LA MARQUISE.

Dans son cabinet !

LE MARQUIS.

Jacques, si c'est là votre femme....

MAÎTRE JACQUES.

Oui, monseigneur, pour mon malheur.

LE MARQUIS.

Hé bien, elle est folle.

LA MARQUISE.

Une autre femme ? Oh, ciel! Quoi ! mon cher marquis ...

LE MARQUIS.

Allez, ma bonne, allez.

Air : *Résonnez, ma musette.*

Soignez bien sa personne

LA MARQUISE.

Il m'appelle sa bonne,
Et je n'expire pas :
Que devenir, hélas !

Toi, si tu m'approches. ...

MAÎTRE JACQUES, tirant son tire-pied.

Marche !

LE MARQUIS.

Ne la frappez pas.

LA MARQUISE.

Je vais me tuer.

MAÎTRE JACQUES.

La mode en est passée, retourne à la maison, mets-toi à filer ; et si je ne te trouve pas à l'ouvrage, je veux que cinq cent mille millions.....

LA MARQUISE.

Oh, ciel !

MAÎTRE JACQUES.

Je vous demande pardon, monseigneur, et à madame la marquise ; mais vous savez que quand on a une mauvaise femme.....

SCÈNE IX

LE MARQUIS, MAÎTRE JACQUES, LE MAGICIEN.

LE MAGICIEN.

Air : *Hélas, maman, pardonnez, je vous prie.*

Jacque, arrêtez : apprenez un mystère
Qui vous regarde également tous deux :

> Pour me venger du pétulant caractère
> De la marquise et de ses procédés fâcheux,
> J'ai fait ici dans ma juste colère
> Deux changements pour vous peut-être heureux.

J'ai fait transporter la marquise chez maître Jacques sous la figure de Margot, et Margot remplit ici le rôle de la marquise.

MAÎTRE JACQUES.

Quoi ! cette femme que j'ai tant.....

LE MARQUIS.

Quoi ! la marquise ? Oh, ciel ! qu'apprends-je !

MAÎTRE JACQUES.

Monseigneur, reprenez votre femme.

LE MARQUIS.

Mais quel soupçon cruel !

LE MAGICIEN.

Ne craignez rien.

AIR : *Réveillez-vous, belle endormie.*

> Le noir démon de la vengeance
> A seul dirigé mes travaux :
> Toujours filés par l'innocence,
> Leurs deux destins furent égaux.

MAÎTRE JACQUES.

Margot a donc été bien battue ?

LE MARQUIS.

AIR : *Quel plaisir d'a'mer sans contrainte.*

> A quelque chagrin que je m'expose,
> Recourez à la métamorphose ;
> Je vous rendrai grâces, si sa peine
> A plus de douceur enfin l'amène.

LE MAGICIEN.

Je crois que vous pouvez l'esperer.

ACTE III, SCÈNE IX.

LE MARQUIS.

Air : *Ah ! qu'on a bien fait d'inventer l'enfer*

Sans doute, la marquise attend
Qu'on lui rende sa figure.

MAÎTRE JACQUES.

Mais ne vous dépêchez pas tant
Pour que la chose soit sûre.

LE MAGICIEN.

Soyez en paix, il ne faut qu'un instant
Pour revenir à la nature.

Gardez un profond silence.

Air : *Mais comment ! ses yeux sont humides.*

Par cette puissance efficace,
Qui remet les traits en leur place,
Qui ramène l'air méprisant
Dans les yeux des femmes qui mentent,
Sitôt qu'elles se complimentent,
Qui change dans maint courtisan
L'air modeste en air suffisant,
Qui rend au poltron en furie
Sa crainte et sa poltronnerie,
Qui, chez la veuve en ses douleurs,
Met des ris quand il faut des pleurs :
Par ce pouvoir, que la marquise
Reprenne sa forme surprise,
Et que la femme de Jacquot
Redevienne pour lui Margot.

Le changement est fait, ne me suivez pas.

SCÈNE X

LE MARQUIS, maître JACQUES.

LE MARQUIS.

Maître Jacques, me direz-vous la vérité?

MAÎTRE JACQUES.

Pourquoi pas?

LE MARQUIS.

Lorsque la marquise...

SCÈNE XI

LE MARQUIS, maître JACQUES, LUCILE.

LUCILE.

Air : *Le Port-Mahon est pris.*

Ah! tout mon sang se glace;
J'étais, j'allais, j'ai vu face à face :
Ah! tout mon sang se glace.
Ah! monsieur, écoutez,
Écoutez, écoutez.
Oui, c'est la vérité,
J'allais de ce côté
Dans cette galerie,
Là, cette femme à l'instant sortie,
Était évanouie;
Je vais à son secours,
Et j'y cours, et j'y cours.
Je frappe dans sa main.
Je découvre son sein.
Ah, que je suis suprise!
C'était, c'était, c'était la marquise.
Ah, que je suis surprise!

Elle m'a dit : Hélas !
Mais tout bas,
Mais tout bas.

Air : *Quand vous entendrez le doux zéphir.*

Hélas ! Lucile, allez au marquis,
Apprenez-lui mon malheur terrible :
S'il connaissait l'état où je suis,
Il y serait sensible.

Air : *Le Port-Mahon est pris.*

Margot est accourue,
Ainsi que moi tremblante à sa vue,
Elle l'a secourue ;
Et moi je viens ici.
Les voici, les voici.

SCÈNE XII

Les précédents. LA MARQUISE entre soutenue par Margot, et suivie de plusieurs domestiques, à qui elle adresse la parole.

LA MARQUISE.

Oui, mes enfants, je suis sensible à vos attentions ; que ce soit aujourd'hui un jour de fête pour vous, comme il le sera pour monsieur le marquis et pour moi.

LE MARQUIS.

Madame, sitôt que j'ai su votre peine, je l'ai fait cesser : le magicien s'est vengé trop cruellement.

LA MARQUISE.

Monsieur, épargnez-m'en le souvenir : la douceur de Margot vous ferait regretter la paix de votre maison, si je ne m'efforçais de la faire durer.

MAÎTRE JACQUES.

Air : *La fanfare de Saint-Cloud.*

Adieu donc, pauvre marquise,
Et richesses et fracas ;

Le travail, le froid, la bise,
Vont encor suivre tes pas.

MARGOT.

Va, je ne suis pas surprise,
Et je ne m'y plairais pas.
Ce n'est qu'une friandise
Dont le cœur est bientôt las.

LUCILE.

Madame, j'ai eu le malheur de vous manquer.

LA MARQUISE.

Non, si vous n'avez pas manqué à Margot.

MARGOT.

Mon Dieu, non : c'est ma bonne amie. Baisez-moi, ma bonne amie.

MAÎTRE JACQUES.

Madame voudra-t-elle bien oublier que?...

LA MARQUISE.

Monsieur le marquis, prêtez-moi votre bourse : Maître Jacques, je vous la donne pour le soufflet que je vous ai donné.

MAÎTRE JACQUES.

Ah, madame ! il n'y a pas de quoi.

LA MARQUISE.

Quel bruit entends-je ? (Les domestiques, derrière le théâtre, font un bruit d'allégresse mêlé d'instruments.)

LUCILE.

Ce sont vos gens qui se divertissent.

LA MARQUISE.

Voulez-vous participer à leurs plaisirs ?

ACTE III, SCÈNE XII.

LE MARQUIS.

Est-il rien de plus digne de nous que de rendre heureux ceux qui nous entourent ?

(En même temps la scène change et rend la décoration du premier acte : le marquis et la marquise se rangent sur un des côtés du théâtre, les autres acteurs se joignent aux danseurs sous différentes attitudes ; les domestiques entrent de tous les côtés sur la scène ; le cuisinier tire le père Ambroise par la main et le fait entrer malgré lui ; il se défend, on lui arrache son bâton.)

LUCILE.

Et où est donc sa vielle ?

L'AVEUGLE.

Laissez-moi donc, finissez donc : mon bâton ! je ne veux pas y aller, on me battra.

LE CUISINIER.

N'ayez pas peur, papa, notre maîtresse à présent est la meilleure maîtresse....

L'AVEUGLE.

Il faut donc que le diable s'en soit mêlé ; car quand une méchante femme....

LE CUISINIER, lui mettant la main sur la bouche.

Paix donc ! elle est là.

L'AVEUGLE.

Oh, dame ! je ne sais pas ça, moi.

LA MARQUISE.

Monsieur le marquis, nous les gênons, laissons-les se divertir. (Ils sortent.) Lucile, vous pouvez rester.

MAÎTRE JACQUES.

Allons, père, une chanson en rond.

L'AVEUGLE.

Vous me donnerez donc à boire ?

MAÎTRE JACQUES.

Oui, oui.

L'AVEUGLE. (Ils se prennent par la main.)
Un petit coup de malheur
Est souvent un avantage ;
Un petit coup de malheur
Est souvent un grand bonheur.

(Lorque l'aveugle dit : Donnez moi donc à boire, ils reprennent tous le refrain sans l'écouter, et l'obligent de continuer.)

Donnez-moi donc à boire.
Jeanne avait des sabots neufs
Et les plus beaux du village ;
Que quelqu'un en eût des vieux,
Elle en disait pis que rage.
Donnez-moi donc, etc.

Un petit coup, etc.
Chacun évitait ses yeux.
Mais dans le fond d'un bocage,
Un petit coup, etc.
Le fils du carillonneux
La poursuivit sous l'ombrage.
Donnez-moi donc, etc.

Il mit son sabot en deux,
Il n'est plus bon qu'au chauffage :
Depuis cet instant fâcheux,
Jeannette est beaucoup plus sage.
Soyez ou droit ou boiteux,
Chaussez vous à tout étage.
Donnez-moi donc, etc.
Elle trouve tout au mieux,
Elle approuve tout usage.

Oh ! je ne veux plus chanter : vous vous moquez de moi.

LE CUISINIER.

Allons, venez, père, et vous nous jouerez une contredanse.

CONTREDANSE

MAÎTRE JACQUES, sur l'air de la contredanse.
Mon système
Est d'aimer le bon vin ;

Mes amis, et ma femme qui m'aime ;
Quelque peu d'ouvrage et point d' chagrin ;
    C'est l'vrai bien,
  Ou je n'y connais rien.

De l'argent gros comme une futaille
Ne nous rend ni joyeux ni plus sain
La gaîté sur un siége de paille
Se plaît mieux que sur un d' maroquin.
    Mon système, etc.

Not' bonheur est dans not' caractère :
Un méchant ne rit presque jamais ;
Mais un gars toujours prêt à bien faire
Vit content, et vit toujours en paix.
    Mon système, etc.

Si l' bonheur était dans l'opulence,
Dans les respects, dans les coups de chapiau,
Pour me mettre au milieu de la finance.
  Je vendrais jusqu'à mon escabiau.
    Mon systeme
      Est d'aimer le bon vin ;
  Mes amis, etc.

FIN DU TROISIÈME ACTE.

VARIANTE DU DIABLE A QUATRE

L'ariette suivante se chante à la place du dernier couplet de la scène VIII du premier acte, lorsque l'actrice y est disposée.

Ainsi donc, canaille,
Vous faites gogaille,
Quand je n'y suis pas.
Ainsi donc, canaille,
Vous faites gogaille,
Vous faites ripaille,
Canaille,
Quand je n'y suis pas.

Cette valetaille,
Maudite racaille,
Ne fait rien qui vaille,
Des maîtres se raille,
Et sans embarras
Prend toujours ses ébat,
Chante, rit aux éclats,
Au milieu du fracas
Et des pots et des plats ;
Des maîtres se raille,
Et prend ses ébats,
En faisant gogaille,
Quand je n'y suis pas.
Ainsi donc, etc.

FIN DU DIABLE A QUATRE.

LE ROI ET LE FERMIER

COMÉDIE EN TROIS ACTES

MÊLÉE DE MORCEAUX DE MUSIQUE

Représentée pour la première fois par les Comediens Italiens ordinaires du Roi, le 22 novembre 1762.

AVERTISSEMENT DE L'AUTEUR

L'auteur d'une pièce croit qu'on a les yeux sur lui comme il les a sur lui-même, voilà l'origine de la plupart des avertissements. Le public ne les lit pas, ou s'en moque. Cependant ils préparent l'histoire d'une pièce, et les almanachs s'en enrichissent : n'y verrais-je que cela, j'en mettrais un à la tête de celle-ci.

Jamais bon ou mauvais ouvrage n'a eu tant de peine que celui-ci à paraître au théâtre : il avait en lui-même sa première difficulté ; il fallait que je trouvasse un grand artiste, un musicien habile qui voulût bien avoir un peu de confiance en moi, enfin un ami qui voulût bien risquer un genre nouveau en musique ; et quelque rares que soient les poëtes en ce nouveau genre, les musiciens le sont encore plus.

Cette pièce est tirée du théâtre anglais, ou plutôt d'une ancienne histoire qui n'a guère pour elle que la tradition. Henri VI (dit la tradition) s'égara la nuit dans une forêt, au retour d'une chasse : il entra chez un bûcheron, et là il vit peut-être pour la première fois ce qu'est un homme vis-à-vis d'un autre homme dépouillé par son ignorance du profond respect qu'il doit avoir pour son roi.

Jamais scène au théâtre n'a ouvert à tout poëte une plus vaste carrière, un moyen plus simple pour faire entendre des vérités utiles sans manquer à la vénération profonde dont il doit être pénétré.

Entraîné par la scène et par le lieu où elle se passe et par l'original anglais qui m'a beaucoup servi, j'avais fait dire à mon fermier des vérités de toutes les cours et de tous les temps ; mais quelques personnes, animées de ce zèle que j'aurais eu peut-être moi-même à leur place, ont cru voir des duretés ; ils ont fait changer cette scène, et elle est représentée telle qu'elle a été changée.

Cependant comme j'ai sujet de craindre que quelques personnes indiscrètes ou mal intentionnées ne prennent de là occasion de m'accuser d'avoir voulu mettre sur le théâtre des propos téméraires, propos qui me rendraient coupable à mes propres yeux dès l'instant qu'ils le paraîtraient, je désire que cette scène soit sous les yeux du public telle que je l'avais faite ; j'espère qu'on n'y verra que ce qu'un fermier anglais irrité contre un courtisan injuste aurait pu dire en pareille circonstance : je me fiais à l'illusion du théâtre, à l'intérêt de la scène. Que de vers et que de maximes seraient des horreurs, si on les détachait du cadre pour lequel ils sont faits !

J'ai, suivant ma coutume, fait mettre dans l'impression le jeu des acteurs. Les acteurs de province sont loin de tout conseil, et peuvent en avoir besoin.

PERSONNAGES

—

LE ROI..................	M. Clairval.
LUREWEL...............	M. Le Jeune.
UN COURTISAN...........	M. S. Aubert.
RICHARD, fermier, inspecteur des garde-chasse et amant de Jenny.	M. Caillot.
LA MÈRE de Richard........	Mlle Deschamps.
BESTY, sœur de Richard......	Mlle Collet.
JENNY, nièce de la mère, et amoureuse de Richard...........	Mlle Ruette.
RUSTAUT, ⎫	M. La Ruette.
CHARLOT, ⎬ garde-chasse.....	M. Desbrosses.
MIRAUT. ⎭	M. De Hesse.

La scène est en Angleterre. Les premier et deuxième actes sont dans une forêt, et le troisième est dans la maison du fermier.

~~~~~~

APPROBATION

J'ai lu, par ordre de Monseigneur le chancelier, *Le Roi et le Fermier*, *Comédie*, et je crois qu'on peut en permettre l'impression.

<div style="text-align:right">Marin.</div>

A Paris, ce 19 novembre 1762.

LE ROI ET LE FERMIER

COMÉDIE MÊLÉE DE MORCEAUX DE MUSIQUE

ACTE PREMIER

(Le théâtre représente une forêt; des arbres plantés çà et là sur le théâtre et sans ordre.)

SCÈNE PREMIÈRE

RICHARD.

ARIETTE

Je ne sais à quoi me résoudre,
Je ne sais où porter mes pas;
Ce malheur est un coup de foudre
Pour moi pire que le trépas.

Partout où je fixe ma vue,
En p ie au chagrin qui me tue,
Je sens que mon âme éperdue
Veut choisir, et ne le peut pas.

Je ne sais à quoi me résoudre,
Je ne sais où porter mes pas;
Ce malheur est un coup de foudre
Pour moi pire que le trépas.

Si j'allais.... non.... doute cruel!
Quoi douter....? Je n'ai plus de doute,
  Je sens trop ce qu'il m'en coûte.
Oui, je veux à l'instant.... Oh, ciel!

Je ne sais à quoi me résoudre,
Je ne sais où porter mes pas ;
Ce malheur est un coup de foudre
Pour moi pire que le trépas.

(Pendant la fin de cette ariette, trois garde-chasse arrivent : ils portent des fusils pour le bois, à deux coups : ils sont en habit uniforme, à l'exception de Richard, qui a quelque chose de distingué.)

SCÈNE II

RICHARD et les trois gardes.

RICHARD, brusquement.

Quelle heure est-il ?

RUSTAUT.

Il est six heures.

RICHARD.

Le roi est-il encore à la chasse ?

MIRAUT.

Je n'en sais rien.

RICHARD.

Ce n'est pas à toi à qui je parle, c'est à lui : pourquoi réponds-tu pour lui ?

MIRAUT.

Hé mais, je n'ai pas....

RICHARD.

Tais-toi ; qu'on ne me mette, morbleu ! pas en colère ; je n'y suis déjà que trop disposé.

RUSTAUT.

Parbleu ! tu es bien brusque aujourd'hui.

RICHARD.

J'en ai sujet ; laisse-moi en repos. Toi, as-tu vu le roi ?

RUSTAUT.

Non.

RICHARD.

Et toi ?

CHARLOT.

Non.

RICHARD.

Et toi, Miraut?

MIRAUT.

Oui : il est du côté de la montagne, sur le grand chemin de Londres.

RICHARD.

Comment est-il mis ?

MIRAUT.

Je n'y ai pas pris garde.

RICHARD.

Du vivant de mon père, chassait-il souvent de ces côtés-ci ?

RUSTAUT.

Oui, quelquefois.

RICHARD.

Je voudrais bien le voir.

RUSTAUT.

C'est vrai; tu ne l'as pas encore vu?

RICHARD.

Il chasse bien tard; le vent s'élève du côté de Mansfield, il pourrait être pris par l'orage.

RUSTAUT.

Et par la nuit.

SCÈNE III

Les précédents, BETSY.

RICHARD.
Écoutez, vous autres...

BETSY.
Mon frère, mon frère!

RICHARD.
Que viens-tu faire ici? va-t'en.

BETSY, en pleurant.
Il ne m'a jamais traitée comme cela.

RICHARD.
Petite sotte! Écoutez, vous autres : les braconniers se serviront de l'occasion de la chasse pour rôder cette nuit dans la forêt. Soyons fidèles comme un chef de meute, et durs comme ces chênes. Toi, Rustaut, tu iras à la Croix-Parée; toi, Miraut, du côté de Darbi; toi, Charlot, sur les Roches. S'il faut du secours, un coup de sifflet; vous les amènerez chez moi : liez-les s'ils résistent.

SCÈNE IV

RICHARD, RUSTAUT.

RUSTAUT.
A qui diable en as-tu, toi qui es la gaieté même, toi qui as toujours le verre à la main, la chanson à la bouche, et la joie au front? Tu n'as parlé d'aujourd'hui que pour nous brusquer.

ACTE I, SCÈNE IV.

RICHARD.

J'en ai sujet.

RUSTAUT.

Comment, morbleu! sujet? Te voilà par la mort de ton père, qui t'a fait étudier, qui t'a fait voyager, qui, Dieu merci, t'a fait élever comme un milord, te voilà à la tête d'une bonne ferme, te voilà inspecteur des chasses de la forêt de Chéroud (1), te voilà aimé de la belle Jenny, près de l'épouser : que te faut-il donc? Être roi? Être....

RICHARD, lui serrant le bras.

Ah, Rustaut ! je voudrais que le plus scélérat de nos milords fût pendu ; ce serait Lurewel.

RUSTAUT.

Qui? ce milord qui demeure....

RICHARD.

Ce colifichet doré, qui de ses voyages n'a rapporté en Angleterre que des vices et des ridicules.... Ah, Jenny !

RUSTAUT.

Quoi ! Jenny ?

RICHARD.

Hé bien! Jenny, il l'a enlevée, séduite, trompée : que sais-je ? Que je suis malheureux ! je me vengerai.

RUSTAUT.

ARIETTE

Ami, laisse là la tendresse,
Elle ne donne que du chagrin ;
Une pinte de vin
Vaut mieux qu'une maîtresse.
Être sans cesse à désirer,
A soupirer,
Craindre, trembler,
N'oser parler,

(1) En anglais : *Sherwood.*

Au moindre mot
Faire le sot ;
Fi, fi, fi !
Ami,
Laisse là la tendresse, etc.

RICHARD.

Finiras-tu ? Laisse-moi en repos : ai-je besoin de tes conseils ! Va où je t'ai dit, morbleu !

RUSTAUT.

Diable ! c'est sérieux.

SCÈNE V

RICHARD.

ARIETTE

D'elle-même
Et sans effort
Elle va chez ce milord.
Dieu ! se peut-il que je l'aime,
Se peut-il que je l'aime encor ?

Quoi ! ma Jenny si douce, si timide,
Quoi ! ma Jenny pourrait être perfide !
Non, je ne le croirai jamais....
Mais.... mais....
D'elle-même
Et sans effort
Elle va chez ce milord.
Dieu ! se peut-il que je l'aime,
Se peut-il que je l'aime encor ?

Hier, en me serrant la main,
Elle me dit : Richard, demain
Nous nous verrons au point du jour ;
Que n'en puis-je hâter le retour !
Non, non, je ne croirai jamais...
Mais... mais..

ACTE I, SCENE IV.

> D'elle-même
> Et sans effort
> Elle va chez ce milord.
> Dieu ! se peut-il que je l'aime,
> Se peut-il que je l'aime encor ?

(Pendant le cours de cette ariette, Betsy paraît dans le fond du théâtre avec Jenny.)

SCÈNE VI

BETSY, RICHARD.

BETSY, avec timidité.

Mon frère, mon frère !

RICHARD.

Hé bien ! me laisseras-tu en repos ? Que me veux-tu ?

BETSY, pleurant.

Je venais pour vous dire que Jenny....

RICHARD.

Hé bien ! Jenny ? hé bien ! Jenny ?

DUO

BETSY.

> Non, non, vous ne m'avez jamais,
> Jamais, jamais traitée ainsi, hi, hi !
> Ce n'est que pour vous que je vais,
> Que je viens, que j'accours ici, hi, hi !
> Encor devant vos gardes.

RICHARD.

> Betsy, Betsy,
> Faisons la paix :
> Betsy, Betsy,
> Hé bien ! que dis-tu de Jenny ?

Tu prends garde à nos gardes?
Tais-toi, Betsy, faisons la paix.

BETSY.

Vous me traitez, vous me traitez ainsi.
Hé bien,
Jenny !
Hé bien.
Jenny !
Vous saurez que Jenny....
Non, non, vous ne m'avez jamais,
Jamais, jamais traitée ainsi, hi, hi !
Ce n'est que pour vous que je vais,
Que je viens, que j'accours ici, hi, hi !
Non, non, vous ne m'avez jamais,
Jamais, jamais traitée ainsi.

RICHARD.

Enfin,
Jenny.
Enfin,
Jenny !
Je saurai que Jenny....
Non, non, jamais, jamais, Betsy
Je ne veux te parler ainsi,
Hé mais, finis !
Hé ! pourquoi me dire, je vais ?
Oui, pour moi seul tu viens ici.
Hé mais, finis.
Ah, qu'elle m'impatiente !
Ah, qu'elle me tourmente,
Non, non, jamais, jamais, Betsy,
Je ne veux te parler ainsi.

(Pendant la fin de ce duo, Jenny s'approche en hésitant.)

BETSY.

Hé bien! Jenny est revenue.

RICHARD.

Revenue ?

BETSY.

Oui, et elle est là. (Il fait un pas pour y aller, Betsy l'arrête.) Ah, mon frère! Ah, mon frère! elle vous demande en grâce que vous ne lui fassiez aucun reproche que vous ne l'ayez écoutée.

RICHARD.

Oui, oui, je le promets. Ah, la voilà! Quoi! perfide Jenny!....

SCÈNE VII

RICHARD, BETSY, JENNY.

JENNY.

Richard, est-ce là ta promesse? Écoute-moi.... Que j'ai de joie de te revoir!

RICHARD, brusquement.

De joie? (Ensuite tendrement.) De joie! Puis-je la partager?

JENNY.

Oui, ta mère est sûre de mon innocence.

BETSY.

Oui, mon frère, ma mère l'a embrassée.

RICHARD.

Laisse-nous, ma petite Betsy.

SCÈNE VIII

RICHARD, JENNY.

JENNY.

J'ai conduit mon troupeau le long des murs du château du milord...

RICHARD.

Ce matin, entre sept et huit?

JENNY.

Oui.

RICHARD.

Vous avez passé le long de la saussaie ?

JENNY.

Oui.

RICHARD.

Vous avez traversé le grand pré?

JENNY.

Oui.

RICHARD.

Vous avez.... Eh, Jenny! que ne me dites-vous tout ce que vous avez fait ?

JENNY.

Eh, Richard! tu ne m'en donnes pas le temps. J'ai conduit mon troupeau le long des murs du château du milord....

RICHARD.

Oui ; et vous avez passé....

JENNY.

Tu vas encore répéter la même chose.

RICHARD.

J'écoute.

JENNY.

Les gens du milord ont détourné mon troupeau, et l'ont fait entrer dans les cours du château. Un de ses domestiques est venu me dire à l'oreille : « Allez redemander votre troupeau au milord, sûrement il vous le fera rendre. »

ACTE I, SCÈNE VIII.

RICHARD

Enfin?

JENNY.

J'y ai été.

RICHARD.

Le trouver?

JENNY.

Oui.

RICHARD.

Lui-même?

JENNY.

Lui-même. On m'a fait passer dans une grande chambre, ensuite dans une autre, et de là dans une troisième; il était dans un petit cabinet où on m'a fait entrer; alors j'ai eu peur.

RICHARD.

Hé bien!... vous hésitez, Jenny? Jenny, n'oubliez aucune circonstance, je vous en prie.

JENNY.

ARIETTE

Le milord m'offre des richesses,
Le milord me fait cent promesses,
Sur sa table il met un trésor,
De l'or, de l'or.

Puis il disait : « Jenny, Jenny, belle Jenny,
Je voudrais vous parler.
— Non, milord, non ; sans vous parler,
Je veux m'en aller, je veux m'en aller.

— Vous en aller? » Je pleure. Il se rit de mes larmes :
« La petite en a plus de charmes. »
Puis il se met à mes genoux.
« Ah, milord! milord, levez-vous! »

Enfin, il m'offre des richesses,
Il me fait encor cent promesses;
Il me montre encor ce trésor,
De l'or, de l'or.

Puis il reprit : « Jenny, Jenny, belle Jenny,
Ne peut-on vous parler ? »
Mais enfin, las de supplier :
« N'y venez pas : je vais crier.
Non, milord, non ; sans vous parler,
Je veux m'en aller, je veux m'en aller. »

RICHARD.

Quoi! ces prières, ces menaces, ces caresses; quoi! ces promesses, ces richesses....

JENNY.

Ah, Richard, Richard! peux-tu le penser?

ARIETTE

Ce que je dis est la verité même :
Tous les trésors de l'univers
N'ont de valeur que par l'objet qu'on aime,
Que par la main dont ils nous sont offerts.

Un bouquet qu'unit un brin d'herbe,
Donné par toi, toucherait plus mon cœur;
Il serait un don plus superbe,
Il ferait plus mon bonheur.

Ce que je dis est la vérité même :
Tous les trésors de l'univers
N'ont de valeur que par l'objet qu'on aime,
Que par la main dont ils nous sont offerts.

RICHARD.

Ah, Jenny! je n'ai pas de peine à te croire.

SCÈNE IX

JENNY, BETSY, RICHARD.

BETSY.

Ah, mon frère! si vous ne venez pas, il va pleuvoir comme tout.

RICHARD.

Va devant, nous te suivons. Hé bien, Jenny ?

SCÈNE X

JENNY, RICHARD; BETSY, qui fait un bouquet dans le fond du théâtre, ne reparaît sur le devant qu'à la fin de la scène.

JENNY.

Enfin, il est entré un domestique qui a dit au milord que le roi chassait dans les environs : il est sur-le-champ monté à cheval, m'a menacée de son retour, m'a remise entre les mains d'une femme : d'une femme !..., ah, grands dieux! il faut que les gens de condition soient bien riches pour payer de pareils services. Quels propos ne m'a-t-elle pas tenus !

RICHARD.

Elle ?

JENNY.

Oui.

RICHARD.

Oh, ciel!

JENNY.

Elle m'a enfermée dans un cabinet. A l'aide d'un rideau que j'ai détaché, je suis descendue dans les fossés du château, je me suis sauvée chez toi ; et ta mère nous y attend.

RICHARD.

Voilà ce que c'est aussi, Jenny : pourquoi reculer notre mariage ? Si tu avais été ma femme, cela ne serait pas arrivé.

JENNY.

Mais, Richard, mon troupeau qui est chez ce milord....

RICHARD.

Qu'importe ?

JENNY.

Comment, qu'importe ? c'est toute ma dot.

RICHARD.

Toi, une dot ! en as-tu besoin ?

JENNY.

Eh, Richard! sans mon troupeau ta mère ne consentira jamais à notre mariage.

RICHARD.

Je la prierai tant.

JENNY.

Non, c'est inutile, je veux ravoir mon troupeau. Le roi doit chasser encore demain ; j'irai sur son passage, je me jetterai à ses pieds, il m'écoutera ; il ne serait pas roi s'il n'était pas juste.

RICHARD.

Enfin, je te revois.

ACTE I, SCENE X.

DUO

JENNY.

Ah, Richard ! ah, mon cher ami !

RICHARD

Ah, Jenny ! ma chère Jenny !

JENNY.

Ah, que j'ai souffert aujourd'hui !

RICHARD.

Ah, que tu m'as causé d'alarmes !

JENNY.

Ah, que j'ai souffert aujourd'hui !

RICHARD.

Ah ! que tu m'as coûté de larmes !

Ensemble.
> JENNY.
> Quel plaisir de te voir ici !
>
> RICHARD.
> Quel plaisir de te voir ici !

JENNY.

Mais, Richard, vois-tu ce nuage ?
Entends-tu le bruit de l'orage ?

RICHARD.

Jenny ! qu'importe cet orage ?
Ce nuage n'est qu'un passage.

JENNY.

Je pleurais... Songe à mon effroi !

RICHARD.

Je souffrais ; j'étais hors de moi.

JENNY.

Il croit que je manque de foi !

RICHARD.

Pardonne un soupçon qui t'offense.

JENNY.

Il croit que je manque de foi !

RICHARD.

Je ne respirais que vengeance.

Ensemble. {
JENNY.

Quel malheur nous avait surpris !

RICHARD.

Quel bonheur nous a réunis !
}

JENNY.

Ces chênes battus par le vent
Semblent tomber à chaque instant.

RICHARD.

Aujourd'hui Richard furieux
Était bien plus agité qu'eux.

JENNY.

Et moi donc ! je joignais les mains !

RICHARD.

Quels étaient nos cruels destins ?

JENNY.

Je disais : Quels sont ses chagrins !

RICHARD.

De moi je n'étais pas le maître.

JENNY.

Je disais : Quels sont ses chagrins !

RICHARD.

Oui, j'aurais été chez le traître

ACTE I, SCÈNE X.

Ensemble.
> RICHARD.
> Me venger, te voir, et mourir!
>
> JENNY.
> Je te vois! pour moi quel plaisir!

JENNY.

Entends-tu les chiens, les chasseurs,
Les abois, les cris, les clameurs?

RICHARD.

J'entends le galop des chevaux,
Le bruit des cors et les échos.

JENNY.

Sans toi je crois que j'aurais peur :
Ce bruit donne quelque terreur.

RICHARD.

C'est le son qui du haut des monts
Répond jusqu'au fond des vallons.

JENNY.

Richard, la chasse se disperse;
Le bruit des cors, ah, comme il perce!

RICHARD.

J'entends ; la chasse se disperse ;
Le bruit des cors, tiens, comme il perce!

JENNY.

Mais, Richard, l'orage s'approche.

RICHARD.

Nous nous mettrons sous cette roche.

Ensemble.
> JENNY.
> Ah, Richard! ah, mon cher ami!
> Quel plaisir de te voir ici!

5.

Ensemble.
> RICHARD.
> Ah, Jenny! ma chère Jenny!
> Quel plaisir de te voir ici!
>
> BETSY.
> Hé! vite, cherchons un abri.

(Betsy vient les rejoindre. Richard veut prendre son chapeau : Betsy le lu: donne et l'embrasse ; Richard veut embrasser Jenny, qui le repousse, Betsy prend le fusil de son frère ; ils sortent de la scène ; cependant la musique exprime le bruit de l'orage indiqué dans le duo, ce qui fait l'entr'acte.)

ACTE DEUXIÈME

Il est supposé qu'il a été tiré un coup de fusil dans la forêt ; à l'instant même entrent Rustaut et Charlot. Ils marchent en tâtonnant avec leur fusil et en état de défense ; ils se joignent, ils se saisissent, et se disent tous deux en se prenant au collet :)

SCÈNE I

RUSTAUT, CHARLOT.

DUO

RUSTAUT.

Tu résistes, tu te défends ?

CHARLOT.

A l'instant, si tu ne te rends...

RUSTAUT.

On a tiré : c'est toi, c'est toi.

CHARLOT.

On a tiré : c'est toi, c'est toi.

Ensemble.
{
RUSTAUT.
Oui, toi, toi : moi ?
CHARLOT.
Oui, toi, toi : moi ?
}

RUSTAUT.

Hé mais, c'est toi, Charlot ?

CHARLOT.

Hé mais, c'est toi, Rustaut ?

RUSTAUT.

On n'y voit pas, on n'y voit goutte.

CHARLOT.

Tâchons de reprendre la route.

RUSTAUT.

On a tiré : ce n'est pas toi ?

CHARLOT.

Ce n'est pas moi : ce n'est pas toi ?

Ensemble.
{
RUSTAUT.

Le drôle n'est pas loin d'ici.

CHARLOT.

Le drôle n'est pas loin d'ici.
}

RUSTAUT.

Sais-tu bien qu'on dit que le roi
S'est égaré dans ce bois-ci ?

CHARLOT.

Tant pis. Sais-tu bien que l'on dit
Que Richard a trouvé Jenny ?

RUSTAUT.

Tant mieux. Tiens, prenons par ici.

CHARLOT.

Tiens, Rustaut, prenons par ici.

SCÈNE II

LE ROI, l'épée à la main, elle est dans le fourreau. (Il est en bottines.

ARIETTE

Je me suis égaré sans doute.
Quelle nuit ! quelle obscurité !

Personne en ce bois écarté
Ne peut m'enseigner une route.
Quelle nuit, quelle obscurité !
Hélas ! dans cette inquiétude
Que me servent la royauté,
Et le trône, et la majesté ?
　　　　La majesté !
Je me meurs de fatigue en cette extrémité
　　　Et je tombe de lassitude.

Arrêtons un instant... recueillons mes esprits...
　　　Où vais-je ?... où suis-je ?... rien n'annonce
Par où je puis sortir de la peine où je suis :
　　　Plus je marche, et plus je m'enfonce
　　　Dans l'épaisseur de ces taillis.

Encor, si je voyais quelque faible lumière
　　Qui m'indiquât le plus humble réduit
　　　Où je puisse passer la nuit !

　　　Moi, souverain de l'Angleterre,
Moi, qui de mes palais ai surchargé la terre,
Aurais-je jamais cru que je serais réduit
　　　A désirer une chaumière,
　　A désirer le plus humble réduit !

AIR

　　　Dans les combats le bruit des armes,
Le canon, la fureur, les cris des combattants,
　　　Loin de m'inspirer des alarmes,
　　　Portent la flamme dans mes sens.

　　　Et ce triste et profond silence,
　　　La vaste horreur de ces forêts,
　　　Semblent m'accuser d'imprudence,
　　　Et de mon cœur troubler la paix.

　　　Dans les combats le bruit des armes,
Le canon, la fureur, les cris des combattants,
　　　Loin de m'inspirer des alarmes,
　　　Portent la flamme dans mes sens.

SCÈNE III

LE ROI, RICHARD.

RICHARD.

J'ai entendu quelqu'un.

LE ROI.

J'entends parler.

RICHARD.

Qui va là?

LE ROI.

Moi.

RICHARD.

Qui vous?

LE ROI, fièrement.

Moi, vous dis-je.

RICHARD.

Qui moi, moi? Vous ne vous appelez pas Moi, peut-être? D'où venez-vous? où allez-vous? qui êtes-vous?

LE ROI.

Je vous assure que voilà des questions auxquelles je ne suis pas fait. Qui êtes-vous vous-même?

RICHARD.

Comment, qui je suis? c'est moi qui vous interroge.

LE ROI.

Répondez-moi. Qui êtes-vous?

RICHARD.

Apprenez que je suis inspecteur des gardes de la forêt, et que c'est de l'autorité du roi.

LE ROI.

Je dois la respecter. Hé bien! je vous dirai, l'ami....

RICHARD.

Oh! l'ami, l'ami; je ne veux point d'ami que je ne le connaisse : c'est comme ce milord Lurewel.

LE ROI.

Répondez-moi. Vous êtes inspecteur des gardes de la forêt ?

RICHARD.

Oui.

LE ROI.

Et moi je suis.... de la suite du roi.

RICHARD.

Je m'en suis douté à votre mot d'ami.... ces courtisans.... ce n'est pas que je sois fâché ; mais si vous êtes de la suite du roi, où est votre cheval ?

LE ROI.

Je l'ai laissé mort à quelques pas d'ici.

RICHARD.

Cela pourrait bien être ; j'en ai trouvé un ici près. Vous êtes en bottes ; et que tenez-vous là ?

LE ROI.

C'est mon épée sur laquelle je suis tombé, et qui me paraît faussée.

RICHARD.

Eh! où comptez-vous aller comme cela ?

LE ROI.

Mais! je vous prierai de me conduire à Chéroud.

RICHARD.

Moi! cette nuit, du temps qu'il a fait, à trois grandes

mortelles lieues, dans les sables, aux risques de nous casser le cou le long des rochers de Virai ! Tenez, je vous crois honnête homme, malgré votre mot d'ami.

LE ROI.

Vous me faites bien de la grâce.

RICHARD.

Mais il y a bien des gens à qui ce serait la faire.... Je ne dis pas cela pour vous. Enfin j'ai ma ferme à un quart de lieue d'ici; je n'ai pas mangé de la journée, parce que j'ai eu du chagrin; vous avez peut-être faim aussi : acceptez un mauvais souper donné de bon cœur. (Pendant ce temps-là Lurewel et un lord passent dans le fond du théâtre en tâtonnant ; le lord crie : Lurewel !) J'ai entendu.... non.... Enfin pendant que nous souperons, on vous cherchera un cheval ; et si vous ne voulez pas attendre le jour, Rustaut, Rustaut qui est un de nos gardes, vous mettra dans la route.

LE ROI.

Vous ne me conduirez donc pas vous-même ?

RICHARD.

Oh! quand ce serait le roi, je ne pourrais pas.

LE ROI.

En ce cas je n'ai rien à dire.

RICHARD.

La raison est bien simple. Il y a un tas de coquins qui rôdent pour tuer des biches, je ne peux pas quitter mon poste; et Jenny m'attend.

LE ROI.

Et comment vous appelez-vous ?

RICHARD.

Richard, pour vous servir.

LE ROI.

Hé bien! monsieur Richard....

RICHARD.

Oh ! point de monsieur.

LE ROI.

Hé bien, Richard! j'accepte votre souper avec plaisir.

RICHARD.

Bon cela. Prenons par ici. Tenez, voilà mon bâton, il vous aidera à marcher dans les sables; donnez-moi votre épée qui peut vous faire tomber.

LE ROI, à part.

Allons donc sous la conduite de mon connétable.

RICHARD.

Savez-vous si le roi chassera encore demain ?

LE ROI.

Non, certainement.

RICHARD.

Tant pis.

LE ROI.

Pourquoi ?

SCÈNE IV

LUREWEL, un courtisan.

LE COURTISAN.

Lurewel, Lurewel, où es-tu ?

LUREWEL

Me voilà.

LE COURTISAN.

Donne-moi la main, et ne nous quittons pas.

LUREWEL.

Ma foi, mon cher ami, tu es l'homme de la cour avec lequel j'aime le mieux être égaré, puisqu'il fallait l'être.

LE COURTISAN.

Vraiment?

LUREWEL.

Ah! d'honneur.... Diable soit de la racine, je me suis estropié. Ma foi, arrêtons ici un instant.

LE COURTISAN.

Je suis excédé.

LUREWEL.

Voilà une sotte chasse.

LE COURTISAN.

Aussi le roi l'a voulu.

LUREWEL.

Le roi est certainement aussi embarrassé que nous.

LE COURTISAN.

Moi qui comptais jouer ce soir.

LUREWEL.

Et moi, la plus jolie petite fille du monde, la charmante Jenny!.... Tu ne connais pas cela?

LE COURTISAN.

D'où veux-tu que je la connaisse?

LUREWEL.

Je l'ai fait enlever.

LE COURTISAN.

Enlever!

ACTE II, SCÈNE IV.

LUREWEL.

Oui, c'est le plus court. Elle fait la sotte, mais je l'ai laissée en de bonnes mains.

LE COURTISAN tousse.

Hum.

LUREWEL.

Hum. As-tu entendu?

LE COURTISAN.

Quoi?

LUREWEL.

Quelqu'un.

LE COURTISAN.

C'est comme la voix du roi?

LUREWEL.

Je croirais qu'oui.

LE COURTISAN.

Oui.

DUO

LUREWEL.

Ah, grands Dieux! n'est-ce pas le roi?
Je tremble pour Sa Majesté :
Errer dans cette obscurité!
Ce n'est que pour le roi
Que j'ai de l'effroi.
Chut!
Mais non, tout est en paix.
Mais non, tout est en paix.
Ce n'est personne, je me trompais ;
Tout est en paix.

LE COURTISAN.

Ah, ciel! ah, si c'était le roi!
Le roi pourrait s'être écarté.

Errer dans cette obscurité!
Ce n'est que pour le roi
Que j'ai de l'effroi.
Chut!
Mais non, tout est en paix.
Mais non, tout est en paix.
Ce n'est personne, je me trompais.
Tout est en paix.

LUREWEL.

Cette petite fille fait des façons.

LE COURTISAN.

Avec toi?

LUREWEL.

Ah! elle n'est chez moi que de ce matin; et je sais qu'elle aime un certain Richard....

LE COURTISAN.

Ah! si elle a le cœur prévenu....

LUREWEL.

Prévenu! Ha, ha, prévenu est admirable au possible! Ne suis-je pas le maître de ce que j'ai sous la clef? et enfin.... lorsque.... de certaines.... circonstances.... et je crois que....

LE COURTISAN.

Je ne connais pas de mortel plus heureux que toi; tu as des bonnes fortunes charmantes.

LUREWEL.

Tiens, mon cher ami.

ARIETTE

Un fin chasseur qui suit à pas de loup
La perdrix qui trotte et sautille,
Un fin chasseur à l'instant qu'il dit : pille,
N'est jamais si sûr de son coup

Que moi quand je guette une fille
Gentille.
Si mon ardeur
A sa pudeur
Donne des ailes,
Tant mieux.
Je la suis des yeux.

Toutes les belles
N'ont que le premier vol devant moi.
Où je les trouve,
Leur cœur éprouve
Que je doi
Leur donner la loi.

Un fin chasseur, etc.

LE COURTISAN.

Oh ! pour ce coup-ci, j'entends du bruit

LUREWEL.

Et moi aussi.

LE COURTISAN.

Il ne nous manque que des voleurs. Serais-tu brave ?

LUREWEL.

Sans doute. Paix. Ecoute.

SCÈNE V

RUSTAUT, CHARLOT.

QUATUOR

RUSTAUT.

Avance, suis-moi, Charlot,
Mets tes armes en etat.
Sont-elles en état ?
Prends garde à toi.

CHARLOT.

Oui, je te suis,
C'est en état.

RUSTAUT.

Avance un pas après moi,
Et surtout prends garde à toi,
Oui, prends garde à toi.

CHARLOT.

Va, je te suis,
Je suis à toi.

RUSTAUT.

Allons tout en enfonçant,
Et contre eux en appuyant.

CHARLOT.

Moi le premier,
Par ce sentier.

RUSTAUT.

Ferme en appuyant;
Suis-moi, suis-moi.

CHARLOT.

En les serrant.

RUSTAUT.

S'ils coupent par ce sentier,
Avance-toi le premier;
Oui, toi le premier,
Par ce sentier.

CHARLOT.

Nous les tenons.

RUSTAUT.

Nous les prenons,
Nous les tenons.

ACTE II, SCENE V.

Halte là, reste là : qui va là ?
Il faut, il faut nous contenter :
    Craignez les coups,
    Ou suivez-nous.

LE COURTISAN.

Oui, je crois, j'entends du bruit ;
Au diable soit de la nuit !

CHARLOT.

Halte là, reste là : qui va là ?
Il faut, il faut nous contenter :
    Craignez les coups,
    Ou suivez-nous.

LUREWEL.

    J'entends du bruit,
    Oui, c'est du bruit.

LE COURTISAN.

J'entends du bruit.
Ici restons un moment.
J'entrevois un mouvement ;
    Certainement.

LUREWEL.

    Un mouvement,
    Certainement.

LE COURTISAN.

Les vois-tu ? Moi, je les voi ;
Ils sont armés, je les voi ;
    Défendons-nous.

LUREWEL.

    Tiens, je les voi ;
    Défendons-nous.

LE COURTISAN.

Ils semblent venir à moi,
Ils sont à nous. Avançons,
    Marchons, marchons.

LE ROI ET LE FERMIER.

LUREWEL.

Marchons, marchons ;
Allons, frappons.

LE COURTISAN.

Halte là, reste là, qui va là ?

LUREWEL.

Halte là, etc.

LE COURTISAN.

Parlez, parlez sans insister ;
Que faut-il pour vous contenter ?
Craignez les coups,
Ou laissez-nous.

LUREWEL.

Ou laissez-nous.

FIN DU DEUXIÈME ACTE.

ACTE TROISIÈME

Le théâtre représente l'intérieur d'une ferme ; un petit escalier dans le fond ; une porte dans le haut, ouvrante et fermante ; une autre sur un des côtés du théâtre, ouvrante et fermante, et laissant voir l'intérieur d'une chambre.)

SCÈNE I

LA MÈRE DE RICHARD, BETSY, JENNY.

LA MÈRE, dans la coulisse.

Betsy ?

BETSY, du haut de l'escalier, dans le fond du théâtre, et fermant la porte de la chambre d'où elle sort.

Plaît-il, ma mère ?

LA MÈRE.

On frappe.

BETSY.

On y va. (Betsy y va. La mère entre sur le théâtre par cette porte qui est sur un des côtés ; elle entre avec Jenny.)

LA MÈRE.

Hé bien ! qu'est-ce ?

BETSY.

Personne.

LA MÈRE.

Vous voyez bien, Jenny.... Betsy, venez ici ; qu'est-ce

que vous faites là-haut? Donnez-moi mon rouet.... Vous voyez bien, Jenny, qu'il faut se méfier de tout le monde.

JENNY.

Oui, ma tante.

LA MÈRE.

Betsy, voulez-vous prendre votre dévidoir ? Jenny, je vous ai élevée comme ma fille; et vous allez l'être, puisque vous allez épouser Richard. (Pendant ce temps, Betsy va chercher le rouet, approche les chaises, prend son dévidoir, et trémousse.)

JENNY.

Il revient bien tard ce soir.

LA MÈRE.

C'est vrai, cela m'inquiète.... Mais comment pourra-t-on ravoir votre troupeau d'chez ce milord ?

JENNY.

Les chemins doivent être bien mauvais de cet orage ci?

LA MÈRE.

Cela pourrait retarder votre mariage.

JENNY,

Savez-vous s'il a emporté sa lanterne ?

LA MÈRE.

Betsy, savez-vous si votre frère a emporté sa lanterne ?

BETSY.

Non, ma mère.

JENNY.

Il n'en fait jamais d'autres.

LA MÈRE.

C'est tout votre bien que ce troupeau.

JENNY.

C'est vrai.

(Betsy s'assied, travaille et chante. Elle est à l'ouvrage; cependant la mère s'assied, prend son rouet, Jenny coud une pièce de son trousseau, ou fait de la dentelle; elle s'assied en face de la porte par où Richard doit venir. Elle y regarde toutes les fois qu'elle lève la tête, et soupire. Betsy bousille, s'amuse avec son tablier, et se remet à l'ouvrage lorsque sa mère la regarde; la mère mouille son chanvre, le tire avec ses dents aux reprises de l'air.)

TRIO (1)

BETSY.

Lorsque j'ai mon tablier blanc,
Et mes souliers d'un vert galant,
Un bouquet dans ma collerette,
 Gai, tourlourette;
Le petit Colas suit mes pas,
Et puis nous allons tout là-bas
Jouer à la cligne-musette
 Sous la coudrette.

JENNY.

Quand la bergère attend l'amant,
L'amant qui cause son tourment,
Rêveuse, attentive, inquiète,
 Sans cesse elle le guette.
Mais sitôt qu'elle entend ses pas,
Elle est contente, et ne dit pas,
Et ne dit pas ce qu'en cachette
 Son petit cœur souhaite.

LA MÈRE.

Hélas! hélas! que je me vois trompée!
Mais le méchant tira sa claire épée,
Et lui donna deux grands coups dans les flancs.
Prenez pitié de mes pauvres enfants!

JENNY.

Ah, le voilà! (Elle aperçoit Richard, jette son ouvrage par terre, court à lui, revient honteuse, et dit:) Il est avec un monsieur.

BETSY, qui s'est levée presque en même temps que Jenny.

Ah, ma mère! un monsieur! (La mère se lève ensuite. Jenny ramasse son ouvrage, range sa chaise, et Betsy aussi.)

1) Ces trois airs, chantés séparément, se joignent et forment un trio.

SCÈNE II

LE ROI, RICHARD, LA MÈRE, BETSY, JENNY.

RICHARD.

Bonsoir, ma mère; bonsoir, Jenny.

JENNY.

Vous avez bien tardé, Richard.

LA MÈRE.

J'ai cru que tu ne viendrais pas.

RICHARD.

J'ai battu le bois : j'ai trouvé monsieur. Allons, ma mère, vite le couvert. Donne un siége, toi. Du jambon, une salade, tout ce que nous avons. Vous ne ferez pas grande chère; commençons par boire un coup. Tiens, Betsy, porte cela (il lui donne ses pistolets) et va tout de suite à la cave, et ne te casse pas le cou comme hier. Voulez-vous que je vous tire vos bottes?

SCÈNE III

LE ROI, RICHARD, JENNY.

LE ROI.

Non, je vais remonter à cheval.

RICHARD.

Ah! c'est vrai. A propos, Rustaut n'est pas revenu?

JENNY.

Non.

RICHARD.

Quoi! te voilà? Monsieur, voilà ma future que je vous présente.

LE ROI.

Elle est gentille.

RICHARD.

Ah! monsieur! que nous avons eu de chagrin· ce méchant milord... vous le connaissez, dites-vous?

LE ROI.

Oui, il était de ma suite; nous étions ensemble.

RICHARD.

Et vous nous faites espérer que ce troupeau?...

LE ROI.

Oui, je... Je ferai en sorte qu'on vous rende justice.

RICHARD.

Ah, c'est bon! voilà de la bière; vite des verres. Ah! j'ai là-bas une vieille bouteille de vin, mais c'est pour après celle-ci.

SCÈNE IV

LE ROI, RICHARD, LA MÈRE, JENNY.

ARIETTE

LA MÈRE.

Monsieur, monsieur,
Sauf vot' respect, faites-nous l'honneur :
Voilà q' c'est prêt ;
C'est sans apprêt.
Si l'on était... mais l'on n'est pas...
Nous n'avons pas
Un bon repas ;
Dame, on n'est pas...

6.

Mons'eur, monsieur,
Sauf vot' respect, faites-nous l'honneur :
Voilà q' c'est prêt ;
C'est sans apprêt ;

RICHARD.

Hé, ma mère ! avec vos compliments...

LA MÈRE.

Hé, mon fils ! pour qui ce monsieur nous prendrait-il ?

RICHARD.

Allons, monsieur, passons là-dedans ; donnez-moi le bras, que vous ne tombiez. Ma mère, vous ne venez pas ?

LA MÈRE.

Nous avons soupé.

RICHARD.

Et vous, Jenny ?

JENNY.

Je souperai après.

SCÈNE V

LA MÈRE, BETSY, JENNY.

BETSY.

Ah, ma mère ! qu'il a de belles manchettes ! Je l'aime bien ce monsieur-là.

TRIO

JENNY.

Ah, ma tante ! ah, ma tante !
Ah, que je serais contente,
Si mon troupeau par son crédit
Peut revenir ! car il l'a dit.

ACTE III, SCÈNE V.

LA MÈRE.

Hé! oui, contente,
He ! oui, ma tante.
Ah! son crédit,
Il vous l'a dit.
Bon! un milord est si puissant!
Ces seigneurs ont tant de crédit!

BETSY.

Ce monsieur rit.
Mon frère chante.

JENNY.

Richard le sait,
Je l'ignorais.
Dans ce château
Ils ont fait entrer mon troupeau.

LA MÈRE.

Aussi pourquoi près du château
Aller conduire ce troupeau?
Sur ce coteau,
Près du hameau,
Le pâturage est bel et beau.

BETSY.

Ils boivent,
Mon frère chante.

JENNY.

Moi, j'espère, moi, j'espère,
Qu'il pourra nous satisfaire.
Peut-être aussi sont-ils amis.

LA MÈRE.

Bon, j'espère...
J'en désespère;
On pense ainsi
Que son ami....
Discours de cours,
Nageons toujours (1).

(1 Expression populaire assez curieuse pour désigner l'action de filer. Les mots latins *nentes* et *nantes* ont quelque ressemblance.

BETSY.

Ce monsieur rit,
Mon frère chante.

JENNY.

Enfin pourquoi l'a-t-il promis?

LA MÈRE.

Tout prometteur
Est un menteur.

(Betsy va de temps en temps regarder à la porte de la chambre où est le roi).

SCÈNE VI

RICHARD, LA MÈRE, BETSY, JENNY.

RICHARD.

Vite, ma mère, allez tenir compagnie à ce monsieur ; je m'en vais à la cave.

SCÈNE VII

RICHARD, JENNY.

RICHARD.

Ma foi, c'est un honnête homme; sans moi il se serait tué à cette fondrière, je l'ai retenu par son habit; j'en ai encore mal aux bras.

JENNY.

Crois-tu qu'il ait assez de crédit...?

RICHARD.

Ma foi, oui, oui.

JENNY.

Mais si le milord... (Ici Richard fait un mouvement comme pour s'en aller.) On n'a pas le temps de se dire un mot.

RICHARD.

C'est vrai.

JENNY.

Veux-tu que j'aille à la cave ?

RICHARD.

Avec moi ?

JENNY.

Oh! non.

SCÈNE VIII

BETSY, JENNY.

BETSY.

Ah, Jenny! voyez ce que ce monsieur vient de me donner!

JENNY.

Comment! ce sont des pièces d'or. Hé! comment peut-il vous avoir donné tout cela ?

ARIETTE

BETSY.

Il regardait
Mon bouquet ;
Sans doute il le desirait !
Je l'ai pris
Et je l'ai mis
A son habit.
Il rit, il rit, il rit, il rit.
Et de sa grâce, voilà
Qu'il me présente cela.
Je le prends,
Et l'embrasse à l'instant.
Pan !
Maman

Me détache un soufflet
Net,
Et j'eus sur le bec
Un bon coup sec.
« Pourquoi frapper cet enfant? »
Dit ce monsieur en grondant.
« Ce baiser
Pouvait-il jamais m'offenser? »
Comme j'étais là pleurante (1)
Il tire encor de l'argent,
En disant :
« Approchez, bel enfant.
Tenez, prenez. »
J'approche, et je le prends
Pour faire endéver maman.

JENNY.

Pour faire endéver votre maman! mais, Betsy, c'est fort mal.

BETSY.

Pourquoi m'a-t-elle donné un soufflet? devant ce monsieur encore.

JENNY.

Hé! pourquoi embrassez-vous les hommes? Une grande fille de votre âge, une fille de quatorze ans! c'est honteux : et même vous ne devriez pas embrasser votre frère comme vous faites.

BETSY.

Jenny, aurait-on des moutons avec cela?

JENNY.

Oui.

BETSY.

Hé bien! Jenny, achetez un troupeau, je vous les donne. (Elle jette les pièces, partie dans la main, partie à terre.)

---

(1) Je me suis permis cette rime, parce que l'air fait rimer à l'oreille. (*Note de Sedaine.*)

ACTE III, SCÈNE IX.

JENNY, les ramassant.

Betsy, Betsy! cette petite folle, elle pourrait bien les perdre.

SCÈNE IX.

RICHARD, JENNY.

DUO

JENNY.

Un instant.

RICHARD.

Il m'attend.

JENNY.

Un instant.

RICHARD.

Il m'attend.

Ensemble.
> JENNY.
> Ah! reviens.
> Je te vois : ah, quel bien!
>
> RICHARD.
> Je reviens.
> Je te vois : ah, quel bien!

RICHARD, une bouteille à la main.

Il semble
Que tout se rassemble
Pour nous donner quelque chagrin.
Un instant depuis ce matin,
Est-il possible d'être ensemble?

Ensemble.
> JENNY.
> Un moment
> Seulement,
> Un moment
> Seulement.

Ensemble.

> Ah! reviens.
> Je te vois : ah, quel bien!
>
> RICHARD.
>
> Il m'attend :
> Quel tourment!
> Il m'attend;
> Quel tourment!
> Je reviens.
> Je te vois : ah, quel bien!

RICHARD.

Un baiser.

JENNY.

Un baiser! non, va-t'en.

RICHARD.

Un baiser.

JENNY.

On m'attend.

SCÈNE X.

LE ROI, RICHARD, JENNY.

LE ROI.

Quoi, Richard! vous me laissez seul? Ah! je ne m'étonne pas....

RICHARD.

Je vous demande pardon; mais quand je suis avec elle, j'oublierais l'univers. Rentrons.

LE ROI.

Non, je reste ici. (Il s'assied.)

RICHARD.

Des verres, des verres! Cette bouteille-là sera meilleure que l'autre; c'est une dernière, mais je ne pense guère la boire en meilleure compagnie. (Richard débouche la bouteille, verse dans un verre qui est sur une assiette que tient Betsy, qui regarde en l'air, et pense répandre.) Allons, Jenny, il faut boire à la santé de monsieur. Vas-tu répandre, toi ! laisse ça là.

JENNY.

Vous savez que je ne bois point de vin.

RICHARD.

Il y a bien autre chose à quoi il faut s'habituer. Êtes vous toujours obligé d'être à la cour?

LE ROI.

Oui.

RICHARD.

Toujours, toujours?

LE ROI.

Oui, toujours.

RICHARD.

Toujours : mais vous devez vous ennuyer !

LE ROI.

Pourquoi?

RICHARD.

Ma foi, que sais-je? c'est qu'on s'ennuie aisément de ce qu'on est obligé de faire. Il est vrai qu'on dit que le roi est bon, et qu'il y a du plaisir à le servir.

LE ROI.

Oui, certainement, il est bon.

RICHARD.

Buvons à sa santé. (Richard choque avec le roi, et fait un petit clin d'œil à Jenny.)

LE ROI.

Ah ! je le veux bien. A la santé du roi !

JENNY.

Holà, donc ! A votre santé, monsieur !

7

LE ROI.

Je vous remercie.

RICHARD, en repoussant son verre.

Je ne conçois pas, moi, comment un roi peut être bon.

LE ROI.

Pourquoi donc?

RICHARD.

C'est qu'il y a des gens qui ont quelquefois intérêt qu'il ne le soit pas.

LE ROI.

Votre réflexion..... m'étonne. Mais à la cour il y a d'honnêtes gens.....

RICHARD.

Vous, par exemple; mais il y a aussi des milords Lurewel. Savez-vous, monsieur, que, pour connaître la vérité, il faut aller au-devant d'elle, et qu'un roi ne peut guère faire le premier pas?

LE ROI.

Soyez persuadé, Richard, qu'un roi qui sait aimer a des amis fidèles, et des ministres sûrs.

RICHARD.

Cela doit être. Mais...

LE ROI.

Mais, Richard, vous me surprenez toujours; qui peut vous en avoir tant appris?

RICHARD.

Vraiment, c'est une de vos idées à la cour de croire qu'on ne pense que là! et je parie que c'est la vôtre.

LE ROI.

Vous n'avez pas dessein de me flatter.

RICHARD.

Moi, monsieur! je ne flatte que ceux que je méprise.

LE ROI.

Il serait bien terrible... Je serais bien fâché, Richard, que tout le monde pensât comme vous.

RICHARD.

Hé! pourquoi donc, monsieur?

LE ROI.

Mais vous n'avez pas répondu à ma question; qui peut vous en avoir tant appris?

RICHARD.

Ma foi, j'ai un peu couru, j'ai vu. Tenez, nous parlions d'un roi; j'ai vu ce qu'un roi n'est pas toujours à portée de voir.

LE ROI.

Quoi?

RICHARD.

Des hommes.

SCÈNE XI

LE ROI, RICHARD, LA MÈRE, BETSY, JENNY

LA MÈRE.

Buvez-vous encore?

RICHARD.

Ah! ma mère! laissez tout ça.

LA MÈRE.

Parle-lui donc encore de ce troupeau.

LE ROI, à Jenny.

Comment vous appelez-vous?

JENNY.

Jenny, monsieur.

LE ROI.

Hé bien! Jenny, êtes-vous contente de vous marier?

JENNY.

Oui, monsieur, mais vous pourriez ajouter quelque chose à notre contentement.

LE ROI.

Dites; si je puis, je le ferai.

JENNY.

Ce serait de venir à notre noce.

RICHARD.

Parbleu! elle a raison; faites-nous ce plaisir-là; ça nous consolera de ce troupeau : car ce milord est trop puissant.

LE ROI.

Mais, belle Jenny, pouvez-vous espérer de vivre heureuse dans un lieu aussi sauvage que celui-ci me le paraît?

JENNY.

Avec Richard, monsieur....

LE ROI.

N'aimeriez-vous pas mieux être à Londres, dans une grande ville, j'entends avec lui?

LA MÈRE.

Ah, monsieur! lorsque feu mon pauvre homme vivait.....

RICHARD.

Hé, ma mère! laissez-la parler.

LA MÈRE, à Betsy.

Où avez-vous mis l'argent que ce monsieur vous a donné?

JENNY.

Je crois, monsieur, que pour vivre heureux, le bruit de la ville est moins propre que le calme de la campagne.

RICHARD.

Jenny, chantez à monsieur cette chanson... Ah! c'est qu'elle chante! vous allez l'entendre.

JENNY.

Laquelle?

RICHARD.

Cette chanson sur le bonheur

JENNY.

Ah!

LE ROI.

Hé! votre garde...

RICHARD.

Il ne peut pas tarder.

LA MÈRE.

Tu me payeras ça. Va, je le dirai à ton frère.

SCÈNE XII

LE ROI, RICHARD, JENNY.

RICHARD.

Allons, Jenny, chantez, ne soyez pas honteuse. (Jenny prélude l'air qu'elle veut chanter.) Ce n'est pas celle-là.

JENNY.

Laquelle donc?

RICHARD.

Ah! dites toujours; vous aimez celle-là.

JENNY.

ROMANCE

Que le soleil dans la plaine
Brûle troupeaux et bergers,

Qu'une tempête soudaine
Vienne inonder nos vergers ;
Près de l'objet qui nous enchaîne,
Et qui nous lie à son désir,
Rien n'est peine,
Tout est plaisir.

Que le cours de la semaine
Nous ravisse le repos ;
Qu'une saison incertaine
Augmente encor nos travaux ;
Près de l'objet, etc.

Que la brûlante jeunesse
Enflamme et trouble nos sens ;
Que la tremblante vieillesse
Rende nos pas languissants !
Près de l'objet, etc.

LE ROI.

Fort bien, Jenny.

RICHARD.

Ce n'est pas celle-là que je voulais dire : c'est celle sur le bonheur.

JENNY.

Hé bien ! dites, vous la savez.

RICHARD.

Soit.

ARIETTE

Ce n'est qu'ici,
Oui,
Ce n'est qu'au village
Que le bonheur a fixé son séjour.
Loin de la ville, loin de la cour,
C'est à l'ombrage
D'un vert feuillage
Qu'on trouve ensemble et la paix et l'amour.

Lorsque le ciel lance ses traits
Sur nos têtes profanes,

ACTE III, SCÈNE XII.

La foudre frappe les palais,
Elle respecte les cabanes.

Ce n'est qu'ici,
Oui,
Ce n'est qu'au village
Que le bonheur a fixé son séjour.

LE ROI.

Richard, votre chanson est fort bien; mais elle n'est pas tout à fait juste.

RICHARD.

En quoi donc ?

LE ROI.

Le tonnerre ne tombe sur les palais que parce qu'ils sont plus élevés que les cabanes.

RICHARD.

C'est vrai, mais ce n'est pas moi qui ai fait la chanson : n'importe; le bonheur n'en est pas moins ici. Mais vous, monsieur, faites-nous le plaisir de nous chanter quelque chose sur le bonheur de la cour.

LE ROI.

J'entends souvent chanter, mais je ne chante point.

JENNY.

Ah, monsieur ! quelques chansons de la cour.

LE ROI.

Je vous assure qu'on ne m'a jamais prié de chanter.

RICHARD.

Hé bien ! nous vous en prions.

JENNY.

Ah, monsieur !

LE ROI.

Je le veux bien, pour la singularité du fait.

JENNY.

Ah ! écoute, Richard.

LE ROI.

Je vais vous dire un fragment d'opéra que j'ai vu représenter. Vous savez ce que c'est qu'un opéra?

RICHARD.

Oui, monsieur ; j'y ai été souvent, et je l'ai expliqué à Jenny.

LE ROI.

Un jeune prince, destiné au trône, demande par quel moyen un roi peut parvenir au plus haut degré du bonheur. Voici la réponse de son gouverneur :

ARIETTE

Le bonheur est de le répandre,
De le verser sur les humains,
De faire éclore de ses mains
Tout ce qu'ils ont droit d'en attendre

Est-il une félicité
Comparable à la volupté
D'un souverain qui peut se dire :
Tout ce que le ciel m'a soumis,
Tous les sujets de mon empire
Sont mes enfants, sont mes amis?

Ah! quel plaisir, quel plaisir de lire
Dans les yeux d'un peuple attendri
Tout ce qu'inspire
La présence d'un roi chéri!

Le bonheur est de le répandre,
De le verser sur les humains,
De faire éclore de ses mains
Tout ce qu'ils ont droit d'en attendre

RICHARD.

Ah, monsieur ! sans le respect que je me sens pour vous, je vous embrasserais de bon cœur. Monsieur, le gouverneur de ce prince-là ne lui vole pas ses gages.

SCÈNE XIII

BETSY, sortie dehors, rentre en courant, LA MÈRE, ensuite. LE ROI, RICHARD, JENNY.

BETSY.

Ah, mon frère ! voilà Rustaut qui amène des voleurs.

SCÈNE XIV

LE ROI (Il est assis, Richard, la Mère et Betsy empêchent qu'on ne le voie.) RICHARD, LA MÈRE, BETSY, JENNY, LU-REWEL, UN COURTISAN, LES GARDES.

JENNY.

Ah, ciel ! c'est le milord. (Jenny se sauve et se cache derrière la porte qu'elle tient à demi ouverte.)

LUREWEL.

Ah ! c'est l'ami Richard....

RICHARD.

Quoi ! c'est vous, milord ?

LUREWEL.

Ah ! tu me fais prendre par tes gardes ?

RICHARD.

Ils ne savaient pas, milord....

LUREWEL.

Ils ne savaient pas ? je t'apprendrai à savoir pour eux.

RICHARD.

Pourquoi, Rustaut, avez-vous arrêté milord ?

RUSTAUT.

Hé ! sarpejeu, est-ce qu'on voyait clair ? Un coquin et

un milord peuvent se ressembler. Que ne le disait-il ? Sitôt que je leur ons dit que j'étions des gardes, ils se sont rendus, et n'ont pas voulu répondre.

RICHARD.

Mais, milord, Jenny que vous avez retenue....

LUREWEL.

Ah, Jenny ! Jenny ne sortira de chez moi qu'à bonnes enseignes ; il sied bien à un drôle comme toi d'épouser une jolie fille ; et lorsque.... (Le roi se lève et paraît, le courtisan l'aperçoit.)

LE COURTISAN.

Ah, voilà le roi !

QUATUOR

LE COURTISAN ET LUREWEL.

Ah, Sire, Votre Majesté,
Votre personne est en sureté !
Ah ! pour nous quelle félicité !
Ah, Sire !
Oui, Sire !
Voici milord qui vous dira,
Assurera,
Qui jurera....
Qu'ordonne Votre Majesté ?
Mon cœur flatté,
Trop enchanté,
Se sent flatté....

Nous oublions ce que nos cœurs,
Dans ces moments de crainte, d'horreurs,
Ont éprouvé de vives terreurs.
Ah, Sire !
Oui, Sire !
Quoi ! disions-nous, dans ces forêts,
Un roi chéri de ses sujets !
Ah, quels regrets !
Au milieu de ces bois épais !

ACTE III, SCÈNE XIV.

LE ROI.

Milord, milord,

RICHARD.

Le roi!
Le roi!

LE ROI.

Répondez-moi.

RICHARD.

Quoi! c'est le roi?

LE ROI.

Il me suffit.
Répondez moi,
Répondez-moi.

RICHARD.

Ah! Sire, excusez-moi;
Sire, pardonnez-moi.

LES GARDES, LA MÈRE ET BETSY.

Le roi!
Le roi!
Quoi! c'est le roi?
C'est le roi?
Quoi! c'est le roi?

RICHARD.

C'est le roi!
Quoi! c'est le roi?
Le roi! le roi?
Quoi! c'est le roi!

LE ROI.

Milord, milord,
Répondez-moi.

LES GARDES, LA MÈRE ET BETSY.

Le roi! le roi!
Voilà le roi

RICHARD.

Ah! Sire, excusez moi ;
Sire, pardonnez-moi.

LES GARDES, LA MÈRE ET BETSY.

C'est le roi
Voilà le roi !
Quoi ! c'est le roi ?

RICHARD.

C'est le roi ?
Quoi ! c'est le roi ?

LE ROI.

Paix ! (Après avoir fait signe à tout le monde de se taire.) Milord, que veut dire Richard touchant cette fille ?

LUREWEL.

Ah, Sire, cette misère-là ne mérite pas l'attention de Votre Majesté....

RICHARD.

Que ne m'est-il permis....

LE ROI.

Paix, Richard. Dites-moi la vérité, milord.

LUREWEL.

Sire, une petite fille, une infortunée, une orpheline de ce canton, que ce drôle-là....

LE ROI.

Songez que vous me parlez.

LUREWEL, un peu dépité.

Que.... que j'ai prise sous ma protection, parce que.... parce que Richard voulait l'épouser malgré elle....

JENNY, sortie de la porte où elle écoutait.

Malgré moi ! (Se jetant aux genoux du roi.) Ah, Sire !

LE ROI.

Hé bien, milord !

ACTE III, SCÈNE XIV.

LUREWEL.

Je crois que Votre Majesté veut bien me rendre assez de justice....

LE ROI.

Si je vous la rendais.... Sortez de ma présence.

LUREWEL, au courtisan.

Milord, vous savez que mon idée....

LE COURTISAN.

Ah, fi! milord, c'est une action infâme, (et du côté du roi) Sire, c'est une action infâme.

LUREWEL, à part.

Où nous entraîne une première injustice!

LE ROI, suit Lurewel des yeux.

Voilà donc comme les rois savent la vérité!

RICHARD.

Excusez, Sire, si....

LE ROI.

Richard, donnez-moi mon épée. Avez-vous là des chevaux?

RUSTAUT.

Oui, Sire, voilà des chasseurs qui arrivent de tous les côtés de la forêt pour s'informer si je ne savions pas ce qu'vous étiez devenu.

LE ROI.

Richard, recevez-la de ma main; je vous anoblis.

RICHARD.

Sire, qu'ai-je fait pour mériter cette faveur?

LE ROI.

Si la noblesse est faite pour décorer les vertus, c'est à la vérité qu'elle doit la préférence.

RICHARD.

Je ne dois peut-être cela qu'à mon état, Sire; reprenez votre noblesse, et laissez-moi ce qui la mérite.

LE ROI.

Ah! Lurewel, quelle distance! Jenny, vous m'avez prié de votre noce, je la ferai. Richard, je me charge de la dot. Adieu, madame; adieu, petite.

SCÈNE XV

LA MÈRE, BETSY, JENNY.

BETSY.

Ma mère, c'est donc là un roi?

LA MÈRE.

Hé! vraiment oui, petite bête. Mais.... mais.... mais je n'en reviens pas!

JENNY.

Ah, ma tante, quel bonheur! A-t-il dit quand notre noce se ferait?

LA MÈRE.

Ah! si j'avais su que c'était le roi! moi qui avais des poulets tout prêts. (On entend un prélude de cors.)

SCÈNE XVI

RICHARD, LA MÈRE, BETSY, JENNY, RUSTAUT CHARLOT.

RICHARD.

Le roi est monté à cheval : ah, Jenny!

JENNY.

Ah, Richard !

CHŒUR

JENNY, RICHARD, BETSY, LA MÈRE ET LES DEUX GARDES

Que du ciel la bonté suprême
Accorde au roi les jours les plus nombreux.

JENNY.

Ah, Richard ! je pense de même.

RICHARD.

Ah, Jenny ! je pense de même.

BETSY.

Hé bien ! moi, je pense de même.

LA MÈRE.

Ah, mon fils ! je pense de même.
Notre bonheur fait tous ses vœux ;
Il ne voit dans le diadème
Qu'un moyen de nous rendre heureux.
Que du ciel, etc.

VAUDEVILLE

RUSTAUT.

Ne perdons jamais l'espérance,
L'orage écrase nos forêts ;
Mais l'orage amène la paix,
Et de là ton bonheur commence.
Il ne faut s'étonner de rien,
Il n'est qu'un pas du mal au bien.

CHARLOT.

Ce n'est pas assez de la quête,
Il faut lancer, chasser, forcer,
Se fatiguer, se harasser,
Mais enfin nous prenons la bête.
Il ne faut s'étonner de rien,
Il n'est qu'un pas du mal au bien.

LA MÈRE.

Lorsque j'élevais ton enfance,
Tu m'as donné bien du chagrin,
Tu n'étais qu'un petit coquin,
Mais tu passes mon espérance.
Il ne faut, etc.

BETSY.

L'événement m'a fait connaître
Que j'ai bien placé mon bouquet.
Pour me payer de mon soufflet,
Le roi me mariera peut-être.
Il ne faut, etc.

JENNY.

Je sais que la peine est extrême,
Même dans un ménage heureux :
Quand on souffre, on souffre pour deux;
Mais avec un époux qu'on aime,
Il ne faut, etc.

RICHARD.

Le chagrin imprime sa trace
Sur l'amour et sur la gaieté ;
Aujourd'hui quelle adversité...!
Viens, ma Jenny, que je t'embrasse,
Il ne faut s'étonner de rien,
Il n'est qu'un pas du mal au bien.

FIN DU ROI ET DU FERMIER.

ROSE ET COLAS

COMEDIE EN UN ACTE, PROSE ET MUSIQUE

Représentée pour la première fois, par les Comédiens-Italiens ordinaires du Roi, le 8 mars 1764.

L'AUTEUR AU LECTEUR

Je fais imprimer cette pièce avant qu'elle soit représentée, et je la fais distribuer le propre jour de la représentation. Si la malignité daignait jeter les yeux sur cet ouvrage, elle pourrait taxer l'auteur du poëme d'un amour-propre très-indiscret.

Je suis bien éloigné de toute prévention : et si j'agis ainsi, c'est bien plutôt par crainte et par humilité.

Ce petit genre (je ne dis pas de pièces à ariettes, comme on le nomme pour le faire ressembler à tout), ce petit genre a l'ambition de joindre la flûte d'Euterpe au masque de Thalie, telle que les Grecs l'ont unie au sceptre de Melpomène. Ses efforts tendent à introduire la vraie comédie, ne faisant qu'un avec les morceaux de musique nécessairement enchaînés à la scène, et vicieux dès que le concours heureux de l'harmonie ne donne pas à l'action de la chaleur, du mouvement et de la précision, surtout dans ces moments rapides sur lesquels la tragédie et la comédie n'osent et ne peuvent appuyer. J'en vais citer un exemple. Je dois rougir de le choisir dans un de mes ouvrages ; mais comme il est plus présent à mon esprit, et que même l'honneur en revient au musicien, je l'emploie, et le voici.

C'est l'instant où, dans *le Roi et le Fermier*, le roi est reconnu : les compliments affectueux des courtisans, les interrogations du roi, la crainte de Richard d'avoir manqué de respect, la surprise mêlée de joie dans Jenny, respectueuse dans la mère, naïve dans la petite fille, étonnement simple dans les gardes, tout ce concours de passions et d'affections n'eût été qu'un dans la nature et rendu dans le même instant. La tragédie ou la comédie eût été forcée de le prolonger, de faire parler les acteurs l'un après l'autre, et d'affaiblir la situation pour la rendre nettement avec noblesse ou décence : et la musique, en les faisant parler ensemble, a le droit de fixer le tableau et de le tenir plus longtemps sous les yeux. Mais quel goût ne faut-il pas dans le musicien pour ne pas abuser de son art et finir à propos? Tel est ce petit genre. Il emploie à la fois, ensemble, en même temps trente à trente-cinq exécutants, et peut en employer davantage. La tragédie, la comédie la plus compliquée n'a jamais dans sa marche plus de deux ou trois interlocuteurs. Que l'un manque, c'est l'affaire du souffleur de le remettre. Mais ici dans un *quinque, sexto, septuor,* quelque excellents que soient les acteurs et l'orchestre, le moindre hasard, la moindre partie discordante à une première représentation, fait frapper du pied les connaisseurs à tête froide et à oreille fine. Ceux qui se trouvent à leurs côtés, et qui ouvrent de grands yeux pour mieux écouter, ne manquent pas d'imiter les conlaisseurs et de marquer même un dépit plus décidé en proportion de l'ignorance. Les acteurs chanteurs se déconcertent ; le bruit augmente, le morceau de musique va de mal en pis ; et si on ose redonner la pièce, ce n'est qu'à la troisième représentation, lorsque les roues sont bien engrenées, lorsque sous la lime de l'usage les ressorts ont perdu leur dureté, lorsque les trente-cinq exécutants ont acquis cette aisance, cette mollesse qui fait oublier à l'auditeur la fatigue de l'exécution, et lui permet de s'abandonner à un plaisir sans mélange : ce n'est qu'alors que la pièce acquiert cette rondeur, ce gracieux, cet ensemble qui la fait goûter.

A l'une des pièces dont j'ai fait le poëme, un acteur, par une inadvertance bien excusable, commença un *duo* dans un autre ton que l'orchestre. Les connaisseurs se récrièrent avec justice, leurs échos renchérirent, et jamais on n'a eu la hardiesse d'essayer une seconde fois si ce *duo* bien exécuté serait bon ou mauvais.

C'est donc pour désirer donner à l'auditeur toute la facilité de suivre la musique sur les paroles, et pour me servir de tout l'appui qu'elle leur donne, que j'ai anticipé l'instant de l'impression.

Si cette pièce réussit, voilà, dira le lecteur, bien des phrases inutiles pour peu de chose. Eh ! que dira-t-il donc si elle ne réussit pas ?

PERSONNAGES

MATHURIN, fermier, père de Rose. — M. Caillot.
PIERRE LEROUX, fermier, père de Colas. — M. La Ruette.
COLAS. — M. Clairval.
ROSE. — Mme La Ruette.
LA MÈRE BOBI. — Mme Bérard.

La scène est dans une chambre de la maison de Mathurin, gros fermier de campagne.

APPROBATION

J'ai lu, par ordre de monseigneur le vice-chancelier, *Colas et Rose*, *comédie*, et je crois qu'on peut en permettre l'impression.

Marin.

A Paris, le 15 février 1764.

ROSE ET COLAS

COMÉDIE, PROSE ET MUSIQUE

Le théâtre représente l'intérieur de la maison d'un fermier, un escalier sur une des ailes.

SCÈNE PREMIÈRE

ROSE, seule.

ARIETTE.

Pauvre Colas, pauvre Colas !
Mon père ne sortira pas ;
Il l'a juré. Pauvre Colas,
    Pauvre Colas !

    Il court, il va,
    Et pourquoi ça ?
    Je n'en sais rien ;
    Il court, il vient,
Dans sa chambre il se renferme,
Et puis il court à la ferme ;
Du jardin au colombier,
Et de la cave au grenier,
Et du grenier au cellier.

Pauvre Colas, pauvre Colas !
Mon père ne sortira pas ;
Il l'a juré. Pauvre Colas,
    Pauvre Colas !

A présent tu te tourmentes ;
Mais peux-tu t'en prendre à moi ?
Colas, si tu te lamentes,
Je me lamente plus que toi.

Pauvre Colas, pauvre Colas!
Mon père ne sortira pas;
Il l'a juré. Pauvre Colas,
Pauvre Colas!

SCÈNE II

LA MÈRE BOBI, ROSE.

ROSE.

Bon, ne voilà-t-il pas la vieille mère Bobi! Qu'est-ce qu'elle demande? Qu'est-ce que vous regardez, la mère?

LA MÈRE BOBI.

Rien, rien. Où est ton père?

ROSE.

Je ne sais pas; il est partout, et il n'est nulle part.

LA MÈRE.

Il ferait mieux de se tenir chez lui.

ROSE.

Vous êtes venue par la petite ruelle, la mère; vous n'avez pas fermé la porte?

LA MÈRE.

Non, non, non.

ROSE.

Mais qu'est-ce que vous regardez donc?

LA MÈRE.

N'est-ce pas là ta chambre?

ROSE.

Oui.

LA MÈRE.

Où tu couches?

SCÈNE II.

ROSE.

Oui.

Pendant la ritournelle suivante, elles tournent toutes deux dans la chambre

LA MÈRE.

ARIETTE.

La sagesse est un trésor ;
Un trésor, c'est la sagesse.
L'argent ne vaut pas de l'or,
Un peu d'or n'est pas richesse ;
L'argent, l'or et la richesse,
Ne valent pas la sagesse.
La sagesse est un trésor,
Un peu d'or n'est pas richesse :
L'argent ne vaut pas de l'or,
L'argent, l'or et la richesse....
Eh ! non, non, c'est la sagesse :
La sagesse est un trésor.

Parce que j'eus ce printemps
Quatre-vingt et quatorze ans,
On pense que je radote.
Bon Dieu, les mauvais enfants !
L'un me tire par ma cotte,
Que les enfants sont méchants !
L'autre saute devant moi,
Un petit me montre au doigt :
Viens y, et il y viendra ;
Mais le premier qui viendra,
Le premier qui sautera,
Le premier qui dansera,
Je vous lui donne à l'instant,
   Pan !

La sagesse est un trésor ;
Un trésor, c'est la sagesse.
L'argent ne vaut pas de l'or,
Un peu d'or n'est pas richesse, etc.

SCÈNE III

ROSE, seule.

Voyez quel radotage! Qu'est-ce qu'elle veut dire? Si je lui avais répondu un mot, elle ne finissait plus... Je ne sais à quoi m'occuper... Je n'ai de courage à rien. Elle reste à rêver appuyée sur sa chaise.)

SCÈNE IV

MATHURIN, ROSE.

MATHURIN.

Tu n'as donc rien à faire aujourd'hui ?

ROSE.

Ah! vous voilà, mon père.

MATHURIN.

Que fais-tu là?

ROSE.

Je...

MATHURIN.

Oui, je...

ROSE.

Vous me pardonnerez.

MATHURIN.

Eh bien, travaille donc.

ROSE.

Mais, c'est que vous allez, et que vous venez.

MATHURIN.

Qu'est-ce que cela te regarde ?

SCÈNE V.

ROSE.

Vous dormez toutes les après-dînées, et aujourd'hui vous n'avez pas dormi.

MATHURIN.

Je ne veux pas dormir.

ROSE.

Vous pouvez avoir besoin de quelque chose.

MATHURIN.

Je t'appellerai. Hon, hon, hon! (Il la regarde faire pendant la ritournelle et il porte le doigt à son front.)

SCÈNE V

MATHURIN, seul.

ARIETTE

Sans chien et sans houlette,
J'aimerais mieux garder cent moutons près d'un blé,
Qu'une fillette
Dont le cœur .. dont le cœur a parlé :
Elle est si leste,
Elle est si preste ;
L'oreille est en l'air ;
L'œil est un éclair.
Toujours folle
De plaisir,
Elle vole
Vers son désir ;
Mais l'âge, et le temps
Qui tout mène,
Vengent ses parents
De leur peine.
Mère de famille,
La fille
Un jour
Chante à son tour :
Sans chien, etc.

SCÈNE VI

MATHURIN, ROSE.

ROSE, accourant.

Ah! mon père! ah! que je suis fâchée!

MATHURIN.

Quoi?

ROSE.

Je n'ai pas songé à vous dire : Eh! vite, eh! vite, eh! vite, il faut que vous alliez au château.

MATHURIN.

J'en sors.

ROSE.

Vous en sortez!... Et chez le collecteur.

MATHURIN.

Je viens de lui parler.

ROSE.

Lui parler? Ah !... La vieille mère Bobi est venue... N'aviez-vous pas dit que vous iriez à la ville?

MATHURIN.

Le fils de Pierre y est allé.

ROSE.

Colas?

MATHURIN.

Oui.

ROSE.

A la ville!

MATHURIN.

Oui.

ROSE.

Y a t-il longtemps qu'il... Vous aviez dit hier que vous iriez acheter de la graine.

MATHURIN.

Tu as bonne envie que je sorte.

ROSE.

Moi? Point du tout, mon père; mais c'est que, quand vous êtes ici, vous vous ennuyez.

MATHURIN.

Dis que je t'ennuie.

ROSE.

Si vous voulez, j'irai pour vous.

MATHURIN.

Eh non! eh non! eh non! je n'ai pas besoin de tes services : j'attends Pierre ici, il m'en fera avoir de la graine, lui, il m'en fera avoir... (A part.) La malice, voyez-vous? je parie qu'elle attend.

ROSE, à part.

Il ne sortira pas.

SCÈNE VII

MATHURIN, ROSE, PIERRE LEROUX

ROSE.

Ah! bonjour, monsieur Pierre!

PIERRE.

Bonjour, Rose, bonjour!

MATHURIN.

Je t'attendais.

ROSE.

Comment vous portez-vous, monsieur Pierre?

8.

PIERRE.

Fort bien.

MATHURIN.

Laisse-nous.

ROSE.

Mon père disait que vous ét'ez à la ville ?

PIERRE.

Non, c'est mon fils.

ROSE.

Oui, pour acheter de la graine.

PIERRE.

Non, c'est pour de l'argent qu'on me doit.

MATHURIN.

Tu nous laisseras parler, peut-être.

PIERRE.

On m'a dit que tu me demandais.

MATHURIN.

Chut!... qu'est-ce que tu fais là, toi?

ROSE.

Moi, mon père?

MATHURIN.

Oui. Va t'occuper; va nous cueillir une salade, épluche-la, lave-la, laisse-nous... (Comme Rose cherche un panier et toupille, Mathurin bat la campagne et regarde si elle s'en va.) Eh bien, Pierre Leroux, comment vont les vignes?

PIERRE.

Ah! ah! assez bien, si ce n'étaient les vers qui nous mangent.

MATHURIN.

Oh! cela a été de tout temps; qu'y faire?

PIERRE.

Rien; il n'y a que Dieu et le temps.

MATHURIN.

La méchanceté des hommes va de pis en pis.

PIERRE.

Quand cela sera au comble, il faudra bien une fin.

MATHURIN.

Oui, pourvu que...

SCÈNE VIII

MATHURIN, PIERRE.

MATHURIN.

Ah! la voilà partie... Ah çà, Pierre Leroux, ce n'est pas cela qui s'agit.

PIERRE.

Dites.

MATHURIN, après avoir été chercher un arc.

Connaissez-vous cela?

PIERRE.

Cela, pargoi! si je connais ça! C'est un arc.

MATHURIN.

Oui, c'est un arc; mais encore.

PIERRE.

Eh! c'est le mien que j'ai donné à mon fils.

MATHURIN.

Cela suffit.

PIERRE.

C'est celui avec lequel j'ai gagné le prix.

MATHURIN.

C'est bon; mais...

PIERRE.

Il y a bien trente ans.

MATHURIN.

C'est à merveille; j'ai...

PIERRE.

J'ai encore la tasse d'argent.

MATHURIN.

Oui, oui, je l'ai vue... Vous saurez que..

PIERRE.

Je ne l'ai pas sur moi.

MATHURIN.

Je vous en dispense. Je voulais....

PIERRE.

Je voulais vous la montrer.

MATHURIN.

Je n'en doute pas.

PIERRE.

C'est que...

MATHURIN.

C'est que... Oui, vous avez raison, elle est belle, je l'ai vue. C'est une tasse qui a une anse, nous la reverrons; mais j'ai autre chose à vous dire.

PIERRE.

Ah! dites, dites.

MATHURIN.

Vous êtes veuf, et moi aussi ; nos femmes nous ont laissé, à vous un garçon, et à moi une fille.

PIERRE.

Oui, qui est bien gentille.

MATHURIN.

Votre garçon me paraît aussi un gentil garçon; j'ai un conseil à vous demander.

SCÈNE VIII.

PIERRE.

J'écoute.

MATHURIN.

Si, au lieu d'un garçon, vous aviez une fille, et qu'il vînt alentour de chez vous rôder quelque jeune gaillard, qui vînt la voir en votre absence, vous m'entendez; qu'est-ce que vous feriez?

PIERRE.

Ce que je ferais? Si le garçon ne me convenait point, je lui dirais : « Tiens, un tel (son nom), je vois toute ta manigance, et je te prie de ne plus faire comme cela, parce que cela me déplaît. D'abord, ma fille n'est pas pour toi, parce que tu es un libertin, parce que tu es (enfin ce qu'il serait). S'il y revenait, je me mettrais en colère, je battrais la fille, je battrais le garçon, je...

MATHURIN.

Oui, vous battriez tout le monde : mais si le garçon vous convenait?

PIERRE.

S'il me convenait. (Il rêve.) Ah! ah!... pour lors... j'enverrais chercher le père, ou j'irais le trouver moi-même, Mathurin; car c'est à ceux qui ont affaire à aller trouver. Mais ne parlons pas de ça. Je dirais au père tout ce qui se passe; et que votre fils se tienne chez vous, ou je l'assomme. — Mais mon fils aime votre fille; mais ils se conviennent; mais ils sont d'âge; mais voulez-vous la lui donner? — Ah! parlons. — Parlons... Et nous parlerions.

MATHURIN.

Eh bien, Pierre Leroux, ce que vous dites qu'il faut que le père fasse, je le fais. Hier, nous nous sommes quittés tard, je suis rentré ici : on ne voyait pas bien clair, j'ai vu quelque chose là du long, là entre la table et la muraille ; cela marchait à quatre pattes, j'ai cru que c'était un chien, j'y ai donné un coup de pied. Haut!

Pataud, à la cour! Ma fille s'est jetée à mon cou. « Ah ! mon père, vous revenez bien tard; ah! mon père, j'étais inquiète. Ah! mon père. » Donne-nous de la lumière, lui ai-je dit.

PIERRE.

Eh bien?

MATHURIN.

Eh bien, pendant qu'elle allait en chercher, j'ai trouvé cet arc-là sous mes pieds.

PIERRE.

Ici ?

MATHURIN.

Là.

PIERRE.

Ah! ah!

MATHURIN.

Ainsi, je suis sûr que ce qui marchait à quatre pattes n'est autre que votre fils. Il est inutile, je crois, de vous dire que cela ne me plaît pas : ainsi, recommandez-lui bien de ne plus venir ici; ou, si je l'y trouve, il s'en repentira. Il m'a joué un tour de chien; et moi, je pourrais lui en jouer un qui ne lui ferait pas plaisir.

PIERRE.

Mais, si nos jeunes gens s'aiment et que nous puissions...

MATHURIN.

Ah! parlons, parlons, je ne demande pas mieux.

PIERRE, après avoir rêvé.

Que donnerez-vous à votre fille en mariage?

MATHURIN.

Tout, et rien; et vous, à votre fils?

PIERRE.

Tout, et rien; je n'ai que lui.

SCÈNE VIII.

MATHURIN.

Je n'ai qu'elle.

PIERRE.

Je lui donne d'abord mes premiers attelages, mes premières charrues.

MATHURIN.

C'est-à-dire, vos anciennes.

PIERRE.

Oui; ils les renouvelleront.

MATHURIN.

Et moi, je lui donne le trousseau qu'elle a filé, tous les joyaux de sa mère, ses hardes, son linge, ses garnitures, ses coiffes, sa croix d'or, ses boucles d'or (elle les a déjà), les gants de soie, le collier, le ruban; je veux qu'elle paraisse.

PIERRE.

J'entends, nous leur donnerons peu de chose, que nous voudrons faire valoir beaucoup.

MATHURIN.

Comme ça se pratique.

PIERRE.

Vous ressouvenez-vous de notre vieux bailli ? « Mes enfants, mes enfants (disait-il avec sa petite canne), le hasard commence les mariages, et la vanité les finit. »

MATHURIN.

Vanité, si vous voulez, mais je les associerai à ma ferme...

PIERRE.

Et moi à la mienne.

MATHURIN.

A la fin de mon bail.

PIERRE.

Et moi aussi. Et combien avez-vous encore à aller?

MATHURIN.

Trois ans. Et vous?

PIERRE.

Et moi cinq.

MATHURIN.

Il faut cependant qu'ils vivent.

PIERRE.

N'avez-vous pas peur qu'ils manquent de quelque chose? Mais il faut d'abord faire connaître aux jeunes gens ce que c'est que la dépense d'un ménage.

MATHURIN.

J'entends; oui, leur rendre la vie un peu difficile.

PIERRE.

Moi, ce qui m'inquiète, c'est que je ne sais comment ils se tireront de cet embarras-là; ils sont encore trop jeunes.

MATHURIN.

Trop jeunes, Pierre Leroux! Nature, jeunesse et santé... vous vous souvenez de la chanson?

PIERRE.

C'est sur moi qu'elle a été faite et sur feu ma femme.

MATHURIN.

Je le sais bien.

PIERRE.

Je ne sais si je m'en souviendrai; il y a, ma foi longtemps.

MATHURIN.

Oui, il y a longtemps; je n'étais pas plus haut que ça.

SCENE VIII.

PIERRE.

CHANSON

Avez-vous connu Jeannette ?
Avez-vous connu Jeannot ?
L'un et l'autre étaient plus sot
Qu'un mouton qui paît l'herbette.
Un beau jour que, dans les champs,
Ils allaient tous deux cherchant
Leurs troupeaux qui vont paissants,
Ils s'accostent en dandinant,
Ils se parlent en ricanant,
Rien n'était si drôle.
Eh bien, dans le même été,
Ce fut le couple le plus fûté :
L'esprit, le bon sens, la parole.
Nature, jeunesse et santé
Sont trois bons maîtres d'école.

MATHURIN.

Comme on a chanté cela dans le village! Eh bien, cet embarras-là vous a-t-il fait mourir? Vous étiez cependant bien jeunes, tous les deux?

PIERRE.

Ma pauvre Jeannette n'était pas sotte : mon fils est tout son portrait.

MATHURIN.

Ma fille la vaudra bien. Savez-vous qu'elle me gêne? Oui, elle me gêne, elle me gêne... plus que feu ma femme. Si je bois, si je jure, si je dis quelque drôlerie, elle me reprend : c'est comme sa mère, et pis encore; car il faut respecter la jeunesse.

PIERRE.

Vous avez raison.

MATHURIN, en prenant la main de Pierre.

Enfin c'est conclu, et le plus tôt sera le mieux.

PIERRE.

Le plus tôt, non; j'ai mes vendanges à faire.

MATHURIN.

Eh ! n'ai-je pas ma moisson ?

PIERRE.

C'est à cause de cela: ils en auront plus de cœur à nous aider; remettons à l'hiver, aux Rois.

MATHURIN.

A l'hiver ? C'est un mauvais temps.

PIERRE.

C'est le meilleur pour les mariages; c'est encore ce que nous chantait le bailli.

MATHURIN.

Votre bailli, votre bailli, avec ses grandes chansons, les trois quarts du temps il ne savait ce qu'il disait.

PIERRE.

Ecoutez, écoutez.

MATHURIN.

Je sais ce que vous voulez dire.

PIERRE.

Non, non.

MATHURIN.

Et tenez :

CHANSON

Au printemps naissent les fleurs,
Dont les fruits parent l'automne;
Mais, assis sur une tonne,
C'est l'hiver qui se couronne
Du tribut de leurs faveurs.
Ainsi l'hiver dans ses fêtes,
Doit s'embellir des instants,
Et se parer des conquêtes
Que l'Amour prépare au printemps.

SCÈNE VIII.

PIERRE.

Eh bien, vous voyez qu'il faut remettre à cet hiver.

MATHURIN.

Une chanson n'est pas une raison.

PIERRE.

C'est la réponse à la vôtre, c'est la réponse à la vôtre, c'est... Vous rêvez.

MATHURIN.

Oui, je rêve.. Voulez-vous que je dise franchement la vérité?

PIERRE.

Sans doute.

MATHURIN.

Je suis un homme, moi; je ne suis pas une femme, je ne peux pas avoir une fille pendue à mes côtés comme un trousseau de clefs. Elle est sage, elle est sage, ah! très-sage; mais peut-être aime-t-elle votre fils; et la sagesse d'une fille qui aime est plus mûre qu'il ne faut.

PIERRE.

Et moi, et moi! N'ai-je pas les mêmes appréhensions?... Les mêmes, non; mais d'autres. Mon fils est vif, de bon cœur, mais prompt, et je crains qu'il ne lui prenne une fantaisie de courir et de quitter le pays.

MATHURIN.

Eh bien, finissez donc.

PIERRE.

Oh! nous serons toujours à même.

MATHURIN.

Eh! ne voyez-vous pas qu'ils vont nous tourmenter?

PIERRE.

Bon, tourmenter! il y a moyen à tout. La première fois que mon fils viendra ici, mettez-le à la porte; il sera triste. Je lui dirai : « Qu'est-ce que tu as ? » Il est franc, il me contera son chagrin. « Va, je parlerai au père. — Ah ! je vous remercie. » Je le traîne huit jours.

MATHURIN.

Eh bien, huit jours.

PIERRE.

Après cela, ce sera vous qui n'aurez pas le temps de me parler : encore huit jours de gagnés.

MATHURIN.

Encore huit jours de gagnés.

PIERRE.

Ensuite nous parlons; mais nous ne convenons pas de nos faits : encore huit jours.

MATHURIN.

Encore huit jours.

PIERRE.

Enfin nous voilà arrangés.

MATHURIN.

Eh bien, huit et huit font seize, et huit font vingt-quatre, et huit c'est...

PIERRE.

C'est trente-deux.

MATHURIN.

Nous voilà juste en pleine moisson.

PIERRE.

Ah ! ah ! Alors c'est à nous à les occuper si bien pendant la moisson, et pendant les vendanges, que le soir ils n'aient envie que de dormir.

MATHURIN.

Enfin, voilà les vendanges finies.

PIERRE.

Ah ! qu'ils ne sont pas encore mariés. Il arrivera que

vous aurez dit quelque chose de moi dans le village, ou j'aurai dit quelque chose de vous. L'éclaircissement entre nous commencera par des injures; alors la rupture, alors les caquets; les femmes s'en mêleront ; de là des rapports, des médisances, des calomnies. « Ne me parlez jamais de cet homme-là. — Ne me parlez jamais de cet homme-ci, qu'il s'aille promener lui et son fils. — Qu'il aille au diable lui et sa fille. » Nos jeunes gens pleureront : ils s'en aimeront davantage; et puis quelque honnête homme viendra s'entremettre, il nous raccommodera, et croira avoir bien de l'esprit; et puis l'hiver, et puis les Rois, et puis le mariage.

MATHURIN.

Cela nous donnera de la peine.

PIERRE.

De la peine, de la peine! Je n'en aurai pas plus qu'à tendre la corde de cet arc.

MATHURIN.

Vous n'en auriez pas mal.

PIERRE.

Pas mal?... Ah! que j'ai encore le poignet roide. (Pierre se met en devoir de tendre la corde de l'arc, et le donne ensuite à Mathurin, qui fait le même jeu.)

SCÈNE IX

ROSE, PIERRE, MATHURIN.

DUO

MATHURIN.

Ah ! ah ! ah ! comme il y viendra
Comme il y viendra !
La vieillesse a mis un terme
A cette vigueur-là.

PIERRE.

J'ai bien encor le poignet ferme ;
Soyez certain de cela.

MATHURIN.

Vous n'avez plus le poignet ferme,
Soyez certain de cela.

PIERRE.

M'y voilà ! Non.
Bon ! Non.

MATHURIN.

Bon, bon, ahi, fort !
Bon, bon, encor plus fort !

PIERRE.

Tenez, prenez ; voyons, à vous !

MATHURIN.

Donnez, donnez, Pierre Leroux !

PIERRE.

Voyons, à vous !

MATHURIN.

Oui, c'est à nous, oui, c'est à nous,
Qu'il appartient encor
Un plus heureux effort.

PIERRE.

Ah ! ah ! ah ! comme il y viendra !
La vieillesse a mis un terme
A cette vigueur-là.

MATHURIN.

J'ai plus que vous le poignet ferme
Soyez certain de cela.

PIERRE.

Vous n'avez plus le poignet ferme,
Soyez certain de cela.

MATHURIN.

M'y voilà ! Non.

SCÈNE IX.

Bon, bon, bon,
M'y voilà ! Non.

PIERRE.

Bon, bon, ahi, fort !
Ahi ! fort !
Eh bien, eh bien, était-ce à vous
Que convenait encor
Un plus heureux effort ?

MATHURIN.

Ce n'est plus nous,
Ce n'est plus nous.
Ami, ami, laissons cela.

PIERRE.

Laissons cela.

ENSEMBLE

La vieillesse nous dit : « Holà ! »
Laissons à nos enfants,
Faire ce qu'on fait à vingt ans.

(En se retournant, pendant la ritournelle, ils aperçoivent Rose qui peut les avoir écoutés ; ils se retirent, l'un d'un côté du théâtre et l'autre de l'autre : ils frappent du pied, ruminent et feignent la plus grande colère.)

PIERRE.

Morbleu ! elle nous a entendus !

MATHURIN.

Quelle imprudence !

PIERRE.

O ciel !

MATHURIN.

Pierre Leroux...

PIERRE.

Mathurin...

MATHURIN.

Vous êtes un coquin !

PIERRE.

Tu me le payeras ! (Ils se promènent comme des furieux; Rose se lève, range sa chaise, les regarde, et commence le trio.)

TRIO

ROSE.

Mais, mais ils sont en courroux ;
Oui, je les crois en colère.
Mon père, mon père...
Pierre Leroux !

PIERRE.

Oui, je me moque de vous.
Je me ris de ta famille :
Ta fille, ta fille
N'est rien pour nous.

ROSE.

O ciel ! ô ciel !
Pourquoi, pourquoi,
Dites-moi, dites-moi ?
Ah ! ah ! ah ! ciel !

PIERRE.

Je ris, je ris de ton courroux.

MATHURIN.

Si j'en croyais mon courroux,
Oui, la main, la main me grille !...
Ma fille n'est pas pour vous.

PIERRE.

Oui, je me moque de vous.

ROSE.

Pourquoi vous mettre en courroux ?

MATHURIN ET PIERRE, à part.

Bien, bien, bien !

ROSE.

Pourquoi vous mettre en colère ?

SCÈNE IX.

PIERRE.

Oui, je me moque de vous,
Je me ris de ta famille ;
Ta fille, ta fille
N'est pas pour nous.

MATHURIN.

Si ce n'était ma fille...

ROSE.

Mon père, mon père... Pierre Leroux.
Mon père, mon père,
Mais dites-moi donc pourquoi ?
C'est de moi, c'est de moi.
Mais pourquoi ?

PIERRE.

Suis-je fou ? suis-je fou ?
Pour vous, non jamais.

MATHURIN.

C'est bien moi qui serais fou,
Et ma fille
Est trop gentille ;
Ma fille n'est pas pour vous.

PIERRE.

Veux-tu, veux-tu sortir ?
Prends garde à toi ; (*bis*.)
Veux-tu sortir ?

ROSE.

Pourquoi sortir, pourquoi ?
Ah ! quel effroi !
Je vais mourir.

PIERRE, à part.

Bien, bien, très-bien !
(Haut.)
Sors, sors, sors, sors !

MATHURIN, à part.

Bien, bien, bien !

9.

(Haut.)

Sors, sors, sors.
S'il passe devant ma porte.,.

PIERRE.

Je veux que de mille coups...

ROSE.

Eh ! pourquoi tout ce courroux ?

PIERRE.

Et, que le diantre m'emporte !
Je veux que de mille coups,
Je veux que le diable emporte
Ta porte et tes verrous,
Si vous ne le payez tous.

ROSE.

Pourquoi vous mettre en colère,
Mon père, Pierre Leroux,
Pourquoi menacer de coups ?
Quelle fureur vous transporte !

MATHURIN.

S'il passe devant ma porte,
Je veux que de mil e coups,
S'il approche de ma porte,
Si Colas, si Colas vient... vient... vient ici,
Oui, oui, oui, oui !

ROSE.

Colas, Colas, quoi ! c'est pour lui ?
Colas ne vient pas chez nous,
Ou du moins il n'y vient guère.
Mon père, mon père,
Pierre Leroux,
Ah ! Pierre, ah ! Pierre,
Ah ! mon père, apaisez-vous.

PIERRE, à part.

Bien, bien, bien, bien.
(Haut).
Je veux que de mi le coups...

Je veux que le diable emporte
Ta porte et tes verrous.

MATHURIN.

Oui, s'il passe devant ma porte,
Si je vais prendre un bâton,
Tu sauras comme
J'assomme ;
J'ai le bras bon.

PIERRE.

Eh bien, eh bien, sors,
Sors donc, sors donc !

ROSE.

Excusez, excusez,
Hélas ! pardon ;
Non, non, restez,
Non, non !

PIERRE.

Sors, sors ; il faut sortir,
Il faut sortir.

MATHURIN.

Sors, il faut finir,
Il faut finir,
Il faut finir.

ROSE.

Quel déplaisir !

SCÈNE X

MATHURIN, ROSE.

MATHURIN, saisissant un râteau.

Et toi, si je sais que tu parles à son fils !... Pourquoi la porte de cette ruelle est-elle toujours ouverte ? J'y vais mettre un cadenas... Si je sais que tu lui parles ? Vois-tu ce râteau ? Le manche est de cœur de bois de cormier, à pleine main, c'est pour le servir. Qu'il y vienne, morbleu! qu'il y vienne! Si je le trouve ici!... Pour aujourd'hui, tu ne lui parleras pas : je vais fermer la porte à double tour.

SCÈNE XI

ROSE, seule.

(Pendant la ritournelle, Rose prend le rât au it le cache,

ARIETTE

Demandez-moi
Pourquoi,
Pourquoi cette colère :
Ils étaient de si bon accord...
Ah ! mon père,
Mon père a tort,
Il a grand tort, il a grand tort.
Voici l'instant que Colas va venir.
Hélas ! hélas ! que devenir !
Il verra dans mes yeux que je me désespère
Hélas ! que devenir !
Ne se plus voir ! il faut mourir.
Demandez-moi, etc.

Hélas ! j'étais si contente,
Dans l'attente
De le voir
Ce soir !
Que faire,
S'il va venir ?
Que faire !
Ah ! c'est à mon père
Que je dois obéir.
Demandez-moi, etc.

On frappe... (Pan, pan.) Ah ! c'est Colas... ah ! c'est lui !

COLAS, à travers la porte.

Rose ! Rose ! c'est moi !

ROSE.

Ah ! c'est lui; la porte est fermée à double tour.

COLAS.

Rose !

ROSE.

Je ne veux pas répondre, cela lui ferait trop de peine; il faudrait que je lui dise pourquoi la porte est fermée à double tour. Eh bien, tant mieux qu'elle soit fermée, j'en suis charmée : il aurait vu que je suis chagrine. Le cœur me bat... Il n'appelle plus... il n'appelle plus ! il est parti ! il est parti !... Ah ! ah ! il s'en est bien vite allé ; je ne l'aurais pas cru... Ah ! ciel ! il pousse le contrevent : ah ! le méchant ! je vais me cacher.

SCÈNE XII

ROSE, COLAS.

COLAS, par la lucarne.

Rose ! Rose !... Elle n'y est pas.

ROSE, cachée sous la rampe de l'escalier.

Ah ! cela me fait peine.

COLAS.

Rose, voilà un bouquet... Elle n'y est pas; je vais le jeter à sa place, elle le trouvera. (Il jette le bouquet qui tombe par terre.) Ah ! ciel ! le voilà par terre.... elle peut marcher dessus. Si je pouvais descendre... Ah ! je descendrai bien. (Il accroche son chapeau au linteau de la lucarne; son chapeau tombe en dehors.) Bon ! voilà mon chapeau tombé; qu'importe ! (Il descend, ramasse le bouquet, le met sur la table, sur la chaise, à la quenouille, à son côté. Pendant la ritournelle, Rose a l'air très-embarrassé, et se montre de temps en temps.)

ARIETTE

C'est ici que Rose respire,
Ici se rassemblent mes vœux ;
Si j'étais maître d'un empire,
Je le donnerais pour ces lieux.
Ah ! Rose ! que l'on est heureux
Lorsqu'on soupire,
Et lorsqu'on est deux !

Colin
Fut pressé de sa main,
Sa bouche
Touche
Cette quenouille
Si joliment,
Tant joliment !
Elle la mouille
En la filant.
Que je la baise !
Et cette chaise...
Ici tout est, tout est charmant.
C'est ici, etc.

Bouquet joli,
Que j'ai cueilli
Pour elle,
Si de ma belle
Vous êtes accueilli ;
Si sa main
Sur son sein
Vous pose,
Dites-lui : Rose,
Charmante Rose,
Votre amant n'ose,
Il n'ose, il n'ose,
Il ne peut exprimer
Comme il sait vous aimer.
Ah ! Rose, que l'on est heureux
Lorsqu'on soupire et lorsqu'on est deux.

(A la fin de la ritournelle, Colas cherche à sortir par la lucarne. Rose

SCÈNE XII.

montre du dépit de ce qu'il s'en va. Lorsqu'il est prêt de sortir, elle prend une pelote de laine, elle la lui jette. Il la voit et descend.) Te voilà, te voilà, ah ! Rose, quoi ! te voilà ?

ROSE.

Va-t'en, va-t'en !

COLAS.

Dis-moi donc !

ROSE.

Non, sors vite.

COLAS.

Pourquoi te cacher ?

ROSE.

Va-t'en, je t'en prie ; mon père.

COLAS.

Ne crains rien ; laisse-moi...

ROSE.

Non, je t'en prie ; je ne t'écoute pas.

COLAS.

J'étais à la ville.

ROSE.

Ah ! que je suis malheureuse de m'être montrée !

COLAS.

Qu'un seul mot !

ROSE.

Eh bien, quoi ?

COLAS.

Pour quelle raison, dis-moi...

ROSE.

Ah ! je t'en prie, je te le demande à genoux ; sors vite. A ce soir, à ce soir !

COLAS.

Je t'obéis. Ah ! quelle cruauté !

ROSE.

Oui, oui, va-t'en. (Colas remonte sur la table, sur la cheville, et, prêt de passer par la lucarne, il la regarde pendant la ritournelle, et il redescend.)

DUO

COLAS.

M'aimes-tu, ah ! comme je t'aime ?
Je n'ai qu'un plaisir ;
Je dis : Elle m'aime.

ROSE.

M'aimes-tu, ah ! comme je t'aime ?
Je n'ai qu'un désir :
De l'être de même.

ENSEMBLE

Le jour, la nuit,
Ton image me suit :
Je te vois là, la. Ah ! comme je t'aime !
Es-tu comme moi,
Quand je pense à toi ?
Adieu mon ouvrage !
Je n'ai nul souci,
Je suis sans courage (1),
Et je reste ainsi,
M'aimes-tu, etc.

ROSE.

Oh ! ciel ! voilà mon père, je l'entends... Vite, sauve-toi !

COLAS.

Ah ! que j'aurai bientôt... A ce soir !

ROSE.

Vite, mon père... Ah ciel ! (Colas a beau se hâter, il est forcé de rester sur la cheville, parce que la lucarne s'est refermée.)

(1) Colas dit :   Je n'ai nul souci
  De mon labourage.

SCÈNE XIII

ROSE, MATHURIN, COLAS.

MATHURIN.

ARIETTE

Ah ! ah ! quelle douleur
Pour le cœur
D'une fille
Qui sèche, qui grille
De voir son amant !
Ah ! c'est un grand tourment.

Quel âge a donc la pauvre enfant ? —
« Seize ans, seize ans bientôt. »
Eh ! tôt, tôt, tôt,
Qu'on la marie !
« Ah ! papa, je vous prie,
Ou c'est fait de ma vie : »
La pauvre petite en mourra.
Ah ! ah ! quelle douleur, etc.

(Pendant la ritournelle, Mathurin ramasse la pelote de laine que Rose a jetée à son amant.)

ROSE, à part.

Que je suis en peine !... Comment va-t-il sortir de là ?

MATHURIN.

Elle a bien du soin !... Comment aurait-elle soin d'un ménage ? Elle n'a seulement pas soin d'une pelote de laine... (Elle la prend d'un geste rude.) Je te... Ah ! tu boudes, tu boudes, tu as de l'humeur... tu ne dis mot !... Ah ! tu es curieuse ! ah ! tu écoutes !... Qu'est-ce que tu as entendu ? Rien, oui, rien... Je te donnerai ma fille, je te donnerai mon fils... Nous t'avions bien vue, nous nous moquions de toi... Et sais-tu ce dont tu es cause ? C'est qu'à l'instant il a ordonné... (Il bâille par degrés.) Ah !

ah!.., il a ordonné à son fils de partir pour trois ans pour la province, et c'est vrai, car je l'ai vu monter à cheval : il ne s'y tient pas mal... Ah ! tu es curieuse ! ah! tu boudes, tu ne dis mot!... Oui, hin! ah! tu boudes ! ah ! c'est cruel ! Ah ! ah ! quelle douleur ! Ah ! ah ! tout cela m'ennuie ; cela me donne envie de dormir. Oui, on va la marier, une paresseuse qui n'est capable de rien...

ROSE.

Mon père...

MATHURIN.

Une vaniteuse qui ne songe qu'à se mirer.

ROSE

Mais mon père...

MATHURIN.

Sans soin, sans amitié, sans vigilance.

ROSE.

Pouvez-vous dire que je...

MATHURIN.

Qui laisse traîner jusqu'à sa laine... (Elle sourit d'un air amer.) Boire, manger, dormir et faire ses quatre repas, voilà ce qu'il lui faut.

ROSE.

Pouvez-vous me faire quelque reproche ?

MATHURIN.

Qui n'a que l'amour en tête, qui n'aime que son Colas. Seulement le nom de Colas m'en dégoûterait : Colas... Colas, un libertin, un vagabond qui est amoureux de toutes les filles, qui en conte à toutes celles qu'il voit; mais il est parti. S'amouracher d'un garçon, et de qui encore ? Si je le trouve ici... mais il est parti... Hi ! hi ! ah ! ah ! que je l'y trouve !... Allons, chante ; veux-tu chanter ?

SCÈNE XIII.

ROSE, *faisant une poupée à sa quenouille.*

Je vais chanter.

MATHURIN.

Si, si, si, si je m'endors, tu me réveilleras, entends-tu ? Tu me réveilleras dans une heure. Tiens, son diable d'arc ; s'il vient le rechercher, tu le lui donneras.

ROSE.

Mon père, que n'allez-vous sur votre lit ?

MATHURIN.

Je, je, je, je ne veux pas dormir ; chante, chante.

ROSE.

Mais si vous dormez.

MATHURIN.

J'entendrai bien si tu ne chantes pas.

ROSE.

S'il pouvait s'endormir !

ARIETTE

Il était un oiseau gris
Comme un' souris,
Qui, pour loger ses petits,
Fit un p'tit
Nid.
Sitôt qu'ils sont tous éclos,
Bien à propos,
Ils vont chantant, nuit et jour,
Au bois d'amour :
« Aimez, aimez-moi,
Mon petit roi ;
Donne-moi ta foi,
Je suis à toi. »
Ah ! ah ! remontez vos jambes, car on les voit.

Quand ces oiseaux vont chantants,
Dès le printemps,

La violette a plus d'odeur,
　　　Plus de fraîcheur ;
　　Le papillon vole mieux,
　　　Dedans les cieux,
Et Jeanneton dit, nuit et jour,
　　　Au bois d'amour :
　　« Aimez, aimez-moi,
　　　Mon petit roi. »
Ah ! ah ! remontez vos jambes, car on les voit.

　　Ces oiseaux ont tant chanté
　　　Pendant l'été,
　Que leur gosier et leur bec
　　　Est tout à sec ;
　Mais nous savons leurs chansons,
　　　Et nos garçons
S'en vont chantant, nuit et jour,
　　　Au bois d'amour :
　　« Aimez, aimez-moi,
　　« Mon petit roi. »
Ah ! ah ! remontez vos jambes, car on les voit.

(Colas, soutenu par cette cheville, en remontant ses jambes, perd l'équilibre : il tombe sur la table, de la table par terre, et il entraîne avec lui la selle et la bride qui sont sur une cheville à côté.)

Ah ! ciel ! ah ! Colas !

MATHURIN.

Qui est là ? qui est là ? qu'est-ce que cela ? qu'est ce que cela ? quel bruit ! quel vacarme !

ROSE.

Mon père... Colas...

COLAS.

C'est moi, c'est moi.

MATHURIN.

Eh bien, qu'est-ce que tu veux, toi ? Qu'est-ce que tu veux ? Qu'est-ce que cela veut dire ? Est-ce qu'on entre comme ça dans une maison ? J'ai cru que le toit... que l'enfer... que le diable... Qu'est-ce que tu demandes, voyons ?

SCÈNE XIII.

COLAS.

Monsieur Mathurin...

MATHURIN.

Monsieur Mathurin... Eh bien ?

ROSE.

Ah ! certainement, il s'est blessé. Ah ! je me meurs, ah ! je n'en peux plus. (Elle se trouve mal.)

COLAS.

Rose, Rose, vous vous trouvez mal.

MATHURIN.

Rose, Rose, laisse là, laisse là ce sot, qui entre comme une bombe... Il lui a fait peur, j'ai eu peur moi-même. Ne crains rien, ma fille, c'est moi, c'est moi ; c'est Colas.

COLAS.

C'est que je suis glissé et je suis tombé.

ROSE.

Vous ne vous êtes pas blessé ?

COLAS.

Non, bien au contraire.

MATHURIN.

Je veux mourir si je savais ce que c'était... Mais pourquoi viens-tu ici ?

COLAS.

Je venais...

MATHURIN.

Tu venais, parbleu ! j'ai bien entendu que tu venais ; mais pourquoi viens-tu ?

COLAS.

Pour vous rapporter ce que...

MATHURIN.

Quoi ?

COLAS.

Cela.

MATHURIN.

Quoi, cela ?

COLAS.

Le voici, cette selle et cette bride que mon père vous a empruntées.

MATHURIN.

Je te jure que je n'en savais rien ; mais quand ?...

COLAS.

Vous vous portez bien, monsieur Mathurin, et mademoiselle Rose ?

MATHURIN.

Oui, oui, nous nous portons bien tous. Allons, tourne-moi les talons, et ne remets plus les pieds ici.

COLAS.

Mais je n'ai pas fait un grand mal, parce que...

MATHURIN.

Non, non, mais adieu.

COLAS.

Est-ce que je vous ai offensé ?

MATHURIN.

Non, non ; mais je suis le maître chez moi, et je ne veux pas que tu y viennes.

COLAS.

Eh ! la raison ?

MATHURIN.

Demande-la à ton père ; tiens, le voilà.

SCÈNE XIV

COLAS, MATHURIN, ROSE, PIERRE.

COLAS.

Ah ciel !

ROSE.

Ah ! grand Dieu !

PIERRE.

J'avais oublié... Qu'est-ce que tu fais ici, toi ?

COLAS.

Mon père, je venais de la ville où j'ai reçu votre argent.

PIERRE.

Ce n'est pas le chemin de passer par ici.

COLAS.

Sitôt que le monsieur a vu votre papier...

PIERRE.

Ce n'est pas cela que...

COLAS.

Il m'a compté tout de suite l'argent.

PIERRE.

Ce n'est pas cela que je te demande.

COLAS.

Tout l'argent, toute la somme en entier ; j'ai vingt-deux écus de six livres, trois livres d'or en monnaie ; je vais, mon père...

PIERRE.

Mais dis-moi un peu...

COLAS.

Mon père, il serait charmé de vous connaître.

ROSE.

Vous m'avez fait cueillir une salade. (Les deux pères se donnent un regard d'intelligence.)

MATHURIN, à sa fille.

Tais-toi.

PIERRE, à son fils.

Tais-toi. Pourquoi es-tu ici? t'y ai-je envoyé?

MATHURIN.

Si vous ne l'avez pas envoyé, il a donc plus de soin que vous; car il m'a rapporté la selle et la bride que je vous avais prêtées.

PIERRE.

Qu'est-ce que c'est que cette selle et cette bride? qu'est-ce que cela veut dire?

MATHURIN.

Les voilà.

PIERRE.

Une selle?

MATHURIN.

Oui.

PIERRE.

Une selle que j'ai empruntée, moi? j'en ai quatre chez moi.

MATHURIN.

Il me la rapporte, cependant.

PIERRE.

Me diras-tu ce que cela veut dire?

COLAS.

Je l'avais empruntée pour un de mes amis dans le village.

PIERRE.

Belles cachotteries, belles précautions, plutôt que de lui en prêter une des nôtres! Enfin...

SCÈNE XV

COLAS, ROSE, MATHURIN, PIERRE, LA MERE BOBI.

LA MÈRE BOBI, regardant la lucarne.

Ah! ah! oui, c'est là.

COLAS, d'un air satisfait.

Bon! voilà la mère Bobi.

LA MÈRE.

Ah! les voilà tous.

MATHURIN.

Eh bien, maman, qu'est-ce que tu veux ?

LA MÈRE.

Ce que je veux ?

COLAS.

Oui, la mère, donnez-moi le bras.

LA MÈRE.

Ne me touche pas. Ah! qu'on a bien raison de dire que c'est la négligence des pères qui dérange les enfants ! A père négligent, enfant libertin. (Regardant la fille.) Et qui perd mère, perd sagesse. J'ai vu, j'ai vu que les pères conduisaient les enfants ; à présent, ce sont les enfants qui conduisent les pères ; aussi le ciel est offensé.

MATHURIN.

De quoi ?

LA MÈRE.

De tout.

PIERRE.

Peut-être de vous entendre.

LA MÈRE.

Je ne parle pas à toi, Pierre Leroux, tu es trop sage.

ROSE.

Est-ce à moi, la mère ?

LA MÈRE.

Oui, petite effrontée ; si ta mère vivait, comme je te ferais battre !

ROSE.

Mais vous êtes venue pour quelque chose.

LA MÈRE.

Oui, pour dire à ton père, pour dire à ton père qu'il y a plus d'aveugles que de clairvoyants.

ENSEMBLE.

Ah ! ah ! ah !

MATHURIN.

Grande nouvelle, ah ! ah ! ah !

LA MÈRE.

Ah ! ah ! ris, montre tes dents, comme si tu voulais me mordre : il y a bien à rire pour toi. Tiens, si j'avais su ce que je sais, quand je t'ai nourri, je t'aurais plutôt laissée mourir de faim.

COLAS.

Et moi, la mère, quand vous m'avez sevré ?

LA MÈRE.

Tais-toi, petit drôle, petit misérable, qui seras maudit ; j'en demande à Dieu pardon, ce n'est pas cela que je voulais dire.

ROSE.

Ah ! la mère, vous maudissez !

SCÈNE XV.

COLAS.

Ah ! vous donnez des maudissons !

LA MÈRE.

C'est toi qui en es la cause ; tiens, avec mon bâton je te... je te...

COLAS, à Rose.

A ce soir : je m'en vais, car elle est folle.

PIERRE.

Tais-toi.

LA MÈRE.

Folle, folle ; je vais te faire voir comme je suis folle ; reste, fais-le rester, Pierre Leroux.

PIERRE.

Ici, reste, puisqu'elle le veut.

COLAS.

Je ne demande pas mieux que de rester.

LA MÈRE.

Je le crois bien, petit coquin, tu ne demandes pas mieux.

MATHURIN.

Eh bien, que voulez-vous dire ?

PIERRE.

A qui en voulez-vous ?

LA MÈRE.

Que vous devez rougir l'un et l'autre de ce que je veux dire.

PIERRE.

Oui, pour vous, de ce que vous ne le dites pas.

LA MÈRE.

Je ne le dirai que trop tôt ; mais je ne veux pas qu'on le batte.

MATHURIN.

Qui, dites-donc ?

PIERRE.

Allons donc.

LA MÈRE.

Comment! deux hommes de votre âge ; car toi, Gilles-Nicolas-Mathurin, tu es né... 7 de janvier de l'année...

MATHURIN.

Après, après, nous savons notre âge.

PIERRE.

Oui.

LA MÈRE.

Je t'ai tenu, sans reproche, dans mon tablier.

MATHURIN.

Ensuite ? dites, ou nous nous en allons.

PIERRE.

Nous vous laissons là.

ROSE.

Je crains bien.

COLAS.

Elle va nous parler des aveugles.

LA MÈRE.

Tu voudrais bien que tout le monde le fût. Souffrir que ce petit scélérat et cette effrontée se parlent, tant que la nuit dure, à la fenêtre !...

ROSE.

Ah ! comme c'est faux.

COLAS.

Ah ! peut-on mentir ?

ROSE, COLAS.

C'est faux, c'est faux.

SCÈNE XV.

ROSE.

Oui, c'est faux! mon père sait bien que je me couche en même temps que lui.

COLAS.

Je couche dans la chambre de mon père.

LA MÈRE.

Oui, et tu te lèves, et tu descends par la fenêtre du grenier, par la poulie : on t'a vu, tout le village le sait.

ROSE.

Peut-on dire des choses comme cela?

COLAS.

Si je savais ceux qui l'ont dit, ils auraient affaire à moi.

LA MÈRE.

C'est moi, c'est moi qui le dis ; voyons si j'aurai affaire à toi.

COLAS.

Si vous radotez...

PIERRE.

Tais-toi, encore un coup.

LA MÈRE.

Je radote : tiens, je n'aurais pas tout dit, mais je vais tout dire.

COLAS.

Je vous en défie.

ROSE.

Oh ciel! pourquoi la défier?

LA MÈRE.

Ne le battez pas, toujours. Comment, tout à l'heure, tu n'as pas frappé à cette porte?

10.

COLAS.

Il faut bien frapper pour entrer.

LA MÈRE.

Pour entrer ? Que n'entrais-tu ? que n'entrais-tu ? Tu n'as pas fait le tour de la maison, tu n'as pas sauté dans la petite ruelle, tu n'as pas fourré tes pieds dans les trous de la muraille l'un après l'autre, tu n'as pas enjambé par-dessus le mur, et sauté dans mon jardin ?

COLAS.

Non, non, non.

LA MÈRE.

Non ! non ! Comment, je ne t'ai pas vu monter sur mon figuier ? La branche a cassé, ah ciel !... Mais rien ne le corrige. Il s'est relevé comme un furieux. Comment ! tu ne t'es pas relevé comme un furieux ? Tu n'as pas monté sur mon noyer et passé par la lucarne ? Tiens, la voilà pour me démentir.

COLAS.

Non, non, c'est faux.

LA MÈRE.

Ah ! race de Satan, tu me démens !

COLAS.

Oui, je vous démens.

LA MÈRE, montrant le chapeau.

Eh bien, démens donc ton chapeau que tu as laissé tomber dans le jardin.

PIERRE.

Comment ?

COLAS.

Ah ciel !

ROSE.

Ah ! grand Dieu !

SCÈNE XV.

MATHURIN.

Ah! parbleu, je ne m'étonne plus ; paf... le diable... j'ai cru que c'était l'enfer. Ah! Pierre Leroux! ah! Pierre Leroux.

ROSE.

Ah! la mauvaise femme; pouvez-vous?...

COLAS.

Demandez-moi, qu'est-ce que je vous ai fait? Oui, je m'en vas; oui, mon parti est pris; oui, je vais quitter le pays : je suis au désespoir.

LA MÈRE.

Voilà-t-il pas qu'il est au désespoir? Ce petit coquin-là me fera mourir de chagrin. (Elle tire son mouchoir e pleure.)

TRIO.

MATHURIN,

Ceci me paraît fort.

PIERRE.

J'en suis d'accord, j'en suis d'accord.

LA MÈRE, à Mathurin et à Pierre.

Moi, mon avis, dans tout ceci,
C'est qu'il faudrait prendre un parti.

MATHURIN, PIERRE.

Il faut, il faut prendre un parti.

MATHURIN.

Qui l'aurait dit, qui l'aurait cru ?

MATHURIN, PIERRE.

Comme cet amour s'est accru!

MATHURIN.

Qui l'aurait dit, qui l'aurait cru?
Voyez-les donc. Eh! qui l'aurait cru?
Comme cet amour s'est accru!

PIERRE.

Voyez, voyez-les donc ;
Ah ! qui l'aurait dit, qui l'aurait cru ?

LA MÈRE.

Moi, je me suis bien aperçu
Comme cet amour s'est accru.
Voyez-les donc,
Voyez-les donc.
Ils me feront tous deux mourir.

MATHURIN, PIERRE.

Voyez, il perd la raison.
Mais, comment pouvoir nous défendre ?

MATHURIN.

Fléchirons-nous ? Il faut fléchir.

PIERRE.

Non, réfléchissons à loisir.

LA MÈRE

Ils me feront tous deux mourir.
Ah ! ne le battez pas !
Ah ! ne le battez pas !

MATHURIN, PIERRE.

Que faire ?
Que faire ?

LA MÈRE, à Rose et à Colas.

Aussi, vous m'obstinez trop fort.
Pourquoi m'obstinez-vous si fort ?

COLAS.

Adieu, Rosette, je m'en vas !

ROSE.

Ne t'en va pas, ne t'en va pas !

COLAS.

Ne pleure pas, pense à Colas.

SCÈNE XV.

ROSE.

Ne t'en va pas, ne t'en va pas!

LA MÈRE.

Mais, mon fils Colas,
Ne pleure pas.

COLAS.

Adieu, Rosette, je m'en vas;
Espérons tout, mon père est tendre.

ROSE.

Tu pars, tu ne me retrouveras pas.
Je mourrai,
Car je suis trop tendre.

LA MÈRE.

J'apaiserai...

ROSE.

Si je te perds, je veux mourir.

COLAS.

Quel déplaisir! quel déplaisir!
J'ai reçu de vous la vie;
Je n'en eus pas d'autre bien.

PIERRE.

D'autre bien? d'autre bien?

COLAS.

Si Rosette m'est ravie,
De vous je ne veux plus rien.

MATHURIN.

Laisse-le dire, il n'entend rien.

COLAS.

Je pars à l'instant;
Voilà votre argent.

MATHURIN.

Pourquoi nous montrer cet argent?

PIERRE.

Insolent, insolent!

COLAS.

Cinq et six, c'est huit : et trois c'est treize,
Et neuf c'est seize,
Ne vous déplaise.
Voilà votre argent.
Si Rose ne m'est unie,
De vous je ne veux plus rien.

LA MÈRE.

Aussi, pourquoi m'obstinez-vous?

ROSE.

Écoute-moi, écoute-moi.

COLAS.

Non, laisse-moi, non, laisse-moi.

MATHURIN, PIERRE.

Que ferons-nous?
Que ferons-nous?
Ne vous déplaise,
Il perdra la raison.

MATHURIN.

Faites-lui serrer cet argent.
Laisse-lui prendre son argent.

LA MÈRE, à Mathurin et à Pierre.

Écoutez-moi,
Ecoutez-moi,
Ne vous déplaise,
Il vous rend votre argent.

PIERRE.

Insolent, insolent!

LA MÈRE.

Ah! ne le battez pas!

MATHURIN.

Mais, voyez, il perd l'esprit.

SCENE XV.

PIERRE.

Il perd la raison.

MATHURIN, PIERRE.

Que ferons-nous ? que ferons-nous ?
Allons, il faut prendre un parti.

LA MÈRE.

Il faut prendre un parti.
Oui, oui, prenez votre parti.
Ah ! croyez-moi,
Mariez-les,
Mariez-les.

MATHURIN.

Les marier !
Les marier !
Et nos projets, où seront-ils ?
Où seront-ils ?
Qu'en pensez-vous ?

PIERRE.

Eh ! mais pourquoi ?
Je vous le dis,
Ma foi, que ferons-nous ?

LA MÈRE.

Ils s'aiment tant,
Ils s'aiment tant,
Que c'est plaisir,
Que c'est plaisir,
Il faut les voir,
Il faut les voir ;
Je les ai vus
Et entendus.

MATHURIN.

Mais, qui l'aurait cru ?
Comme cet amour s'est accru !

PIERRE.

Mais, qui l'aurait dit ?
Qui l'aurait cru ?

LA MÈRE.

Voyez-les donc ;
Mais voyez-les donc!

PIERRE, MATHURIN.

Voyez, il a perdu la raison;
Mais, comment pouvoir nous défendre

LA MÈRE.

Voyez-les donc,
Mais voyez-les donc!

MATHURIN.

Eh bien, le conservez-vous?
Il faut ici,
Dans tout ceci,
Prendre un parti;
Et c'est ainsi.

PIERRE.

L'avez-vous cru?
Comme il est résolu!

MATHURIN.

Fléchirons-nous? Il faut fléchir.

PIERRE.

Non, réfléchissons à loisir.

LA MÈRE.

Ils me feront tous deux mourir.

COLAS.

Adieu, Rose, je m'en vas.

ROSE.

Ne t'en va pas, ne t'en va pas.

COLAS.

Ne pleure pas, pense à Colas.

ROSE.

Ne t'en va pas, ne t'en va pas.
Hélas! hélas!

SCENE XV.

LA MÈRE.

Mais, mon fils Colas,
Ne pleure pas.
Je calmerai, j'apaiserai.

COLAS.

Adieu, Rose, je m'en vas ;
Espérons tout, mon père est tendre.

ROSE.

Si tu pars, tu ne me reverras pas.
Je mourrai, car je suis trop tendre
Si je te perds, je veux mourir.

COLAS.

Quel deplaisir ! quel déplaisir !

PIERRE.

Sors d'ici à l'instant, et va m'attendre à la porte.

MATHURIN.

Et toi, monte à la chambre tout à l'heure.

PIERRE.

Impertinent !

MATHURIN.

Petite sotte !

PIERRE.

Ce grand pleureur !

MATHURIN.

Grande niaise !

LA MÈRE.

Va, mon fils, va.

SCÈNE XVI

PIERRE, MATHURIN, LA MÈRE BOBI.

PIERRE.

Cela dérange toutes nos mesures.

MATHURIN.

Il est temps ; il n'y a hiver qui tienne.

LA MÈRE.

C'est bien naturel, c'est bien naturel.

PIERRE.

Je ne m'attendais pas qu'il m'attendrirait.

LA MÈRE.

C'est bien naturel, c'est bien naturel ; tenez, mes enfants.

<small>Pendant la ritournelle du vaudeville, Rose descend de l'escalier tout doucement, et Colas s'approche en se coulant.</small>

SCÈNE XVII

MATHURIN, PIERRE, LA MÈRE BOBI, COLAS, ROSE.

VAUDEVILLE.

LA MÈRE BOBI.

Fournissez un canal au ruisseau,
  Dont les eaux portent le ravage ;
Secondez les efforts d'un rameau,
  Dont la feuille enrichit un treillage :
  Soyez prudents, et croyez-moi ;
  Je pense qu'en cette aventure,
  Il faut seconder la nature,
    Puisqu'elle nous fait la loi.

SCENE XVII.

COLAS.

Ah! mon père.

Vous n'aviez tout au plus que vingt ans
Quand on fit votre mariage :
Au lieu d'un vous aurez deux enfants.
Soyez sûr que, dans notre ménage,
Si votre bien dépend de moi,
Vous, le vôtre de ma future,
L'amour, l'amitié, la nature,
Seront pour nous une loi.

ROSE.

Il m'est cher, vous, mon père, encor plus ;
Si nos jours ne coulaient ensemble,
Ses désirs deviendraient superflus :
Même nœud nous unit, nous rassemble,
Et nos enfants feront en moi
Pour vous la leçon la plus sûre ;
L'amour instruirait la nature,
Si jamais j'oubliais sa loi.

PIERRE.

Mon ami, nous avions résolu
De jeter bien loin cette fête ;
Leur amour autrement l'a voulu,
Je croyais que j'avais plus de tête :
Mais contre un fils on sent en soi
Un quelque chose qui murmure ;
On ne peut braver la nature,
Elle nous fait toujours la loi.

MATHURIN.

Mes enfants, il fera jour demain,
Allons tous cinq nous mettre à table ;
Là nous verrons, le verre à la main,
Pour l'hymen l'instant favorable :
Viens, maman, à présent c'est moi
Qui dois rendre ta marche sûre ;
Il faut seconder la nature
Sitôt qu'elle fait la loi.

FIN DE ROSE ET COLAS.

LE PHILOSOPHE

SANS LE SAVOIR

COMÉDIE EN CINQ ACTES, EN PROSE

Représentée par les Comédiens-Français ordinaires du Roi le 2 décembre 1765.

PERSONNAGES

M. VANDERK PÈRE. . . . . M. Brizard.

M. VANDERK FILS. . . . . M. Molé.

M. D'ESPARVILLE PÈRE, ancien officier. . . . . M. Grandval.

M. D'ESPARVILLE FILS, officier de cavalerie . . . . M. Le Kain.

MADAME VANDERK. . . . . Mlle Dumesnil.

UNE MARQUISE, sœur de M. Vanderk père. . . . . Mme Drouin.

ANTOINE, homme de confiance de M. Vanderk. . . . . M. Préville.

VICTORINE, fille d'Antoine. . . . . Mlle Doligny.

MADEMOISELLE SOPHIE VANDERK, fille de M. Vanderk. . . . Mlle Pepinal.

UN PRÉSIDENT, futur époux de Mlle Vanderk. . . . . M. Dauberval.

UN DOMESTIQUE DE M. D'ESPARVILLE . . . . M. Bouré.

UN DOMESTIQUE DE M. VANDERK FILS. . . . . M. Auger.

Les domestiques de la maison.

Le domestique de la marquise.

La scène se passe dans une grande ville de France.

LE PHILOSOPHE SANS LE SAVOIR

COMÉDIE

ACTE PREMIER

Le théâtre représente un grand cabinet éclairé de bougies ; un secrétaire sur un des côtés ; il est chargé de papiers et de cartons.

SCÈNE PREMIÈRE

ANTOINE, VICTORINE.

ANTOINE.

Quoi ! je vous surprends votre mouchoir à la main, l'air embarrassé, vous essuyant les yeux, et je ne peux pas savoir pourquoi vous pleurez ?

VICTORINE.

Bon, mon papa ! les jeunes filles pleurent quelquefois pour se désennuyer.

ANTOINE.

Je ne me paye pas de cette raison-là.

VICTORINE.

Je venais vous demander...

ANTOINE.

Me demander ?.. Et moi je vous demande ce que vous avez à pleurer, et je vous prie de me le dire.

VICTORINE.

Vous vous moquerez de moi.

ANTOINE.

Il y aurait assurément un grand danger.

VICTORINE.

Si cependant ce que j'ai à vous dire était vrai, vous ne vous en moqueriez certainement pas.

ANTOINE.

Cela peut être.

VICTORINE.

Je suis descendue chez le caissier, de la part de madame.

ANTOINE.

Eh bien ?

VICTORINE.

Il y avait plusieurs messieurs qui attendaient leur tour, et qui causaient ensemble. L'un d'eux a dit : « Ils ont mis l'épée à la main, nous sommes sortis, et on les a séparés. »

ANTOINE.

Qui ?

VICTORINE.

C'est ce que j'ai demandé. « Je ne sais, m'a dit l'un de ces messieurs, ce sont deux jeunes gens : l'un est officier dans la cavalerie, et l'autre dans la marine. — Monsieur, l'avez-vous vu ? — Oui. — Habit bleu, parements rouges ? — Oui. — Jeune ? — Oui, de vingt à vingt-deux ans. — Bien fait ? » Ils ont souri : j'ai rougi, et je n'ai osé continuer.

ANTOINE.

Il est vrai que vos questions étaient fort modestes.

VICTORINE.

Mais si c'était le fils de monsieur ?

ANTOINE.

N'y a-t-il que lui d'officier ?

VICTORINE.

C'est ce que j'ai pensé.

ANTOINE.

Est-il seul dans la marine ?

VICTORINE.

C'est ce que je me disais.

ANTOINE.

N'y a-t-il que lui de jeune ?

VICTORINE.

C'est vrai.

ANTOINE.

Il faut avoir le cœur bien sensible.

VICTORINE.

Ce qui me ferait croire encore que ce n'est pas lui, c'est que ce monsieur a dit que l'officier de marine avait commencé la querelle.

ANTOINE.

Et cependant vous pleuriez.

VICTORINE.

Oui, je pleurais.

ANTOINE.

Il faut bien aimer quelqu'un pour s'alarmer si aisément.

VICTORINE.

Eh! mon papa, après vous, que voulez-vous donc que j'aime le plus? Comment! c'est le fils de la maison : feu ma mère l'a nourri; c'est mon frere de lait; c'est le frère de ma jeune maîtresse, et vous-même vous l'aimez bien.

ANTOINE.

Je ne vous le défends pas ; mais soyez raisonnable.

VICTORINE.

Ah ! cela me faisait de la peine.

ANTOINE.

Allez, vous êtes folle.

VICTORINE.

Je le souhaite... Mais si vous alliez vous informer.

ANTOINE.

Et où dit-on que la querelle a commencé ?

VICTORINE.

Dans un café.

ANTOINE.

Il n'y va jamais.

VICTORINE.

Peut-être par hasard. Ah ! si j'étais homme, j'irais.

ANTOINE.

Il va rentrer à l'instant. Et comment s'informer dans une grande ville ?

SCÈNE II

VICTORINE, ANTOINE, UN DOMESTIQUE DE M. D'ESPARVILLE.

LE DOMESTIQUE.

Monsieur !

ANTOINE.

Que voulez-vous ?

LE DOMESTIQUE.

C'est une lettre pour remettre à monsieur Vanderk.

ANTOINE.

Vous pouvez me la laisser.

LE DOMESTIQUE.

Il faut que je la remette moi-même : mon maître me l'a ordonné.

ANTOINE.

Monsieur n'est pas ici; et, quand il y serait, vous prenez bien votre temps : il est tard.

LE DOMESTIQUE.

Il n'est pas neuf heures.

ANTOINE.

Oui ; mais c'est ce soir même les accords de sa fille. Si ce n'est qu'une lettre d'affaires, je suis son homme de confiance, et je...

LE DOMESTIQUE.

Il faut que je la remette en main propre.

ANTOINE.

En ce cas, passez au magasin et attendez, je vous ferai avertir.

SCÈNE III

VICTORINE, ANTOINE.

VICTORINE.

Monsieur n'est donc pas rentré?

ANTOINE.

Non... Il est retourné chez le notaire.

VICTORINE.

Madame m'envoie vous demander... Ah! je voudrais que vous vissiez mademoiselle avec ses habits de noces; on vient de les essayer : les diamants, le collier, la rivière de diamants! Ah! ils sont beaux! il y en a un gros comme cela... et mademoiselle, ah! comme elle est charmante! Le cher amoureux est en extase. Il est là, il la mange des yeux. On lui a mis du rouge et une mouche ici. Vous ne la reconnaîtriez pas.

ANTOINE.

Sitôt qu'elle a une mouche!

VICTORINE.

Madame m'a dit : « Va demander à ton père si monsieur est revenu, et s'il n'est pas en affaire, et si on peut lui parler. » Je vais vous dire... mais vous n'en parlerez pas... Mademoiselle va se faire annoncer comme une dame de condition sous un autre nom, et je suis sûre que monsieur y sera trompé.

ANTOINE.

Certainement, un père ne reconnaîtra pas sa fille!...

VICTORINE.

Non, il ne la reconnaîtra pas, j'en suis sûre. Quand il arrivera, vous nous avertirez : il y aura de quoi rire. Cependant il n'a pas coutume de rentrer si tard.

ANTOINE.

Qui?

VICTORINE.

Son fils.

ANTOINE.

Tu y penses encore?

VICTORINE.

Je m'en vais : vous nous avertirez. Ah! voilà monsieur. (Elle sort.)

SCÈNE IV

M. VANDERK, ANTOINE, DEUX HOMMES, portant de
l'argent dans des hottes.

M. VANDERK, aux porteurs.

Allez à ma caisse : descendez trois marches et montez-en cinq, au bout du corridor. (Les porteurs sortent.)

ANTOINE.

Je vais les y mener.

M. VANDERK.

Non, reste. Les notaires ne finissent point. (Il pose sa canne, son chapeau; il ouvre un secrétaire.) Au reste, ils ont raison : nous ne voyons que le présent, et ils voient l'avenir. Mon fils est-il rentré ?

ANTOINE.

Non, monsieur... Voici les rouleaux de vingt-cinq louis que j'ai pris à la caisse.

M. VANDERK.

Gardes-en un. Oh çà, mon pauvre Antoine, tu vas demain avoir bien de l'embarras.

ANTOINE.

N'en ayez pas plus que moi.

M. VANDERK.

J'en aurai ma part.

ANTOINE.

Pourquoi ? Reposez-vous sur moi.

M. VANDERK.

Tu ne peux pas tout faire.

ANTOINE.

Je me charge de tout. Imaginez-vous n'être qu'invité.

Vous aurez bien assez d'occupation de recevoir votre monde.

M. VANDERK.

Tu auras un nombre de domestiques étrangers, c'est ce qui m'effraye, surtout ceux de ma sœur.

ANTOINE.

Je le sais.

M. VANDERK.

Je ne veux pas de débauches.

ANTOINE.

Il n'y en aura pas.

M. VANDERK.

Que la table des commis soit servie comme la mienne.

ANTOINE.

Oui, monsieur.

M. VANDERK.

J'irai y faire un tour.

ANTOINE.

Je le leur dirai.

M. VANDERK.

J'y veux recevoir leur santé et boire à la leur.

ANTOINE.

Ils seront charmés.

M. VANDERK.

La table des domestiques sans profusion du côté du vin.

ANTOINE.

Oui.

M. VANDERK.

Un demi-louis à chacun comme présent de noces. Si tu n'as pas assez, avance-le.

ANTOINE.

Bon.

M. VANDERK.

Je crois que voilà tout... Les magasins fermés... que personne n'y entre passé dix heures... Que quelqu'un reste dans les bureaux et ferme la porte en dedans.

ANTOINE.

Ma fille y restera.

M. VANDERK.

Non... il faut que ta fille soit près de sa bonne amie. J'ai entendu parler de quelques fusées, de quelques pétards. Mon fils veut brûler ses manchettes.

ANTOINE.

C'est peu de chose.

M. VANDERK.

Aie toujours soin que les réservoirs soient pleins d'eau.

SCÈNE V

LES MÊMES, VICTORINE. (Elle entre et parle à son père, à l'oreille.)

ANTOINE, à sa fille.

Oui. (Elle sort.)

SCÈNE VI

ANTOINE, M. VANDERK.

ANTOINE.

Monsieur, vous croyez-vous capable d'un grand secret?

M. VANDERK.

Encore quelques fusées, quelques violons?

ANTOINE.

C'est bien autre chose. Une demoiselle qui a pour vous la plus grande tendresse.

M. VANDERK.

Ma fille?

ANTOINE.

Juste. Elle vous demande un tête-à-tête.

M. VANDERK.

Sais-tu pourquoi?

ANTOINE.

Elle vient d'essayer ses diamants, sa robe de noces : on lui a mis un peu de rouge. Madame et elle pensent que vous ne la reconnaîtrez pas. La voici.

SCÈNE VII

LES MÊMES, UN DOMESTIQUE DE M. VANDERK.

LE DOMESTIQUE.

Monsieur, madame la marquise de Vanderville !

M. VANDERK.

Faites entrer. (On ouvre les deux battants.)

SCÈNE VIII

M. VANDERK, ANTOINE, SOPHIE.

SOPHIE, faisant de grandes révérences.

Mon.. Monsieur!...

M. VANDERK.

Madame... Avancez un fauteuil. (Ils s'asseyent — A Antoine.)

ACTE I, SCÈNE VIII

Elle n'est pas mal. (A Sophie.) Puis-je savoir de madame ce qui me procure l'honneur de la voir?

SOPHIE, tremblante.

C'est que... Mon... Monsieur, j'ai... j'ai un papier à vous remettre.

M. VANDERK.

Si madame veut bien me le confier. (Pendant qu'elle cherche, il regarde Antoine.)

ANTOINE.

Ah! monsieur! qu'elle est belle comme cela!

SOPHIE.

Le voici. (M. Vanderk se lève pour prendre le papier.) Ah monsieur, pourquoi vous déranger?

M. VANDERK.

Cela suffit. C'est trente louis. Ah! rien de mieux. Je vais.... (Pendant que M. Vanderk va à son secrétaire, Sophie fait signe à Antoine de ne rien dire.) Ce billet est excellent : il vous est venu par la Hollande?

SOPHIE.

Non.... Oui.

M. VANDERK.

Vous avez raison, madame.... Voici la somme.

SOPHIE.

Monsieur, je suis votre très-humble et très-obéissante servante.

M. VANDERK.

Madame ne compte pas?

SOPHIE.

Ah! mon cher.... non.... Monsieur, vous êtes un si honnête homme ... que.... la réputation.. la renommée dont....

SCÈNE IX

Les précédents, MADAME VANDERK.

SOPHIE.

Ah! maman, papa s'est moqué de moi!

M. VANDERK.

Comment! c'est vous, ma fille?

SOPHIE.

Ah! vous m'aviez reconnue.

MADAME VANDERK, à son mari.

Comment la trouvez-vous ?

M. VANDERK.

Fort bien.

SOPHIE.

Vous ne m'avez seulement pas regardée. Je ne suis pas une voleuse ; et voici votre argent, que vous donnez avec tant de confiance à la première personne.

M. VANDERK.

Garde-le, ma fille. Je ne veux pas que dans toute ta vie tu puisses te reprocher une fausseté, même en badinant. Ton billet, je le tiens pour bon. Garde les trente louis.

SOPHIE.

Ah ! mon cher père !

M. VANDERK.

Vous aurez des présents à faire demain.

SCÈNE X

LES PRÉCÉDENTS, LE GENDRE.

M. VANDERK.

Vous allez, monsieur, épouser une jolie personne. Se faire annoncer sous un faux nom, se servir d'un faux seing pour tromper son père : tout cela n'est qu'un badinage pour elle.

LE GENDRE.

Ah ! monsieur, vous avez à punir deux coupables : je suis complice, et voici la main qui a signé.

M. VANDERK, prenant la main de sa fille et celle de son futur.

Voilà comme je la punis.

LE GENDRE.

Comment récompensez-vous donc ? (Mme Vanderk fait un signe à Sophie.)

SOPHIE, au futur.

Permettez-moi, monsieur, de vous prier....

LE GENDRE.

Commandez.

SOPHIE.

Devinez ce que je veux vous dire.

MADAME VANDERK, à son mari.

Votre fille est dans un grand embarras.

M. VANDERK.

Quel est-il ?

LE GENDRE, à Sophie.

Je voudrais bien vous deviner.... Ah ! c'est de vous laisser ?

SOPHIE.

Oui. (Le gendre sort.)

SCÈNE XI

MONSIEUR ET MADAME VANDERK, SOPHIE.

MADAME VANDERK.

Notre fille se marie demain; elle nous quitte; elle voudrait vous demander....

M. VANDERK.

Ah, madame!

MADAME VANDERK.

Ma fille!

SOPHIE.

Ma mère!.... Ah! mon cher père! je.... (Se disposant à se mettre à genoux, le père la retient.)

M. VANDERK.

Ma fille, épargne à ta mère et à moi l'attendrissement d'un pareil moment. Toutes nos actions ne tendent, jusqu'à présent, qu'à attirer sur toi et sur ton frère toutes les faveurs du ciel. Ne perds jamais de vue, ma fille, que la bonne conduite des père et mère est la bénédiction des enfants.

SOPHIE.

Ah! si jamais je l'oublie....

SCÈNE XII

LES MÊMES, VICTORINE.

VICTORINE.

Le voilà! le voilà!

MADAME VANDERK.

Qui donc? qui donc?

VICTORINE.

Monsieur votre fils.

MADAME VANDERK.

Je vous assure, Victorine, que plus vous avancez en âge, et plus vous extravaguez.

VICTORINE.

Madame?

MADAME VANDERK.

Premièrement, vous entrez ici sans qu'on vous appelle.

VICTORINE.

Mais, madame.....

MADAME VANDERK.

A-t-on coutume d'annoncer mon fils?

SOPHIE.

En vérité, ma bonne amie, vous êtes bien folle.

VICTORINE.

C'est que le voilà.

SCÈNE XIII

LES MÊMES, M. VANDERK FILS. (Il fait de grandes révérences à sa sœur, qu'il ne reconnaît pas.)

SOPHIE.

Ah! nous allons voir... Ah! mon frère ne me reconnaît pas!

M. VANDERK FILS.

Eh! c'est ma sœur! Oh! elle est charmante!

MADAME VANDERK.

Tu la trouves donc bien?

M. VANDERK FILS.

Oui, ma mère.

SCÈNE XIV

Les précédents, LE GENDRE.

LE GENDRE, bas, à Sophie.

M'est-il permis d'approcher? (Au père.) Les notaires sont arrivés. (Il veut donner la main à Sophie; elle indique sa mère.)

SOPHIE.

A ma mère!

LE GENDRE, sentant sa méprise.

Ah!... (Le gendre donne la main à la mère, et sort.)

SCÈNE XV

M. VANDERK FILS, SOPHIE, VICTORINE.

SOPHIE.

Vous me trouvez donc bien?

M. VANDERK FILS.

Très-bien.

SOPHIE.

Et moi, mon frère, je trouve fort mal de ce qu'un jour comme celui-ci vous êtes revenu si tard. Demandez à Victorine.

M. VANDERK FILS.

Mais quelle heure donc?

SOPHIE, lui donnant une montre.

Tenez, regardez.

M. VANDERK FILS.

Il est vrai qu'il est un peu tard. (En considérant la montre.) Je crois qu'elle avance. Elle est jolie. (Il veut la rendre.)

SOPHIE.

Non, mon frère, je veux que vous la gardiez comme un reproche éternel de ce que vous vous êtes fait attendre.

M. VANDERK FILS.

Et moi je l'accepte de bon cœur. Puissé-je, à chaque fois que j'y regarderai, me féliciter de vous savoir heureuse.

SCÈNE XVI

Les mêmes, un domestique.

LE DOMESTIQUE, à Sophie.

Mademoiselle, on vous attend.

SOPHIE.

Ne venez-vous pas, mon frère?

M. VANDERK FILS.

Oui, j'y vais tout à l'heure, je vous suis. (Sophie sort.)

SCÈNE XVII

M. VANDERK FILS, VICTORINE.

VICTORINE.

Vous m'avez bien inquiétée. Une dispute dans un café.

M. VANDERK FILS.

Est-ce que mon père sait cela?

VICTORINE.

Est-ce que cela est vrai?

M. VANDERK FILS.

Non, non, Victorine. (Il entre dans le salon.)

VICTORINE, s'en allant d'un autre côté.

Ah! que cela m'inquiète.

FIN DU PREMIER ACTE.

ACTE DEUXIÈME

SCÈNE I

ANTOINE, LE DOMESTIQUE DE M. D'ESPARVILLE.

ANTOINE.
Où diable étiez-vous donc?
LE DOMESTIQUE.
J'étais dans le magasin.
ANTOINE.
Qui vous y avait envoyé?
LE DOMESTIQUE.
Vous.
ANTOINE.
Et que faisiez-vous là?
LE DOMESTIQUE.
Je dormais.
ANTOINE.
Vous dormiez! Il faut qu'il y ait plus de trois heures.
LE DOMESTIQUE.
Je n'en sais rien : eh bien, votre maître est-il rentré?
ANTOINE.
Bon! on a soupé depuis.
LE DOMESTIQUE.
Enfin, puis-je lui remettre ma lettre?
ANTOINE.
Attendez.

SCÈNE II

Les mêmes, M. VANDERK FILS.

LE DOMESTIQUE. (Voyant entrer M. Vanderk fils.)
N'est-ce pas là lui?

ANTOINE.

Non, non, restez. Parbleu! vous êtes un drôle d'homme de rester dans ce magasin pendant trois heures.

LE DOMESTIQUE.

Ma foi, j'y aurais passé la nuit, si la faim ne m'avait pas réveillé.

ANTOINE.

Venez, venez. (Ils sortent.)

SCÈNE III

M. VANDERK FILS, seul.

Quelle fatalité! je ne voulais pas sortir; il semblait que j'avais un pressentiment. N'importe! un commerçant... un commerçant... au fait, c'est l'état de mon père, et je ne souffrirai jamais qu'on l'humilie. J'aurai tort tant qu'on voudra, mais... Ah, mon père! mon père! un jour de noces! je vois toutes ses inquiétudes, toute sa douleur, le désespoir de ma mère, ma sœur, cette pauvre Victorine, Antoine, toute une famille. Ah! Dieu! que ne donnerai-je pas pour reculer d'un jour, d'un seul jour; reculer... (Le père entre, et le regarde.) Non, certes, je ne reculerai pas. Ah, Dieu! (Il aperçoit son père. Il reprend un air gai.)

SCÈNE IV

M. VANDERK PÈRE, M. VANDERK FILS.

M. VANDERK PÈRE.

Eh! mais, mon fils, quelle pétulance! quels mouvements! que signifie?...

M. VANDERK FILS.

Je déclamais; je... faisais le héros.

M. VANDERK PÈRE.

Vous ne représenteriez pas demain quelque pièce de théâtre, une tragédie?

M. VANDERK FILS.

Non, non, mon père.

M. VANDERK PÈRE.

Faites, si cela vous amuse : mais il faudrait quelques précautions; dites-le-moi; et s'il ne faut pas que je le sache, je ne le saurai pas.

M. VANDERK FILS.

Je vous suis obligé, mon père; je vous le dirais.

M. VANDERK PÈRE.

Si vous me trompez, prenez-y garde : je ferai cabale.

M. VANDERK FILS.

Je ne crains pas cela; mais, mon père, on vient de lire le contrat de mariage de ma sœur : nous l'avons tous signé. Quel nom avez-vous donc pris? et quel nom m'avez-vous fait prendre?

M. VANDERK PÈRE.

Le vôtre.

M. VANDERK FILS.

Le mien! est-ce que celui que je porte?...

M. VANDERK PÈRE.

Ce n'est qu'un surnom.

M. VANDERK FILS.

Vous êtes titré de chevalier, d'ancien baron de Salvières, de Clavières, de... etc.

M. VANDERK PÈRE.

Je le suis.

M. VANDERK FILS.

Vous êtes donc gentilhomme?

M. VANDERK PÈRE.

Oui.

M. VANDERK FILS.

Oui?

M. VANDERK PÈRE.

Vous doutez de ce que je dis?

M. VANDERK FILS.

Non, mon père : mais est-il possible?

M. VANDERK PÈRE.

Il n'est pas possible que je sois gentilhomme!

M. VANDERK FILS.

Je ne dis pas cela. Est-il possible, fussiez-vous le plus pauvre des nobles, que vous ayez pris un état?...

M. VANDERK PÈRE.

Mon fils, lorsqu'un homme entre dans le monde, il est le jouet des circonstances.

M. VANDERK FILS.

En est-il d'assez fortes pour vous faire descendre du rang le plus distingué au rang...

M. VANDERK PÈRE.

Achevez: au rang le plus bas?

M. VANDERK FILS.

Je ne voulais pas dire cela.

M. VANDERK PÈRE.

Écoutez : le compte le plus rigide qu'un père doive à son fils est celui de l'honneur qu'il a reçu de ses ancêtres : asseyez-vous. (Le père s'assied ; le fils prend un siége et s'assied ensuite.) J'ai été élevé par votre bisaïeul ; mon père fut tué fort jeune à la tête de son régiment. Si vous étiez moins raisonnable, je ne vous confierais pas l'histoire de ma jeunesse, et la voici : Votre mère, fille d'un gentilhomme voisin, a été ma seule et unique passion. Dans l'âge où l'on ne choisit pas, j'ai eu le bonheur de bien choisir. Un jeune officier, venu en quartier d'hiver dans la province, trouva mauvais qu'un enfant de seize ans, c'était mon âge, attirât les attentions d'un autre enfant : votre mère n'avait pas douze ans ; il me traita avec une hauteur... Je ne le supportai pas ; nous nous battîmes.

M. VANDERK FILS.

Vous vous battîtes ?

M. VANDERK PÈRE.

Oui, mon fils.

M. VANDERK FILS.

Au pistolet ?

M. VANDERK PÈRE.

Non, à l'épée. Je fus forcé de quitter la province : votre mère me jura une constance qu'elle a eue toute sa vie ; je m'embarquai. Un bon Hollandais, propriétaire du bâtiment sur lequel j'étais, me prit en affection. Nous fûmes attaqués, et je lui fus utile (c'est là où j'ai connu Antoine). Le bon marchand m'associa à son commerce ; il m'offrit sa nièce et sa fortune. Je lui dis mes engagements ; il m'approuve. Il part, il obtient le consentement des parents de votre mere ; il me l'amène avec sa nourrice : c'est cette bonne vieille qui est ici.

12.

Nous nous marions ; le bon Hollandais mourut dans mes bras ; je pris, à sa prière, et son nom et son commerce. Le ciel a béni ma fortune, je ne veux pas être plus heureux ; je suis estimé ; voici votre sœur bien établie, votre beau-frère remplit avec honneur une des premières places dans la robe. Pour vous, mon fils, vous serez digne de moi et de vos aïeux : j'ai déjà remis dans notre famille tous les biens que la nécessité de servir le prince avait fait sortir des mains de vos ancêtres ; ils seront à vous, ces biens ; et si vous pensez que j'aie fait par le commerce une tache à leur nom, c'est à vous de l'effacer ; mais dans un siècle aussi éclairé que celui-ci, ce qui peut procurer la noblesse n'est pas capable de l'ôter.

M. VANDERK FILS.

Ah ! mon père ! je ne le pense pas ; mais le préjugé est malheureusement si fort....

M. VANDERK PÈRE.

Un préjugé ! un tel préjugé n'est rien aux yeux de la raison.

M. VANDERK FILS.

Cela n'empêche pas que le commerce ne soit vu comme un état....

M. VANDERK PÈRE.

Quel état, mon fils, que celui d'un homme qui, d'un trait de plume, se fait obéir d'un bout de l'univers à l'autre ! Son nom, son seing n'a pas besoin, comme la monnaie d'un souverain, que la valeur du métal serve de caution à l'empreinte, sa personne a tout fait ; il a signé, cela suffit.

M. VANDERK FILS.

J'en conviens ; mais....

M. VANDERK PÈRE.

Ce n'est pas un peuple, ce n'est pas une seule nation

qu'il sert ; il les sert toutes, et en est servi : c'est l'homme de l'univers.

M. VANDERK FILS.

Cela peut être vrai ; mais enfin en lui-même qu'a-t-il de respectable ?

M. VANDERK PÈRE.

De respectable! Ce qui légitime dans un gentilhomme les droits de la naissance, ce qui fait la base de ses titres: la droiture, l'honneur, la probité.

M. VANDERK FILS.

Votre seule conduite, mon père....

M. VANDERK PÈRE.

Quelques particuliers audacieux font armer les rois, la guerre s'allume, tout s'embrase, l'Europe est divisée : mais ce négociant anglais, hollandais, russe ou chinois, n'en est pas moins l'ami de mon cœur : nous sommes, sur la surface de la terre, autant de fils de soie qui lient ensemble les nations, et les ramènent à la paix par la nécessité du commerce : voilà, mon fils, ce que c'est qu'un honnête négociant.

M. VANDERK FILS.

Et le gentilhomme donc, et le militaire ?

M. VANDERK PÈRE.

Il n'y a peut-être que deux états au-dessus du commerçant (en supposant qu'il y ait des différences entre ceux qui font le mieux qu'ils peuvent dans le rang où le ciel les a placés); je ne connais que deux états : le magistrat, qui fait parler les lois, et le guerrier, qui défend la patrie.

M. VANDERK FILS.

Je suis donc gentilhomme?

M. VANDERK PÈRE.

Oui, mon fils ; il est peu de bonnes maisons à qui vous ne teniez, et qui ne tiennent à vous.

M. VANDERK FILS.

Pourquoi donc me l'avoir caché ?

M. VANDERK PÈRE.

Par une prudence peut-être inutile : j'ai craint que l orgueil d'un grand nom ne devînt le germe de vos vertus ; j'ai désiré que vous les tinssiez de vous-même. Je vous ai épargné jusqu'à cet instant les réflexions que vous venez de faire, réflexions qui, dans un âge moins avancé, se seraient produites avec plus d'amertume.

M. VANDERK FILS.

Je ne crois pas que jamais....

SCÈNE V

Les mêmes, ANTOINE, le domestique de M. D'ESPARVILLE.

M. VANDERK PÈRE.

Qu'est-ce ?

ANTOINE.

Il y a, monsieur, plus de trois heures qu'il est là. C'est un domestique.

M. VANDERK PÈRE.

Pourquoi faire attendre ? Pourquoi ne pas faire parler ? Son temps peut être précieux ; son maître peut avoir besoin de lui.

ANTOINE.

Je l'ai oublié, on a soupé, il s'est endormi.

LE DOMESTIQUE.

Je me suis endormi ; ma foi, on est las.... las.... Ou diable est-elle à présent ? Cette chienne de lettre me fera damner aujourd'hui.

M. VANDERK PÈRE.

Donnez-vous patience.

LE DOMESTIQUE.

Ah! la voilà! (Pendant que le père lit, le domestique bâille et le fils rêve.)

M. VANDERK PÈRE.

Vous direz à votre maître.... Qu'est-il, votre maître ?

LE DOMESTIQUE.

Monsieur d'Esparville.

M. VANDERK PÈRE.

J'entends ; mais quel est son état ?

LE DOMESTIQUE.

Il n'y a pas longtemps que je suis à lui ; mais il a servi.

M. VANDERK PÈRE.

Servi ?

LE DOMESTIQUE.

Oui, c'est un ancien officier, un officier distingué même.

M. VANDERK PÈRE.

Dites à votre maître, dites à monsieur d'Esparville, que demain, entre trois et quatre heures après-midi, je l'attends ici.

LE DOMESTIQUE

Oui.

M. VANDERK PÈRE.

Dites, je vous en prie, que je suis bien fâché de ne pouvoir lui donner une heure plus prompte, que je suis dans l'embarras.

LE DOMESTIQUE.

Oh! Je sais, je sais... La noce de mademoiselle votre fille, oh! je sais, je sais... (Il tourne du côté du magasin.)

ANTOINE.

Eh bien! où allez-vous? encore dormir?

SCÈNE VI

M. VANDERK PÈRE, M. VANDERK FILS.

M. VANDERK FILS.

Mon père, je vous prie de pardonner à mes réflexions.

M. VANDERK PÈRE.

Il vaut mieux les dire que les taire.

M. VANDERK FILS.

Peut-être avec trop de vivacité.

M. VANDERK PÈRE.

C'est de votre âge : vous allez voir ici une femme qui a bien plus de vivacité que vous sur cet article. Quiconque n'est pas militaire n'est rien.

M. VANDERK FILS.

Qui donc?

M. VANDERK PÈRE.

Votre tante, ma propre sœur ; elle devrait être arrivée ; c'est en vain que je l'ai établie honorablement : elle est veuve à présent et sans enfants ; elle jouit de tous les revenus des biens que je vous ai achetés, je l'ai comblée de tout ce que j'ai cru devoir satisfaire ses vœux : cependant elle ne me pardonnera jamais l'état que j'ai pris ; et lorsque mes dons ne profanent pas ses mains, le nom de frère profanerait ses lèvres : elle est cependant la meilleure de toutes les femmes ; mais voilà comme un honneur de préjugé étouffe les sentiments de la nature et de la reconnaissance.

M. VANDERK FILS.

Mais, mon père, à votre place je ne lui pardonnerais jamais.

M. VANDERK PÈRE.

Pourquoi? Elle est ainsi, mon fils; c'est une faiblesse en elle, c'est de l'honneur mal entendu, mais c'est toujours de l'honneur.

M. VANDERK FILS.

Vous ne m'aviez jamais parlé de cette tante.

M. VANDERK PÈRE.

Ce silence entrait dans mon système à votre égard; elle vit dans le fond du Berri; elle n'y soutient qu'avec trop de hauteur le nom de nos ancêtres; et l'idée de noblesse est si forte en elle, que je ne lui aurais pas persuadé de venir au mariage de votre sœur, si je ne lui avais écrit qu'elle épouse un homme de qualité : encore a-t-elle mis des conditions singulières.

M. VANDERK FILS.

Des conditions!

M. VANDERK PÈRE.

« Mon cher frère, m'écrit-elle, j'irai : mais ne serait-il pas mieux, ne serait-il pas plus convenable que je Le passasse que pour une parente éloignée de votre femme, pour une protectrice de la famille? » Elle appuie cela de tous les mauvais raisonnements qui... J'entends une voiture.

M. VANDERK FILS.

Je vais voir.

SCÈNE VII

M. VANDERK PÈRE, MADAME VANDERK, M. VANDERK FILS, LE GENDRE, SOPHIE, VICTORINE.

MADAME VANDERK.

Voici, je crois, ma belle-sœur.

M. VANDERK PÈRE.

Il faut voir.

SOPHIE.

Voici ma tante.

M. VANDERK PÈRE.

Restez ici, je vais au-devant d'elle.

LE GENDRE.

Vous accompagnerai-je?

M. VANDERK PÈRE.

Non, restez. Victorine, éclairez-moi. (Victorine prend un flambeau, et passe devant.)

SCÈNE VIII

MADAME VANDERK, M. VANDERK FILS, LE GENDRE, SOPHIE.

LE GENDRE.

Eh bien! mon cher frère, vous avez aujourd'hui un petit air sérieux...

M. VANDERK FILS.

Non, je vous assure.

LE GENDRE.

Pensez-vous que votre chère sœur ne sera pas heureuse avec moi?

M. VANDERK FILS.

Je ne doute pas qu'elle le soit.

SOPHIE, à sa mère.

L'appellerai-je ma tante?

MADAME VANDERK.

Gardez-vous-en bien, laissez-moi parler.

SCÈNE IX

Les précédents, M. VANDERK PÈRE, VICTORINE, LA TANTE, un laquais de la tante, en veste, une ceinture de soie, botté, un fouet sur l'épaule, portant la queue de sa maîtresse.

LA TANTE.

Ah! j'ai les yeux éblouis, écartez ces flambeaux... Point d'ordre sur les routes, je devrais être ici il y a deux heures : soyez de condition, n'en soyez pas : une duchesse, une financière, c'est égal... des chevaux terribles, mes femmes ont eu des peurs... (A son laquais.) Laissez ma robe, vous... Ah! c'est madame Vanderk? (Madame Vanderk avance, la salue, et mot de la hauteur.)

MADAME VANDERK.

Madame, voici ma fille que j'ai l'honneur de vous présenter. (La tante fait une révérence protégeante et n'embrasse pas.)

LA TANTE, à M. Vanderk père.

Quel est ce monsieur noir, et ce jeune homme?

M. VANDERK PÈRE.

C'est mon gendre futur.

LA TANTE, en regardant le fils.

Il ne faut que des yeux pour juger qu'il est d'un sang noble.

M. VANDERK PÈRE.

Ne trouvez-vous pas qu'il a quelque chose du grand-père?

LA TANTE.

Mais oui, le front. Il est sans doute avancé dans le service?

M. VANDERK PÈRE.

Non, il est trop jeune.

13

LA TANTE.

Il a sans doute un régiment.

M. VANDERK PÈRE.

Non.

LA TANTE.

Pourquoi donc?

M. VANDERK PÈRE.

Lorsque, par ses services, il aura mérité la faveur de la cour, je suis tout prêt.

LA TANTE.

Vous avez eu vos raisons, il est fort bien; votre fille l'aime sans doute.

M. VANDERK PÈRE.

Oui, ils s'aiment beaucoup.

LA TANTE.

Moi, je me serais peu embarrassée de cet amour-là, et j'aurais voulu que mon gendre eût un rang avant de lui donner ma fille.

M. VANDERK PÈRE.

Il est président.

LA TANTE.

Président! pourquoi porte-t-il l'uniforme?

M. VANDERK PÈRE.

Qui? voici mon gendre futur.

LA TANTE.

Cela! Monsieur est donc de robe?

LE GENDRE.

Oui, madame, et je m'en fais honneur.

LA TANTE.

Monsieur, il y a dans la robe des personnes qui tiennent à ce qu'il y a de mieux.

####### LE GENDRE.

Et qui le sont, madame.

####### LA TANTE, à son frère.

Vous ne m'aviez pas écrit que c'était un homme de robe. (Au gendre.) Je vous fais, monsieur, mon compliment, je suis charmée de vous voir uni à une famille....

####### LE GENDRE.

Madame.

####### LA TANTE.

A une famille à laquelle je prends le plus vif intérêt.

####### LE GENDRE.

Madame.

####### LA TANTE.

Mademoiselle a dans toute sa personne un air, une grâce, une modestie, un sérieux; elle sera dignement madame la présidente. (Regardant le fils.) Et ce jeune monsieur?

####### M. VANDERK PÈRE

C'est mon fils.

####### LA TANTE.

Votre fils! votre fils! vous ne me le dites pas.... C'est mon neveu? Ah! il est charmant, il est charmant! embrassez-moi, mon cher enfant. Ah! vous avez raison, c'est tout le portrait du grand-père; il m'a saisie : ses yeux, son front, l'air noble.... Ah! mon frère, ah! monsieur, je veux l'emmener, je veux le faire connaître dans la province, je le présenterai; ah! il est charmant!

####### MADAME VANDERK.

Madame, voulez-vous passer dans votre appartement?

####### M. VANDERK PÈRE.

On va vous servir.

####### LA TANTE.

Ah! mon lit, mon lit et un bouillon. Ah! il est char-

mant : je le retiens demain pour me donner la main.
Bonsoir, mon cher neveu, bonsoir!

M. VANDERK FILS.

Ma chère tante, je vous souhaite....

SCÈNE X

M. VANDERK FILS, VICTORINE.

M. VANDERK FILS.

Ma chère tante est assez folle.

VICTORINE.

C'est madame votre tante?

M. VANDERK FILS.

Oui, sœur de mon père.

VICTORINE.

Ses domestiques font un train... elle en a quatre, cinq, sans compter les femmes : ils sont d'une arrogance... Madame la marquise par-ci, madame la marquise par-là, elle veut ci, elle entend cela : il semble que tout soit à eux.

M. VANDERK FILS.

Je m'en doute bien.

VICTORINE.

Vous ne la suivez pas, votre chère tante?

M. VANDERK FILS.

J'y vais. Bonsoir, Victorine.

VICTORINE.

Attendez donc.

M. VANDERK FILS

Que veux-tu?

VICTORINE.

Voyons donc votre nouvelle montre.

M. VANDERK FILS.

Tu ne l'as pas vue?

VICTORINE.

Que je la voie encore! Ah! elle est belle! des diamants! à répétition! Il est onze heures sept, huit, neuf, dix minutes, onze heures dix minutes. Demain, à pareille heure... Voulez-vous que je vous dise tout ce que vous ferez demain?

M. VANDERK FILS.

Ce que je ferai?

VICTORINE.

Oui : vous vous lèverez à sept, disons à huit heures; vous descendrez à dix; vous donnerez la main à la mariée; on reviendra à deux heures : on dînera, on jouera; ensuite votre feu d'artifice... pourvu encore que vous ne soyez pas blessé.

M. VANDERK FILS.

Blessé?... Qu'importe!

VICTORINE.

Il ne faut pas l'être.

M. VANDERK FILS.

Cela vaudrait mieux.

VICTORINE.

Je parie que voilà tout ce que vous ferez demain?

M. VANDERK FILS.

Tu serais bien étonnée si je ne faisais rien de tout cela.

VICTORINE.

Que ferez-vous donc?

M. VANDERK FILS.

Au reste, tu peux avoir raison.

VICTORINE.

C'est joli, une montre à répétition; lorsqu'on se réveille, on sonne l'heure : je crois que je me réveillerai exprès.

M. VANDERK FILS.

Eh bien ! je veux qu'elle passe la nuit dans ta chambre, pour savoir si tu te réveilleras.

VICTORINE.

Oh ! non.

M. VANDERK FILS.

Je t'en prie.

VICTORINE.

Si on le savait, on se moquerait de moi.

M. VANDERK FILS.

Qui le dira? tu me la rendras demain au matin.

VICTORINE.

Vous pouvez en être sûr; mais... et vous?

M. VANDERK FILS.

N'ai-je pas ma pendule? et tu me la rendras ?

VICTORINE.

Sans doute.

M. VANDERK FILS.

Qu'à moi.

VICTORINE.

A qui donc?

M. VANDERK FILS.

Qu'à moi.

VICTORINE.

Eh ! mais, sans doute.

M. VANDERK FILS.

Bonsoir, Victorine. Adieu. Bonsoir. Qu'à moi... qu'à moi.

SCÈNE XI

VICTORINE, seule.

Qu'à moi... qu'à moi!... que veut-il dire? Il y a quelque chose d'extraordinaire aujourd'hui : ce n'est pas sa gaieté, son air franc : il rêvait... Si c'était... Non...

SCÈNE XII

ANTOINE, VICTORINE.

ANTOINE, à sa fille.

On vous appelle, on vous sonne depuis une heure. (Victorine sort.)

SCÈNE XIII

ANTOINE, seul.

Quatre ou cinq misérables laquais de condition donnent plus de peine dans une maison que quarante personnes. Nous verrons demain : ce sera un beau bruit. Je n'oublie rien. Non. (Il souffle les bougies et ferme les volets) Allons nous coucher.

SCÈNE XIV

ANTOINE, UN DOMESTIQUE DE M. VANDERK.

ANTOINE.

Quoi?

LE DOMESTIQUE.

Monsieur Antoine, monsieur dit qu'avant de vous coucher vous montiez chez lui par le petit escalier.

ANTOINE.

Oui, j'y vais.

LE DOMESTIQUE.

Bonsoir, monsieur Antoine.

ANTOINE.

Bonsoir, bonsoir.

FIN DU DEUXIEME ACTE.

ACTE TROISIÈME

SCÈNE I

M. VANDERK FILS ET SON DOMESTIQUE entrent en tâtonnant avec précaution. Il fait ouvrir le volet fermé par Antoine pour faire voir qu'il est un peu jour. Il regarde partout. Il doit être en redingote et avoir des bottines.

SCÈNE II

M. VANDERK FILS, SON DOMESTIQUE (il est botté, ainsi que son maître).

M. VANDERK FILS.
Champagne ! va ouvrir le volet. Eh b n, les clés ?

SON DOMESTIQUE.
J'ai cherché partout, sur la fenêtre, derrière la porte ; j'ai tâté le long de la barre de fer, je n'ai rien trouvé : enfin j'ai réveillé le portier.

M. VANDERK FILS.
Eh bien !

SON DOMESTIQUE.
Il dit que monsieur Antoine les a.

M. VANDERK FILS.
Et pourquoi Antoine a-t-il pris ces clés ?

SON DOMESTIQUE.
Je n'en sais rien.

M. VANDERK FILS.
A-t-il coutume de les prendre ?

SON DOMESTIQUE.

Je ne l'ai pas demandé... voulez-vous que j'y aille ?

M. VANDERK FILS.

Non... et nos chevaux ?

SON DOMESTIQUE.

Ils sont dans la cour.

M. VANDERK FILS.

Tiens, mets ces pistolets à l'arçon, et n'y touche pas... As-tu entendu du bruit dans la maison ?

SON DOMESTIQUE.

Non... tout le monde dort ; j'ai cependant vu de la lumière.

M. VANDERK FILS.

Où ?

SON DOMESTIQUE.

Au troisième.

M. VANDERK FILS.

Au troisième ?

SON DOMESTIQUE.

Ah ! c'est dans la chambre de mademoiselle Victorine ; mais c'est sa lampe.

M. VANDERK FILS.

Victorine... Va-t'en.

SON DOMESTIQUE.

Où irai-je ?

M. VANDERK FILS.

Descends dans la cour, écoute, cache les chevaux sous la remise à gauche près du carrosse de ma mère : point de bruit surtout ; il ne faut réveiller personne.

SCÈNE III

M. VANDERK FILS, seul.

Pourquoi Antoine a-t-il pris ces clés? Que vais-je faire? C'est de le réveiller. Je lui dirai : je veux sortir... j'ai des emplettes... j'ai quelques affaires... Frappons : Antoine!... Je n'entends rien... Antoine!... (Prêt à frapper il suspend le coup.) Il va me faire cent questions : Vous sortez de bonne heure ?... quelle affaire avez-vous donc? Vous sortez à cheval, attendez le jour. Je ne veux pas attendre, moi. Donnez-moi les clés. (Il frappe.) Antoine!

SCÈNE IV

M. VANDERK FILS, ANTOINE, dans sa chambre.

ANTOINE.
Qui est là?
M. VANDERK FILS.
Il a répondu. Antoine!
ANTOINE.
Qui peut frapper si matin?
M. VANDERK FILS.
Moi.
ANTOINE.
Ah! monsieur, j'y vais.

SCÈNE V

M. VANDERK FILS, seul.

Il se lève... Rien de moins extraordinaire; j'ai affaire, moi; je sors. Je vais à deux pas : quand j'irais plus loin... Mais vous êtes en bottes? Mais ce cheval? Mais ce domestique?... Eh bien! je vais à deux lieues d'ici; mon père m'a dit de lui faire une commission... Comme l'esprit va chercher bien loin les raisons les plus simples! Ah! je ne sais pas mentir.

SCÈNE VI

M. VANDERK FILS, ANTOINE, son col à la main.

ANTOINE.

Comment, monsieur, c'est vous?

M. VANDERK FILS.

Oui, donne-moi vite les clés de la porte cochère.

ANTOINE.

Les clés?

M. VANDERK FILS.

Oui.

ANTOINE.

Les clés? mais le portier doit les avoir.

M. VANDERK FILS.

Il dit que vous les avez.

ANTOINE.

Ah! c'est vrai: hier au soir... je ne m'en ressouvenais pas. Mais, à propos, monsieur votre père les a.

M. VANDERK FILS.

Mon père! et pourquoi les a-t-il?

ANTOINE.

Demandez-lui; je n'en sais rien.

M. VANDERK FILS.

Il ne les a pas ordinairement.

ANTOINE.

Mais vous sortez de bonne heure?

M. VANDERK FILS.

Il faut qu'il ait eu quelques raisons pour prendre ces clés.

ANTOINE.

Peut-être quelque domestique... ce mariage... Il a appréhendé l'embarras des fêtes... des aubades... Il veut se lever le premier : enfin, que sais-je?

M. VANDERK FILS.

Eh bien, mon pauvre Antoine, rends moi le plus grand.. rends-moi un petit service entre tout doucement, je t'en prie, dans l'appartement de mon père; il aura mis les clés sur quelque table, sur quelque chaise : apporte-les-moi. Prends garde de le réveiller, je serais au désespoir d'avoir été la cause que son sommeil fût troublé.

ANTOINE.

Que n'y allez-vous?

M. VANDERK FILS.

S'il t'entend, tu lui donneras mieux une raison que moi.

ANTOINE, le doigt en l'air.

J'y vais... Ne sortez pas, ne sortez pas.

M. VANDERK FILS.

Je n'ai pas de clés; où veux-tu que j'aille?

ANTOINE.

Ah! c'est vrai! (Il sort.)

SCÈNE VII

M. VANDERK FILS, seul.

Je n'ai pas de clés. J'aurais bien cru qu'il m'aurait fait plus de questions ; Antoine est un bon homme... il se sera bien imaginé... Ah! mon père, mon père!... il dort... il ne sait pas. Ce cabinet, cette maison, tout ce qui frappe mes yeux, m'est plus cher : quitter cela pour toujours, ou pour longtemps, cela fait une peine qui... Ah! le voilà! ciel! c'est mon père!

SCÈNE VIII

M. VANDERK PÈRE, en robe de chambre, M. VANDERK FILS.

M. VANDERK FILS.

Ah! mon père, ah que je suis fâché!... C'est la faute d'Antoine : je le lui avais dit; mais il aura fait du bruit, il vous aura réveillé.

M. VANDERK PÈRE.

Non, je l'étais.

M. VANDERK FILS.

Vous l'étiez! et sans doute que...

M. VANDERK PÈRE.

Vous ne me dites pas bonjour!

M. VANDERK FILS.

Mon père, je vous demande pardon ; je vous souhaite bien le bonjour. Comment avez-vous passé la nuit? Votre santé?

M. VANDERK PÈRE.

Vous sortez de bonne heure!

M. VANDERK FILS.

Oui... je voulais...

M. VANDERK PÈRE.

Il y a des chevaux dans la cour.

M. VANDERK FILS.

C'est pour moi; c'est le mien et celui de mon domestique.

M. VANDERK PÈRE.

Et où allez-vous si matin?

M. VANDERK FILS.

Une fantaisie d'exercice; je voulais faire le tour des remparts... une idée... un caprice qui m'a pris tout d'un coup ce matin.

M. VANDERK PÈRE.

Dès hier vous aviez dit qu'on tînt vos chevaux prêts. Victorine l'a su de quelqu'un, d'un homme de l'écurie, et vous aviez l'idée de sortir.

M. VANDERK FILS.

Non, pas absolument.

M. VANDERK PÈRE.

Non, mon fils, vous avez quelque dessein.

M. VANDERK FILS.

Quel dessein voudriez-vous que j'eusse?

M. VANDERK PÈRE.

C'est moi qui vous le demande.

M. VANDERK FILS.

Je vous assure, mon père...

M. VANDERK PÈRE.

Mon fils, jusqu'à cet instant, je n'ai connu en vous ni détours, ni mensonge; si ce que vous me dites est vrai, répétez-le moi, et je vous croirai... Si ce sont quelques raisons, quelques folies de votre âge, de ces niaiseries qu'un père peut soupçonner, mais ne doit jamais savoir, quelque peine que cela me fasse, je n'exige pas une confidence dont nous rougirions l'un et l'autre : voici les clés, sortez.. (Le fils tend la main et les prend.) Mais, mon fils, si cela pouvait intéresser votre repos et le mien et celui de votre mère?...

M. VANDERK FILS.

Ah! mon père !

M. VANDERK PÈRE.

Il n'est pas possible qu'il y ait rien de déshonorant dans ce que vous allez faire.

M. VANDERK FILS.

Ah ! bien plutôt ..

M. VANDERK PÈRE.

Achevez.

M. VANDERK FILS.

Que me demandez-vous? Ah! mon père, vous me l'avez dit hier . vous avez été insulté ; vous étiez jeune ; vous vous êtes battu : vous le feriez encore. Ah! que je suis malheureux! je sens que je vais faire le malheur de votre vie. Non..., jamais!.. Quelle leçon!... Vous pouvez m'en croire : si la fatalité...

M. VANDERK PÈRE.

Insulté... battu... le malheur de ma vie!... Mon fils, causons ensemble, et ne voyez en moi qu'un ami.

M. VANDERK FILS.

S'il était possible que j'exigeasse de vous un serment.... Promettez-moi que, quelque chose que je vous dise, votre bonté ne me détournera pas de ce que je dois faire.

M. VANDERK PÈRE.

Si cela est juste.

ACTE III, SCENE VIII.

M. VANDERK FILS.

Juste ou non.

M. VANDERK PÈRE.

Ou non?

M. VANDERK FILS.

Ne vous alarmez pas. Hier au soir, j'ai eu quelque altercation, une dispute avec un officier de cavalerie... Nous sommes sortis : on nous a séparés... Parole aujourd'hui.

M. VANDERK PÈRE, en s'appuyant sur le dos d'une chaise.

Ah! mon fils!

M. VANDERK FILS.

Mon père, voilà ce que je craignais.

M. VANDERK PÈRE, avec fermeté.

Je suis bien loin de vous détourner de ce que vous avez à faire. (Douloureusement.) Vous êtes militaire, et quand on a pris un engagement vis-à-vis du public, on doit le tenir, quoi qu'il en coûte à la raison, et même à la nature.

M. VANDERK FILS.

Je n'ai pas besoin d'exhortation.

M. VANDERK PÈRE.

Je le crois, et puis-je savoir de vous un détail plus étendu de votre querelle et de ce qui l'a causée, enfin de tout ce qui s'est passé?

M. VANDERK FILS.

Ah! comme j'ai fait ce que j'ai pu pour éviter votre présence!

M. VANDERK PÈRE.

Vous fait-elle du chagrin?

M. VANDERK FILS.

Ah! jamais, jamais je n'ai eu tant besoin d'un ami, et surtout de vous.

M. VANDERK PÈRE.

Enfin, vous avez eu dispute.

M. VANDERK FILS.

L'histoire n'est pas longue. La pluie qui est survenue hier m'a forcé d'entrer dans un café. Je jouais une partie d'échecs : j'entends à quelques pas de moi quelqu'un qui parlait avec chaleur... Il racontait je ne sais quoi de son père, d'un marchand, d'un escompte de billets ; mais je suis certain d'avoir entendu très-distinctement : « Oui, tous ces négociants, tous ces commerçants sont des fripons, sont des misérables! » Je me suis retourné, je l'ai regardé : lui, sans nul égard, sans nulle attention, a répété le même discours. Je lui ai dit à l'oreille qu'il n'y avait qu'un malhonnête homme qui pût tenir de pareils propos : nous sommes sortis ; on nous a séparés.

M. VANDERK PÈRE.

Vous me permettrez de vous dire...

M. VANDERK FILS.

Ah! je sais, mon père, tous les reproches que vous pouvez me faire : cet officier pouvait être dans un instant d'humeur : ce qu'il disait pouvait ne pas me regarder : lorsqu'on dit tout le monde, on ne dit personne ; peut-être même ne faisait-il que raconter ce qu'on lui avait dit, et voilà mon chagrin, voilà mon tourment. Mon retour sur moi-même a fait mon supplice : il faut que je cherche à égorger un homme qui peut n'avoir pas tort. Je crois cependant qu'il l'a dit parce que j'étais présent.

M. VANDERK PÈRE.

Vous le désirez : vous connaît-il?

M. VANDERK FILS.

Je ne le connais pas.

M. VANDERK PÈRE.

Et vous cherchez querelle! Je n'ai rien à vous prescrire.

M. VANDERK FILS.

Mon père, soyez tranquille.

M. VANDERK PÈRE.

Ah! mon fils, pourquoi n'avez-vous pas pensé que vous aviez votre père? Je pense si souvent que j'ai un fils!

M. VANDERK FILS.

C'est parce que j'y pensais.

M. VANDERK PÈRE.

Et dans quelle incertitude, dans quelle peine jetiez-vous aujourd'hui votre mère et moi?

M. VANDERK FILS.

J'y avais pourvu.

M. VANDERK PÈRE.

Comment?

M. VANDERK FILS.

J'avais laissé sur ma table une lettre adressée à vous; Victorine vous l'aurait donnée.

M. VANDERK PÈRE.

Est-ce que vous vous êtes confié à Victorine?

M. VANDERK FILS.

Non; mais elle devait rapporter quelque chose sur ma table, et elle l'aurait vue.

M. VANDERK PÈRE.

Et quelles précautions aviez-vous prises contre la juste rigueur des lois?

M. VANDERK FILS.

La fuite.

M. VANDERK PÈRE.

Remontez à votre appartement; apportez-moi cette lettre; je vais écrire pour votre sûreté, si le ciel vous conserve. Ah! peut-on l'implorer pour un meurtre, et peut-être pour deux?...

M. VANDERK FILS.

Que je suis malheureux !

M. VANDERK PÈRE.

Passez dans la chambre de votre mère.. dites-lui... Non, il vaut mieux qu'il y ait quelques heures de plus qu'elle ne vous ait vu. Ah! ciel! (M. Vanderk fils sort.)

SCÈNE IX

M. VANDERK PERE, seul.

Infortuné! comme on doit peu compter sur le bonheur présent! je me suis couché le plus heureux des pères, et me voilà.... (Il se met à son secrétaire et il écrit.) Antoine... je ne puis avoir trop de confiance... (Antoine entre.) Ah! pourvu que je le revoie! (Il écrit.) Ah! si son sang coulait pour son roi ou pour sa patrie; mais...

SCÈNE X

M. VANDERK PÈRE, ANTOINE.

ANTOINE.

Que voulez-vous?

M. VANDERK PÈRE.

Ce que je veux? ah! qu'il vive!

ANTOINE.

Monsieur.

M. VANDERK PÈRE.

Je ne t'ai pas entendu entrer.

ANTOINE.

Vous m'avez appelé.

M. VANDERK PÈRE.

Antoine, je connais ta discrétion, ton affection pour moi et pour mon fils; il sort pour se battre.

ANTOINE.

Se battre ! Contre qui ? Je vais...

M. VANDERK PÈRE.

Cela est inutile.

ANTOINE.

Tout le quartier va le défendre; je vais réveiller...

M. VANDERK PÈRE.

Non, ce n'est pas...

ANTOINE.

Vous me tueriez plutôt que de...

M. VANDERK PÈRE.

Tais-toi, il est encore ici; le voici; laisse-nous. (Antoine sort.)

SCÈNE XI

M. VANDERK PÈRE, M. VANDERK FILS.

M. VANDERK FILS, une lettre à la main.

Je vais vous la lire !

M. VANDERK PÈRE.

Non, donnez. Et quelle est votre marche ? Le lieu ? l'instant ?

M. VANDERK FILS.

Je n'ai voulu sortir d'aussi bonne heure que pour

ne pas manquer à ma parole. J'ai redouté l'embarras d'aujourd'hui et de me trouver engagé de façon à ne pouvoir m'échapper. Ah! comme j'aurais voulu retarder d'un jour!

M. VANDERK PÈRE.

Eh bien?

M. VANDERK FILS.

Sur les trois heures après midi, nous nous rencontrerons derrière les petits remparts.

M. VANDERK PÈRE.

Et d'ici à trois heures, ne pouviez-vous rester?

M. VANDERK FILS.

Oh! mon père, imaginez...

M. VANDERK PÈRE.

Vous avez raison, je n'y pensais pas. Tenez, voici des lettres pour Calais et pour l'Angleterre. Vous avez des relais. Puissiez-vous en avoir besoin.

M. VANDERK FILS.

Mon père!

M. VANDERK PÈRE.

Ah! mon fils!... on commence à remuer dans la maison, adieu!

M. VANDERK FILS.

Adieu, mon père, embrassez pour moi... (Son père le repousse avec tendresse et ne l'embrasse pas. Le fils fait quelques pas pour sortir; il se retourne et tend les bras à son père qui lui fait signe de partir. M. Vanderk fils sort.)

SCÈNE XII

M. VANDERK PERE, seul.

Ah! mon fils, fouler aux pieds la raison, la nature et les lois! Préjugé funeste! abus cruel du point d'honneur! tu ne pouvais avoir pris naissance que dans les temps les plus barbares; tu ne pouvais subsister qu'au milieu d'une nation vaine et pleine d'elle-même, qu'au milieu d'un peuple dont chaque particulier compte sa personne pour tout, et sa patrie et sa famille pour rien. Et vous, lois sages, mais insuffisantes, vous avez désiré mettre un frein à l'honneur; vous avez ennobli l'échafaud; votre sévérité n'a servi qu'à froisser le cœur d'un honnête homme entre l'infamie et le supplice. Ah! mon fils!

SCÈNE XIII

M. VANDERK PÈRE, ANTOINE.

ANTOINE.

Vous l'avez laissé partir!

M. VANDERK PÈRE.

Que rien ne transpire ici?

ANTOINE.

Il est déjà jour chez madame, et s'il allait monter chez elle!...

M. VANDERK PÈRE.

Il est parti... Viens, suis-moi, je vais m'habiller.

FIN DU TROISIÈME ACTE.

ACTE QUATRIÈME

SCÈNE I

VICTORINE, seule.

Je le cherche partout. Qu'est-il devenu? Cela me passe. Il ne sera jamais prêt, il n'est pas habillé. Ah ! que je suis fâchée de m'être embarrassée de sa montre ! Je l'ai vu toute la nuit qui me disait : « Qu'à moi, qu'à moi, qu'à moi ! » Il est sorti de bien bonne heure, et à cheval ; mais si c'était cette dispute, et s'il était vrai qu'il fût allé... Ah ! j'ai un pressentiment ; mais que risqué-je d'en parler ? J'en vais parler à monsieur. Je parierais que c'est ce domestique qui s'est endormi hier au soir ; il avait une mauvaise physionomie, il lui aura donné un rendez-vous. Ah !

SCÈNE II

M. VANDERK PERE, VICTORINE.

VICTORINE.

Monsieur, on est bien inquiet. Madame la marquise dit : « Mon neveu est-il habillé? qu'on l'avertisse. Est-il prêt ? Pourquoi ne l'ai-je pas vu? pourquoi ne vient-il pas ? »

M. VANDERK PÈRE.

Mon fils?

VICTORINE.

Oui, monsieur, je l'ai demandé, je l'ai fait chercher ;

je ne sais s'il est sorti, ou s'il n'est pas sorti; mais je ne l'ai pas trouvé.

M. VANDERK PÈRE.

Il est sorti.

VICTORINE.

Vous savez donc, monsieur, qu'il est dehors?

M. VANDERK PÈRE.

Oui, je le sais. Voyez si tout le monde est prêt; pour moi, je le suis. Où est votre père?

VICTORINE fait un pas et revient.

Avez-vous vu, monsieur, hier, un domestique qui voulait parler à vous ou à monsieur votre fils?

M. VANDERK PÈRE.

Un domestique? c'était à moi. J'ai donné ma parole à son maître pour aujourd'hui; vous faites bien de m'en faire ressouvenir.

VICTORINE, à part.

Il faut que ce ne soit pas cela. Tant mieux, puisque monsieur sait où il est.

M. VANDERK PÈRE.

Voyez donc où est votre père.

VICTORINE.

J'y cours.

SCÈNE III

M. VANDERK PÈRE, seul.

Au milieu de la joie la plus légitime... Antoine ne vient point... Je voyais devant moi toutes les misères humaines... Je m'y tenais préparé... La mort même... Mais ceci... Et que dire? Ah! ciel!

14

SCÈNE IV

M. VANDERK PÈRE, LA TANTE.

M. VANDERK PÈRE, ayant repris un air serein.

Eh bien! ma sœur, puis-je enfin me livrer au plaisir de vous revoir?

LA TANTE.

Mon frère, je suis très en colère; vous gronderez après, si vous voulez.

M. VANDERK PÈRE.

J'ai tout lieu d'être fâché contre vous.

LA TANTE.

Et moi contre votre fils.

M. VANDERK PÈRE.

J'ai cru que les droits du sang n'admettaient point de ces ménagements, et qu'un frère...

LA TANTE.

Et moi, qu'une sœur comme moi mérite de certains égards.

M. VANDERK PÈRE.

Quoi! vous aurait-on manqué en quelque chose?

LA TANTE.

Oui, sans doute.

M. VANDERK PÈRE.

Qui?

LA TANTE.

Votre fils.

M. VANDERK PÈRE.

Mon fils! Et quand peut-il vous avoir désobligée?

LA TANTE.

A l'instant.

M. VANDERK PÈRE.

A l'instant !

LA TANTE.

Oui, mon frère, à l'instant ; il est bien singulier que mon neveu, qui doit me donner la main aujourd'hui, ne soit pas ici, et qu'il sorte.

M. VANDERK PÈRE.

Il est sorti pour une affaire indispensable.

LA TANTE.

Indispensable ! indispensable ! votre sang-froid me tue. Il faut me le trouver, mort ou vif ; c'est lui qui me donne la main.

M. VANDERK PÈRE.

Je compte vous la donner s'il le faut.

LA TANTE.

Vous ? Au reste, je le veux bien, vous me ferez honneur. Oh ça ! mon frère, parlons raison : il n'y a point de choses que je n'aie imaginées pour mon neveu, quoiqu'il soit malhonnête à lui d'être sorti. Il y a près mon château, ou plutôt près du vôtre, et je vous en rends grâces, il y a un certain fief qui a été enlevé à la famille en 1574, mais il n'est pas rachetable.

M. VANDERK PÈRE.

Soit.

LA TANTE.

C'est un abus ; mais c'est fâcheux.

M. VANDERK PÈRE.

Cela peut être ; allons rejoindre...

LA TANTE.

Nous avons le temps. Il faut repeindre les vitraux de la chapelle ; cela vous étonne ?

M. VANDERK PÈRE.

Nous parlerons de cela.

LA TANTE.

C'est que les armoiries sont écartelées d'Aragon, et que le lambel...

M. VANDERK PÈRE.

Ma sœur, vous ne partez pas aujourd'hui?

LA TANTE.

Non, je vous assure.

M. VANDERK PÈRE.

Eh bien ! nous en parlerons demain.

LA TANTE.

C'est que cette nuit j'ai arrangé pour votre fils, j'ai arrangé des choses étonnantes : il est aimable ! il est aimable! Nous avons dans la province la plus riche héritière ; c'est une Cramont-Balliere de la Tour d'Agon : vous savez ce que c'est, elle est même parente de votre femme ; votre fils l'épouse, j'en fais mon affaire : vous ne paraîtrez pas, vous ; je le propose, je le marie Il ira à l'armée, et moi, je reste avec sa femme, avec ma nièce, et j'élève ses enfants.

M. VANDERK PÈRE.

Eh ! ma sœur.

LA TANTE.

Ce sont les vôtres, mon frère.

M. VANDERK PÈRE

Entrons dans le salon, sans doute on nous attend.

SCÈNE V

Les précédents, ANTOINE.

M. VANDERK PÈRE, à Antoine qui entre.

Antoine, reste ici.

LA TANTE, en s'en allant.

Je vois qu'il est heureux, mais très-heureux pour mon neveu que je sois venue ici. Vous, mon frère, vous avez perdu toute idée de noblesse, de grandeur... le commerce rétrécit l'âme, mon frère. Cet enfant! ce cher enfant! mais c'est que je l'aime de tout mon cœur.

SCÈNE VI

ANTOINE, seul.

Oui, ma résolution est prise : comment! peut-être un misérable! un drôle...

SCÈNE VII

ANTOINE, VICTORINE.

ANTOINE.

Qu'est-ce que tu demandes?

VICTORINE.

J'entrais.

ANTOINE.

Je n'aime pas tout cela, toujours sur mes talons... c'est bien étonnant ; la curiosité, la curiosité... Mademoiselle, voilà peut-être le dernier conseil que je vous donnerai de ma vie; mais la curiosité dans une fille ne peut que la tourner à mal.

VICTORINE.

Eh! mais... je venais vous dire...

ANTOINE.

Va-t'en, va-t'en! Écoute, sois sage, et vis toujours honnêtement, et tu ne pourras manquer...

VICTORINE, à part.

Qu'est-ce que cela veut dire?

SCÈNE VIII

Les précédents, M. VANDERK PÈRE.

M. VANDERK PÈRE.

Sortez, Victorine, laissez-nous, et fermez la porte.

SCÈNE IX

M. VANDERK PÈRE, ANTOINE.

M. VANDERK PÈRE.

Avez-vous dit au chirurgien de ne pas s'éloigner?

ANTOINE.

Non.

M. VANDERK PÈRE.

Non!

ANTOINE.

Non, non...

M. VANDERK PÈRE.

Pourquoi?

ANTOINE.

Pourquoi? C'est que monsieur votre fils ne se battra pas.

M. VANDERK PÈRE.

Qu'est-ce que cela veut dire?

ANTOINE.

Monsieur, monsieur, un gentilhomme, un militaire, un diable, fût-ce un capitaine de vaisseau du roi, c'est ce qu'on voudra, mais il ne se battra pas, vous dis-je : ce ne peut être qu'un malhonnête homme, un assassin : il lui a cherché querelle, il croit le tuer, il ne le tuera pas.

M. VANDERK PÈRE.

Antoine!

ANTOINE.

Non, monsieur, il ne le tuera pas, j'y ai regardé.... je sais par où il doit venir, je l'attendrai, je l'attaquerai, il m'attaquera, je le tuerai, ou il me tuera; s'il me tue, il sera plus embarrassé que moi; si je le tue, monsieur, je vous recommande ma fille. Au reste, je n'ai pas besoin de vous la recommander.

M. VANDERK PÈRE.

Antoine, ce que vous dites est inutile, et jamais...

ANTOINE.

Vos pistolets! vos pistolets! vous m'avez vu, vous m'avez vu sur ce vaisseau, il y a longtemps. Qu'importe, morbleu! en fait de valeur, il ne faut qu'être homme, et des armes.

M. VANDERK PÈRE.

Eh! mais, Antoine!

ANTOINE.

Monsieur! Ah! mon cher maître! un jeune homme d'une si belle espérance; ma fille me l'avait dit, et l'embarras d'aujourd'hui, et la noce, et tout ce monde : à l'instant même... les clés du magasin! je les emportais. (Il remet les clés à M. Vanderk.) Ah! j'en deviendrai fou! ah! dieux!

M. VANDERK PÈRE.

Il me brise le cœur... Écoutez-moi ! je vous dis de m'écouter.

ANTOINE.

Oui, monsieur.

M. VANDERK PÈRE.

Croyez-vous que je n'aime pas mon fils plus que vous ne l'aimez?

ANTOINE.

Et c'est à cause de cela, vous en mourrez.

M. VANDERK PÈRE.

Non.

ANTOINE.

Ah ! ciel !

M. VANDERK PÈRE.

Antoine, vous manquez de raison; je ne vous conçois pas aujourd'hui... écoutez-moi.

ANTOINE.

Monsieur.

M. VANDERK PÈRE.

Écoutez-moi, vous dis-je, rappellez toute votre présence d'esprit, j'en ai besoin; écoutez avec attention ce que je vais vous confier. On peut venir à l'instant, et je ne pourrais plus vous parler... Crois-tu, mon pauvre Antoine, crois-tu mon vieux camarade, que je sois insensible ? N'est-ce pas mon fils? n'est-ce pas lui l'avenir, le bonheur de ma vieillesse? Et ma femme. Ah ! quel chagrin ! sa santé faible; mais c'est sans remède; le préjugé qui afflige notre nation rend son malheur inevitable.

ANTOINE.

Eh ! ne pouviez-vous accommoder cette affaire ?

M. VANDERK PÈRE.

L'accommoder! Et si mon fils eût hésité, s'il eût molli, si cette cruelle affaire s'était accommodée, combien s'en préparait-il dans l'avenir? Il n'est point de demi-brave, il n'est point de petit homme qui ne cherchât à le tâter; il lui faudrait dix affaires heureuses pour faire oublier celle-ci. Elle est affreuse dans tous ses points; car il a tort.

ANTOINE.

Il a tort!

M. VANDERK PÈRE.

Une étourderie...

ANTOINE.

Une étourderie!

M. VANDERK PÈRE.

Oui. Mais ne perdons pas le temps en vaines discussions. Antoine!

ANTOINE.

Monsieur?

M. VANDERK PÈRE.

Exécutez de point en point ce que je vais vous dire.

ANTOINE.

Oui, monsieur.

M. VANDERK PÈRE.

Ne passez mes ordres en aucune manière, songez qu'il y va de l'honneur de mon fils et du mien : c'est vous dire tout. Je ne peux me confier qu'à vous, et je me fie à votre âge, à votre expérience, et je peux dire à votre amitié. Rendez-vous au lieu où ils doivent se rencontrer, derrière les petits remparts... Déguisez-vous de façon à n'être pas reconnu; tenez-vous-en le plus loin que vous pourrez... ne soyez, s'il est possible, reconnu en aucune manière. Si mon fils a le bonheur cruel de tuer son adversaire, montrez-vous alors; il sera agité, il sera égaré, verra mal... voyez pour lui, portez sur lui toute votre attention ; veillez à sa fuite, donnez-lui votre cheval, faites ce qu'il vous dira, faites ce 'que la prudence vous conseillera. Lui parti, portez sur-le-champ tous vos soins à son adversaire, s'il respire encore ; emparez-vous de ses derniers moments, donnez-lui tous les secours qu'exige l'humanité ; expiez autant qu'il est en vous le crime auquel je participe, puisque... puisque... cruel honneur !... Mais, Antoine, si le ciel me punit autant que je dois l'être, s'il dispose de mon fils... je suis père, et je crains mes premiers mouvements ; je suis père, et cette fête, cette noce... ma femme... sa santé... moi-même... alors tu accourras : mais comme ta présence m'en dirait trop, aie cette attention... aie-la pour moi, je t'en supplie... Tu frapperas trois coups à la porte de la basse-cour, trois coups distinctement, et tu te rendras, ici, dedans ce cabinet : tu ne parleras à personne, mes chevaux seront mis, nous y courrons.

ANTOINE.

Mais, monsieur....

M. VANDERK PÈRE.

Voici quelqu'un : eh, c'est sa mère !

SCÈNE X

ANTOINE, MADAME VANDERK, M. VANDERK PÈRE.

MADAME VANDERK.

Ah ! mon cher ami, tout le monde est prêt ; voici vos gants, Antoine. Eh ! comme te voilà fait ! tu aurais bien dû te mettre en noir, te faire beau le jour du mariage de ma fille. Je ne te pardonne pas cela.

ANTOINE.

C'est que..., madame... Je vais en affaire. Oui, oui... madame.

ACTE IV, SCÈNE XI.

M. VANDERK PÈRE.

Allez, allez, Antoine; faites ce que je vous ai dit.

ANTOINE.

Oui, monsieur.

M. VANDERK PÈRE.

N'oubliez rien.

ANTOINE.

Oui, monsieur.

MADAME VANDERK.

Antoine!

ANTOINE.

Madame?

MADAME VANDERK.

Ah! si tu trouves mon fils, je t'en prie, dis-lui qu'il ne tarde pas.

ANTOINE.

Oui, madame.

M. VANDERK PÈRE.

Allez. Antoine, allez. (Antoine et M. Vanderk se regardent. Antoine sort.)

SCÈNE XI

MADAME VANDERK, M. VANDERK PÈRE.

MADAME VANDERK.

Antoine a l'air bien effarouché.

M. VANDERK PÈRE.

Tout ceci l'occupe et le dérange.

MADAME VANDERK.

Ah! mon ami! faites-moi compliment; il y a plus de deux ans que je ne me suis si bien portée... Ma fille...

mon gendre!... toute cette famille est si respectable, si
honnête! la bonne robe est sage comme les lois. Mais,
mon ami, j'ai un reproche à vous faire, et votre sœur a
raison : vous donnez aujourd'hui de l'occupation à votre
fils, vous l'envoyez je ne sai en quel endroit; au reste,
vous le savez; il faut cependant que ce soit très-loin,
car je suis sûre qu'il ne s'est point amusé : et lorsqu'il va
revenir, il ne pourra nous rejoindre. Victorine a dit à
ma fille qu'il n'était pas habillé, et qu'il était monté à
cheval.

M. VANDERK PÈRE, lui prenant la main affectueusement.

Laissez-moi respirer, et permettez-moi de ne penser qu'à votre satisfaction; votre santé me fait le plus grand plaisir : nous avons tellement besoin de nos forces, l'adversité est si près de nous... La plus grande félicité est si peu stable, si peu... Ne faisons point attendre, on doit nous trouver de moins dans la compagnie. La voici.

SCÈNE XII

Les précédents, SOPHIE, LE GENDRE, LA TANTE.

M. VANDERK PÈRE.

Allons, belle jeunesse. Madame, nous avons été ainsi.
Puissiez-vous, mes enfants, voir un pareil jour, (A part.)
et plus beau que celui-ci.

FIN DU QUATRIEME ACTE.

ACTE CINQUIÈME

SCENE I

VICTORINE, se retournant vers la coulisse d'où elle sort.

Monsieur Antoine, monsieur Antoine, monsieur Antoine! le maître d'hôtel, les gens, les commis, tout le monde demande monsieur Antoine. Il faut que j'aie la peine de tout. Mon père est bien étonnant : je le cherche partout; je ne le trouve nulle part. Jamais ici il n'y a eu tant de monde, et jamais... Eh quoi!... hein?.. Antoine, Antoine! Eh bien, qu'ils appellent. Cette cérémonie que je croyais si gaie, grand Dieu, comme elle est triste! Mais lui, ne pas se trouver au mariage de sa sœur; et, d'un autre côté... aussi mon pere, avec ses raisons... « Sois sage, sois sage, et tu ne pourras manquer...» Où est-il allé? Je...

SCÈNE II

M. D'ESPARVILLE PÈRE, VICTORINE.

M. D'ESPARVILLE PÈRE.

Mademoiselle, puis-je entrer?

VICTORINE.

Monsieur, vous êtes sans doute de la noce. Entrez dans le salon.

M. D'ESPARVILLE PÈRE.

Je n'en suis pas, mademoiselle, je n'en suis pas.

VICTORINE.

Ah, monsieur ! si vous n'en êtes pas, pour quelle rai-
on?...

M. D'ESPARVILLE PÈRE.

Je viens pour parler à monsieur Vanderk.

VICTORINE.

Lequel ?

M. D'ESPARVILLE PÈRE.

Mais le négociant. Est-ce qu'il y a deux négociants
de ce nom-là ? C'est celui qui demeure ici.

VICTORINE.

Ah ! monsieur, quel embarras ! Je vous assure que je
ne sais comment monsieur pourra vous parler au milieu
de tout ceci ; et même on serait à table, si on n'atten-
dait pas quelqu'un qui se fai bien attendre.

M. D'ESPARVILLE PÈRE.

Mademoiselle, monsieur Vanderk m'a donné parole
ici aujourd'hui, à cette heure.

VICTORINE.

Il ne savait donc pas l'embarras...

M. D'ESPARVILLE PÈRE.

Il ne savait pas, il ne savait pas... C'est hier au soir
qu'il me l'a fait dire.

VICTORINE.

J'y vais donc... si je peux l'aborder ; car il répond à
l'un, il répond à l'autre. Je dirai... Qu'est-ce que je
dirai ?

M. D'ESPARVILLE PÈRE.

Dites que c'est quelqu'un qui voudrait lui parler, que
c'est quelqu'un à qui il a donné parole à cette heure-ci,
sur une lettre qu'il en a reçue. Ajoutez que... Non..
dites-lui seulement cela.

VICTORINE.

J'y vais... quelqu'un !... Mais, monsieur, permettez-moi de vous demander votre nom.

M. D'ESPARVILLE PÈRE.

Il le sait bien peu. Dites, au reste, que c'est M. d'Esparville ; que c'est le maître d'un domestique...

VICTORINE.

Ah ! je sais, un homme qui avait un visage... qui avait un air... Hier au soir... J'y vais, j'y vais.

SCÈNE III

D'ESPARVILLE PÈRE, seul.

Que de raisons ! Parbleu ! ces choses-là sont bien faites pour moi. Il faut que cet homme marie justement sa fille aujourd'hui, le jour, le même jour que j'ai à lui parler : c'est fait exprès; oui, c'est fait exprès pour moi ; enfin, ces choses-là n'arrivent qu'à moi. Peste soit des enfants ! je ne veux plus m'embarrasser de rien. Je vais me retirer dans ma province. « Mais, mon père, mon père... — Mais, mon fils, va te promener : j'ai fait mon temps, fais le tien. » Ah ! c'est apparemment notre homme. Encore un refus que je vais essuyer.

SCÈNE IV

M. D'ESPARVILLE PÈRE, M. VANDERK PÈRE.

M. D'ESPARVILLE PÈRE.

Monsieur, monsieur, je suis fâché de vous déranger. Je sais tout ce qui vous arrive. Vous mariez votre fille.

Vous êtes à l'instant en compagnie : mais un mot, un seul mot.

M. VANDERK PÈRE.

Et moi, monsieur, je suis fâché de ne vous avoir pas donné une heure plus prompte. On vous a peut-être fait attendre. J'avais dit à quatre heures, et il est trois heures seize minutes. Monsieur, asseyez-vous.

M. D'ESPARVILLE PÈRE.

Non, parlons debout, j'aurai bientôt dit. Monsieur, je crois que le diable est après moi. J'ai depuis quelque temps besoin d'argent, et encore plus depuis hier, pour la circonstance la plus pressante, et que je ne peux pas dire. J'ai une lettre de change, bonne, excellente : c'est, comme disent vos marchands, c'est de l'or en barre ; mais elle sera payée quand ? je n'en sais rien : ils ont des usages, des usances, des termes que que je ne comprends pas. J'ai été chez plusieurs de vos confrères, des juifs, des arabes, pardonnez-moi le terme ; oui, des arabes. Ils m'ont demandé des remises considérables, parce qu'ils voient que j'en ai besoin. D'autres m'ont refusé tout net. Mais que je ne vous retarde point. Pouvez-vous m'avancer le payement de ma lettre de change, ou ne le pouvez-vous pas ?

M. VANDERK PÈRE.

Puis-je la voir ?

M. D'ESPARVILLE PÈRE.

La voilà... (Pendant que M. Vanderk lit.) Je payerai tout ce qu'il faudra. Je sais qu'il y a des droits. Faut-il le quart ? faut-il.... J'ai besoin d'argent.

M. VANDERK PÈRE, sonne.

Monsieur, je vais vous la faire payer.

M. D'ESPARVILLE PÈRE.

A l'instant ?

M. VANDERK PÈRE.

Oui, monsieur.

M. D'ESPARVILLE PÈRE.

A l'instant! Prenez, prenez, monsieur. Ah! quel service vous me rendez! Prenez, prenez, monsieur.

M. VANDERK PÈRE. (Le domestique entre.)

Allez à ma caisse, apportez le montant de cette lettre, deux mille quatre cents livres.

M. D'ESPARVILLE PÈRE.

Faites retenir, monsieur, l'escompte, l'à-compte... le...

M. VANDERK PÈRE.

Non, monsieur, je ne prends point d'escompte, ce n'est pas mon commerce; et, je vous l'avoue avec plaisir, ce service ne me coûte rien. Votre lettre vient de Cadix, elle est pour moi une rescription; elle devient pour moi de l'argent comptant.

M. D'ESPARVILLE PÈRE

Monsieur, voilà de l'honnêteté, voilà de l'honnêteté; vous ne savez pas toute l'obligation que je vous dois, toute l'étendue du service que vous me rendez.

M. VANDERK PÈRE.

Je souhaite qu'il soit considérable.

M. D'ESPARVILLE PÈRE.

Ah! monsieur, monsieur, que vous êtes heureux! Vous n'avez qu'une fille, vous?

M. VANDERK PÈRE.

J'espère que j'ai un fils.

M. D'ESPARVILLE PÈRE.

Un fils! Mais il est apparemment dans le commerce, dans un état tranquille; mais le mien, le mien est dans le service; à l'instant que je vous parle, n'est-il pas occupé à se battre.

M. VANDERK PÈRE.

A se battre!

M. D'ESPARVILLE PÈRE.

Oui, monsieur, à se battre... Un autre jeune homme, dans un café... un petit étourdi lui a cherché querelle, je ne sais pourquoi, je ne sais comment ; il ne le sait pas lui-même.

M. VANDERK PÈRE.

Que je vous plains ! et qu'il est à craindre...

M. D'ESPARVILLE PÈRE.

A craindre ! je ne crains rien ; mon fils est brave, il tient de moi, et adroit, adroit ; à vingt pas il couperait une balle en deux sur une lame de couteau ; mais il faut qu'il s'enfuie, c'est le diable ; c'est un duel, vous entendez bien, vous entendez bien ; je me fie à vous, vous m'avez gagné l'âme.

M. VANDERK PÈRE.

Monsieur, je suis flatté de votre (On frappe à la porte un coup.) Je suis flatté de ce que... (Un second coup.)

M. D'ESPARVILLE PÈRE.

Ce n'est rien ; c'est qu'on frappe chez vous. (On frappe un troisième coup. M. Vanderk père tombe sur un siége.) Vous ne vous trouvez pas indisposé ?

M. VANDERK PÈRE.

Ah ! monsieur ! tous les pères ne sont pas malheureux ! (Le domestique entre avec les 2,400 livres.) Voilà votre somme ! partez, monsieur, vous n'avez pas de temps à perdre.

M. D'ESPARVILLE PÈRE.

Ah ! monsieur, que je vous suis obligé. (Il fait quelques pas et revient.) Monsieur, au service que vous me rendez, pourriez-vous en ajouter un second ? Auriez-vous de l'or ? C'est que je vais donner à mon fils...

M. VANDERK PÈRE.

Oui, monsieur.

M. D'ESPARVILLE PÈRE.

Avant que j'aie pu rassembler quelques louis, je peux perdre un temps infini.

M. VANDERK PÈRE, au domestique.

Retirez les deux sacs de douze cents livres ; voici, monsieur, quatre rouleaux de vingt-cinq louis chacun ; ils sont cachetés et comptés exactement.

M. D'ESPARVILLE PÈRE.

Ah ! monsieur, que vous m'obligez.

M. VANDERK PÈRE.

Partez, monsieur ; permettez-moi de ne pas vous reconduire.

M. D'ESPARVILLE PÈRE.

Restez, restez, monsieur, je vous en prie, vous avez affaire ! Ah ! le brave homme ! Ah ! l'honnête homme ! Monsieur, mon sang est à vous ; restez, restez, restez, je vous en supplie.

SCÈNE V

M. VANDERK PÈRE, seul.

Mon fils est mort... je l'ai vu là... et je ne l'ai pas embrassé... Que de peines sa naissance me préparait ! Que de chagrin sa mère !...

SCÈNE VI

M. VANDERK PÈRE, DES MUSICIENS, DES CROCHETEURS, chargés de basses, de contre-basses.

L'UN DES MUSICIENS.

Monsieur, est-ce ici ?

M. VANDERK PÈRE.

Que voulez-vous ? Ah ! ciel. (Il les regarde en frémissant et se renverse dans son fauteuil.)

LE MUSICIEN.

C'est qu'on nous a dit de mettre ici nos instruments. et nous allons...

SCÈNE VII

LES MÊMES, ANTOINE entre, les pousse et les chasse avec fureur.

Hé ! mettez votre musique à tous les diables ! Est-ce que la maison n'est pas assez grande ?

LE MUSICIEN.

Nous allons, nous allons... (Ils sortent.)

SCÈNE VIII

ANTOINE, M. VANDERK PÈRE.

M. VANDERK PÈRE.

Eh bien ?

ANTOINE.

Ah ! mon maître ! tous deux ; j'étais très-loin, mais j'ai vu, j'ai vu... Ah ! monsieur !

M. VANDERK PÈRE.

Mon fils ?

ANTOINE.

Oui, ils se sont approchés à bride abattue : l'officier a tiré, votre fils ensuite ; l'officier est tombé d'abord, il est tombé le premier. Après cela, monsieur... Ah ! mon cher maître ! les chevaux se sont séparés... je suis accouru... je... je...

M. VANDERK PÈRE.

Voyez si mes chevaux sont mis ; faites approcher par la porte de derrière, venez m'avertir ; courons-y. Peut-être n'est-il que blessé.

ANTOINE.

Mort ! mort ! J'ai vu sauter son chapeau. Mort !

SCÈNE IX

Les précédents, VICTORINE.

VICTORINE.

Mort ! Eh ! qui donc ? qui donc ?

M. VANDERK PÈRE.

Que demandez-vous ?

ANTOINE.

Oui, qu'est-ce que tu demandes ? sors d'ici tout à l'heure.

M. VANDERK PÈRE.

Laissez-la. Allez, Antoine, faites ce que je vous dis.

SCÈNE X

M. VANDERK PÈRE, VICTORINE, ANTOINE dans l'appartement.

M. VANDERK PÈRE.

Que voulez-vous, Victorine ?

VICTORINE.

Je venais demander si on doit faire servir, et j'ai rencontré un monsieur qui m'a dit que vous vous trouviez mal.

M. VANDERK PÈRE.

Non, je ne me trouve pas mal. Où est la compagnie ?

VICTORINE.

On va servir.

M. VANDERK PÈRE.

Tâchez de parler à madame en particulier ; vous lui direz que je suis à l'instant forcé de sortir, que je la prie de ne pas s'inquiéter ; mais qu'elle fasse en sorte qu'on ne s'aperçoive pas de mon absence ; je serai peut-être... Mais vous pleurez, Victorine ?

VICTORINE.

Mort ! et qui donc ? Monsieur votre fils ?

M. VANDERK PÈRE.

Victorine !

VICTORINE.

J'y vais, monsieur ; non, je ne pleurerai pas, je ne pleurerai pas.

M. VANDERK PÈRE.

Non, restez, je vous l'ordonne ; vos pleurs vous trahiraient ; je vous défends de sortir d'ici que je ne sois rentré.

VICTORINE, apercevant M. Vanderk fils.

Ah ! monsieur !

M. VANDERK PÈRE.

Mon fils !

SCÈNE XI

Les mêmes, M. VANDERK FILS, M. D'ESPARVILLE PÈRE, M. D'ESPARVILLE FILS.

M. VANDERK FILS.

Mon père !

M. VANDERK PÈRE.

Mon fils!... je t'embrasse... je te revois sans doute honnête homme ?

M. D'ESPARVILLE PÈRE.

Oui, morbleu ! il l'est.

M. VANDERK FILS.

Je vous présente messieurs d'Esparville.

M. VANDERK PÈRE.

Messieurs...

M. D'ESPARVILLE PÈRE.

Monsieur, je vous présente mon fils... N'était-ce pas mon fils, n'était-ce pas lui justement qui était son adversaire ?

M. VANDERK PÈRE.

Comment ! est-il possible que cette affaire...

M. D'ESPARVILLE PÈRE.

Bien, bien, morbleu ! bien. Je vais vous raconter...

M. D'ESPARVILLE FILS.

Mon père, permettez-moi de parler.

M. VANDERK FILS.

Qu'allez-vous dire ?

M. D'ESPARVILLE FILS.

Souffrez de moi cette vengeance.

M. VANDERK FILS.

Vengez-vous donc.

M. D'ESPARVILLE FILS.

Le récit serait trop court si vous le faisiez, monsieur ; et à présent votre honneur est le mien... (A M. Vanderk père.) Il me paraît, monsieur, que vous étiez aussi instruit que mon père l'était. Mais voici ce que vous ne saviez pas. Nous nous sommes rencontrés ; j'ai couru sur lui : j'ai tiré; il a foncé sur moi, il m'a dit : « Je tire en l'air; » il l'a fait. « Ecoutez, m'a-t-il dit en me serrant la botte, j'ai cru hier que vous insultiez mon père, en parlant des négociants. Je vous ai insulté ; j'ai senti que j'avais tort ; je vous en fais excuse. N'êtes-vous pas content ? Eloignez-vous, et recommençons. » Je ne puis, monsieur, vous exprimer ce qui s'est passé en moi ; je me suis précipité de mon cheval : il en a fait autant, et nous nous sommes embrassés. J'ai rencontré mon père, lui à qui, pendant ce temps-là, lui à qui vous rendiez service. Ah! monsieur!

M. D'ESPARVILLE PÈRE.

Eh! vous le saviez, morbleu ! et je parie que ces trois coups frappés à la porte... Quel homme êtes-vous? Et vous m'obligiez pendant ce temps-là ! Moi, je suis ferme, je suis honnête homme ; mais en pareille occasion, à votre place, j'aurais envoyé le baron d'Esparville à tous les diables !

SCÈNE XII

LES MÊMES, VICTORINE.

M. VANDERK PÈRE.

Ah! messieurs, qu'il est difficile de passer d'un grand chagrin à une grande joie.

VICTORINE se saisit du chapeau du fils.

Ah ! ciel ! ciel ! Ah, monsieur !

M. VANDERK FILS.

Quoi donc, Victorine ?

VICTORINE.

Votre chapeau est percé d'une balle.

M. D'ESPARVILLE FILS.

D'une balle? Ah ! mon ami... (Ils s'embrassent.)

M. VANDERK PÈRE.

Messieurs, j'entends du bruit. Nous allons nous mettre à table, faites-moi l'honneur d'être du dîner. Que rien ne transpire ici, cela troublerait la fête. (A M. d'Esparville fils.) Après ce qui s'est passé, monsieur, vous ne pouvez être que le plus grand ennemi ou le plus grand ami de mon fils, et vous n'avez pas la liberté du choix.

M. D'ESPARVILLE FILS.

Ah! monsieur! (Il baise la main de M. Vanderk père.)

M. D'ESPARVILLE PÈRE.

Bien, bien, mon fils, ce que vous faites là est bien.

VICTORINE, à M. Vanderk fils.

Qu'à moi, qu'à moi... Ah! cruel!

M. VANDERK FILS, à Victorine.

Que je suis aise de te revoir, ma chère Victorine.

M. VANDERK PÈRE.

Victorine, taisez-vous.

SCÈNE XIII

Les mêmes, MADAME VANDERK, SOPHIE, LE GENDRE.

MADAME VANDERK.

Ah! te voilà, mon fils. (A M. Vanderk père.) Mon cher ami! Peut-on faire servir? il est tard.

M. VANDERK PÈRE.

Ces messieurs veulent bien rester. (A MM. d'Esparville.) Voici, messieurs, ma femme, mon gendre et ma fille que je vous présente.

M. D'ESPARVILLE PÈRE.

Quel bonheur mérite une telle famille!

SCÈNE XIV

Les mêmes, LA TANTE.

LA TANTE.

On dit que mon neveu est arrivé. Eh! te voilà, mon cher enfant!

M. VANDERK PÈRE.

Madame, vous demandiez des militaires, en voici. Aidez-moi à les retenir.

LA TANTE.

Eh! c'est le vieux baron d'Esparville!

M. D'ESPARVILLE PÈRE.

Eh! c'est vous, madame la marquise! Je vous croyais en Berri.

LA TANTE.

Que faites-vous ici?

M. D'ESPARVILLE PÈRE.

Vous êtes, madame, chez le plus brave homme, le plus, le plus...

M. VANDERK PÈRE.

Monsieur, monsieur, passons dans le salon, vous y renouerez connaissance. Ah! messieurs! ah! mes enfants! je suis dans l'ivresse de la plus grande joie. (A sa femme.) Madame, voilà mon fils. (Il embrasse son fils; le fils embrasse sa mère.)

SCÈNE XV

Les mêmes, ANTOINE.

ANTOINE.

Le carrosse est avancé, monsieur, et... Ah! ciel!.. ah! Dieu... ah! monsieur! (Victorine court à son père, lui met la main sur la bouche, et l'embrasse.)

M. VANDERK PÈRE.

Eh bien! eh bien! Antoine! eh, mais, la tête lui tourne aujourd'hui.

LA TANTE.

Cet homme est fou, il faut le faire enfermer, il faut le faire enfermer.

M. VANDERK PÈRE.

Paix, Antoine. Voyez à nous faire servir.

M. VANDERK FILS, en souriant à M. d'Esparville fils.

Il est fou! il est fou! (Ils sortent.)

ANTOINE.

Je ne sais si c'est un rêve. Ah! quel bonheur! il fallait que je fusse aveugle... Ah! jeunes gens, jeunes gens, ne penserez-vous jamais que l'étourderie, même la plus pardonnable, peut faire le malheur de tout ce qui vous entoure?

FIN DU CINQUIÈME ET DERNIER ACTE.

VARIANTE
DU
PHILOSOPHE SANS LE SAVOIR

    Cette variante reproduit les changements opérés au troisième acte, tels qu'ils furent imposés par la censure pour qu'elle autorisât la représentation, et tels qu'ils ont été conservés dans le répertoire jusqu'en ces dernières années. (Voyez l'*Introduction*.) C'est dans les scènes VIII, IX, XI, XII et XIII que ces changements eurent lieu principalement. Ces scènes, dans la leçon du répertoire, sont numérotées V, VI, VII, VIII et IX.

SCÈNE V

M. VANDERK PÈRE, en robe de chambre ; M. VANDERK FILS.

M. VANDERK FILS.

Ah ! mon père, que je suis fâché ! c'est la faute d'Antoine : je le lui avais dit ; mais il aura fait du bruit, il vous aura réveillé.

M. VANDERK PÈRE.

Non, je l'étais.

M. VANDERK FILS.

Vous l'étiez ! Apparemment, mon père, que l'embarras d'aujourd'hui, et que....

M. VANDERK PÈRE.

Vous ne me dites pas bonjour.

M. VANDERK FILS.

Mon père, je vous demande pardon ; je vous souhaite bien le bonjour.

M. VANDERK PÈRE.

Vous sortez de bonne heure ?

M. VANDERK FILS.

Oui : je voulais...

M. VANDERK PÈRE.

Il y a des chevaux dans la cour.

M. VANDERK FILS.

C'est pour moi, c'est le mien et celui de mon domestique.

M. VANDERK PÈRE.

Et où allez-vous si matin ?

M. VANDERK FILS.

Une fantaisie d'exercice ; je voulois faire le tour du rempart une idée.... un caprice qui m'a pris tout d'un coup ce matin.

M. VANDERK PÈRE.

Dès hier vous aviez dit qu'on tînt vos chevaux prêts.

M. VANDERK FILS.

Non pas absolument.

M. VANDERK PÈRE.

Non! Mon fils, vous avez quelque dessein.

M. VANDERK FILS.

Quel dessein voudriez-vous que j'eusse ?

M. VANDERK PÈRE.

C'est moi qui vous le demande.

M. VANDERK FILS.

Je vous assure, mon père....

M. VANDERK PÈRE.

Mon fils, jusqu'à cet instant, je n'ai connu en vous ni détours ni mensonge : si ce que vous me dites est vrai, répétez-le moi, et je vous croirai.... Si ce sont quelques raisons, quelques folies de votre âge, de ces niaiseries qu'un père peut soupçonner, mais ne doit jamais savoir, quelque peine que cela me fasse, je n'exige pas une confidence dont nous rougirions l'un et l'autre : voici les clés, sortez.... (Le fils tend la main, et les prend) Mais, mon fils, si cela pouvait intéresser votre repos et le mien, et celui de votre mère ?

M. VANDERK FILS.

Ah! mon père!

M. VANDERK PÈRE.

Il n'est pas possible qu'il n'y ait rien de déshonorant dans ce que vous allez faire.

M. VANDERK FILS.

Ah! bien plutôt....

M. VANDERK PÈRE.

Achevez.

M. VANDERK FILS.

Que me demandez-vous? Ah! mon père! vous me l'avez dit hier : vous avez été insulté ; vous étiez jeune, vous vous êtes battu ; vous le feriez encore. Ah! que je suis malheureux! je sens que je vais faire le malheur de votre vie. Non.... jamais.... Quelle leçon!... vous pouvez m'en croire : si la fatalité....

M. VANDERK PÈRE.

Insulté.... battu.... le malheur de ma vie! Mon fils, causons ensemble et ne voyez en moi qu'un ami.

M. VANDERK FILS.

S'il était possible que j'exigeasse de vous un serment.... Promettez-moi que, quelque chose que je vous dise, votre bonté ne me détournera pas de ce que je dois faire.

M. VANDERK PÈRE.

Si cela est juste.

M. VANDERK FILS.

Juste ou non.

M. VANDERK PÈRE.

Juste ou non!

M. VANDERK FILS.

Ne vous alarmez pas. Hier au soir j'ai eu quelque altercation, une dispute avec un officier de cavalerie : nous sommes sortis, on nous a séparés.... Parole aujourd'hui.

M. VANDERK PÈRE, *en s'appuyant sur le dos d'une chaise.*

Ah! mon fils!

M. VANDERK FILS.

Mon père, voilà ce que je craignais.

M. VANDERK PÈRE.

Puis-je savoir de vous un détail plus étendu de votre querelle et de ce qui l'a causée, enfin de tout ce qui s'est passé?

M. VANDERK FILS.

Ah! comme j'ai fait ce que j'ai pu pour éviter votre présence!

M. VANDERK PÈRE.

Vous fait-elle du chagrin ?

M. VANDERK FILS.

Ah! jamais, jamais je n'ai eu tant besoin d'un ami, et surtout de vous.

M. VANDERK PÈRE.

Enfin vous avez eu dispute.

M. VANDERK FILS.

L'histoire n'est pas longue : la pluie qui est survenue hier m'a forcé d'entrer dans un café ; je jouais une partie d'échecs : j'entends à quelques pas de moi quelqu'un qui parlait avec chaleur : il racontait je ne sais quoi de son père, d'un marchand, d'un escompte, des billets ; mais je suis certain d'avoir entendu très-distinctement : « Oui.... tous ces négociants, tous ces commerçants sont des fripons, sont des misérables. » Je me suis retourné, je l'ai regardé : lui, sans nul égard, sans nulle attention, a répété le même discours. Je me suis levé, je lui ai dit à l'oreille qu'il n'y avait qu'un malhonnête homme qui pût tenir de pareils propos. Nous sommes sortis ; on nous a séparés.

M. VANDERK PÈRE.

Vous me permettrez de vous dire....

M. VANDERK FILS.

Ah! je sais, mon père, tous les reproches que vous pouvez me faire : cet officier pouvait être dans un instant d'humeur ; ce qu'il disait pouvait ne pas me regarder : lorsqu'on dit tout le monde, on ne dit personne ; peut-être même ne faisait-il que raconter ce qu'on lui avait dit : et voilà mon chagrin, voilà mon tourment. Mon retour sur moi-même a fait mon supplice : il faut que je cherche à égorger un homme qui peut n'avoir pas tort. Je crois cependant qu'il l'a dit parce que j'étais présent.

M. VANDERK PÈRE.

Vous le désirez : vous connaît-il ?

M. VANDERK FILS.

Je ne le connais pas.

M. VANDERK PÈRE.

Et vous cherchez querelle ! Ah! mon fils ! pourquoi n'avez-vous pas pensé que vous aviez un père ? je pense si souvent que j'ai un fils !

M. VANDERK FILS.

C'est parce que j'y pensais.

M. VANDERK PÈRE.

Eh ! dans quelle incertitude, dans quelle peine alliez-vous jeter aujourd'hui votre mère et moi !

M. VANDERK FILS.

J'y avais pourvu.

M. VANDERK PERE.

Comment ?

M. VANDERK FILS.

J'avais laissé sur ma table une lettre adressée à vous ; Victorine vous l'aurait donnée.

M. VANDERK PÈRE.

Est-ce que vous vous êtes confié à Victorine ?

M. VANDERK FILS.

Non ; mais elle devait reporter quelque chose sur ma table, et elle l'aurait vue.

M. VANDERK PÈRE.

Et quelles précautions aviez-vous prises contre la juste rigueur des lois ?

M. VANDERK FILS.

La juste rigueur !

M. VANDERK PÈRE.

Oui : elles sont justes ces lois.... Un peuple.... je ne sais lequel.... les Romains, je crois, accordaient des récompenses à qui conservait la vie d'un citoyen. Quelle punition ne mérite pas un Français qui médite d'en égorger un autre, qui projette un assassinat ?

M. VANDERK FILS.

Un assassinat ?

M. VANDERK PÈRE.

Oui, mon fils, un assassinat. La confiance que l'agresseur a dans ses propres forces fait presque toujours sa témérité.

M. VANDERK FILS.

Et vous-même, mon père, lorsque autrefois...

M. VANDERK PÈRE.

Le ciel est juste : il m'en punit en vous. Enfin, quelles précautions aviez-vous prises contre la juste rigueur des lois ?

M. VANDERK FILS.

La fuite.

M. VANDERK PÈRE.

Et quelle était votre marche ? le lieu ? l'instant ?

M. VANDERK FILS.

Sur les trois heures après midi ; nous devions nous rencontrer derrière les petits remparts.

M. VANDERK PÈRE.

Et pourquoi donc sortez-vous si tôt ?

M. VANDERK FILS.

Pour ne pas manquer à ma parole : j'ai redouté l'embarras de cette noce, de ma tante, et de me trouver engagé de façon à ne pouvoir m'échapper. Ah ! comme j'aurais voulu retarder d'un jour !

M. VANDERK PÈRE.

Et d'ici à trois heures ne pourriez-vous rester ?

M. VANDERK FILS.

Ah ! mon père ! imaginez....

M. VANDERK PÈRE.

Vous aviez raison ; mais cette raison ne subsiste plus. Faites rentrer vos chevaux : remontez chez vous. Je vais réfléchir au moyens qui peuvent vous sauver et l'honneur et la vie.

M. VANDERK FILS.

Me sauver l'honneur !... Mon père, mon malheur mérite plus de pitié que d'indignation.

M. VANDERK PÈRE.

Je n'en ai aucune.

M. VANDERK FILS.

Prouvez-le moi donc, mon père, en permettant que je vous embrasse.

M. VANDERK PÈRE.

Non, monsieur, remontez chez vous.

M. VANDERK FILS.

J'y vais, mon père. (Il se retire précipitamment.)

SCÈNE VI

M. VANDERK PÈRE.

Infortuné ! comme on doit peu compter sur le bonheur présent ! Je me suis couché le plus tranquille, le plus heureux des pères, et me voilà.... Antoine.... je ne puis avoir trop de confiance.... Si son sang coulait pour son roi et pour sa patrie ; mais....

SCÈNE VII

M. VANDERK PÈRE, ANTOINE.

ANTOINE.

Que voulez-vous ?

M. VANDERK PÈRE.

Ce que je veux ! Ah ! qu'il vive.

ANTOINE.

Monsieur.

M. VANDERK PÈRE.

Je ne t'ai pas entendu entrer.

ANTOINE.

Vous m'avez appelé.

M. VANDERK PÈRE.

Je t'ai appelé !... Antoine, je connais ta discrétion, ton amitié pour moi et pour mon fils ; il sortait pour se battre.

ANTOINE.

Contre qui ? Je vais....

M. VANDERK PÈRE.

Cela est inutile.

ANTOINE.

Tout le quartier va le défendre : je vais réveiller...

M. VANDERK PÈRE.

Non, ce n'est pas....

ANTOINE.

Vous me tueriez plutôt que de....

M. VANDERK PÈRE.

Tais-toi, il est ici : cours à son appartement, dis-lui, dis-lui que je le prie de m'envoyer la lettre dont il vient de me parler. Ne dis pas autre chose ; ne fais voir aucun intérêt sur ce qui le regarde.... Remarque.... Va, qu'il te donne cette lettre, et qu'il m'attende : je vais le voir.

SCÈNE VIII

M. VANDERK PÈRE.

Ah! ciel! Fouler aux pieds la raison, la nature et les lois! Préjugé funeste! abus cruel du point d'honneur! tu ne pouvais avoir pris naissance que dans les temps les plus barbares : tu ne pouvais subsister qu'au milieu d'une nation vaine et pleine d'elle-même, qu'au milieu d'un peuple dont chaque particulier compte sa personne pour tout, et sa patrie et sa famille pour rien. Et vous, lois sages, vous avez désiré mettre un frein à l'honneur ; vous avez ennobli l'échafaud ; votre sévérité a servi à froisser le cœur d'un honnête homme entre l'infamie et le supplice. Ah! mon fils!

SCÈNE IX

M. VANDERK PÈRE, ANTOINE.

ANTOINE.

Monsieur, vous l'avez laissé partir?

M. VANDERK PÈRE.

Il est parti! ô ciel! arrêtez....

ANTOINE.

Ah! monsieur! il est déjà bien loin. Je traversais la cour; il a mis ses pistolets à l'arçon.

M. VANDERK PÈRE.

Ses pistolets !

ANTOINE.

Il m'a crié : « Antoine, je te recommande mon père, » et il a mis son cheval au galop.

M. VANDERK PÈRE.

Il est parti ! (Il rêve douloureusement ; il reprend sa fermeté, et dit.) Que rien ne transpire ici. Viens, suis-moi, je vais m'habiller.

~~~~~~~~~~

Dans la leçon du répertoire, la scène IV du cinquième acte est moins prolongée. D'Esparville père ne demande pas d'or. Les scènes VI et VII (de notre texte), celles des Musiciens, sont supprimées ; et le commencement de la scène XII (de notre texte), l'incident du chapeau troué par une balle, n'existe plus (1). Telles sont les différences qu'il importe de signaler ; les autres modifications, qui ne portent guère que sur des indications de la mise en scène, sont sans intérêt.

Ajoutons enfin, ici, l'approbation du censeur et l'autorisation du lieutenant général de police, qui furent consignées sur le manuscrit, en conséquence des corrections de l'auteur :

« J'ai lu, par ordre de Monsieur le lieutenant général de police, le *Philosophe sans le savoir*, comédie, et je crois qu'on en peut permettre la représentation.

« MARIN.

« A Paris, ce 10 novembre 1765.

« Vu l'approbation,
    « Ce 13 novembre 1765.

« Permis de représenter.
    « DE SARTINE »

(1) Voyez, dans l'Introduction, ce que Sedaine dit à ce propos.

ANALYSE
DU
MARIAGE DE VICTORINE

Nous donnons, comme nous l'avons annoncé dans l'Introduction, l'analyse de la suite du *Philosophe sans le savoir*, que George Sand a écrite sous ce titre : *le Mariage de Victorine* :

Au premier acte, Antoine a décidé de marier sa fille à un commis de la maison Vanderk, nommé Fulgence. Le mariage est arrêté et se prépare. Antoine est évidemment inquiet de l'attachement trop vif qui s'est manifesté entre Victorine et le fils de son maître au milieu des circonstances critiques du duel. Victorine est triste ; elle pleure sans savoir pourquoi. Elle est simplement résignée à ce mariage contre lequel elle n'a pas de bonnes raisons à élever. Fulgence, son futur époux, personnage nouveau, le seul que Mme Sand ait introduit dans sa pièce, n'est pas tres-aimable. Il est ombrageux, méfiant, jaloux. C'est que lui aussi soupçonne la secrète inclination qui menace son propre bonheur. Il est inquiet, mécontent, toujours sur ses gardes. On comble Victorine de riches présents ; Fulgence se dépite. M. Vanderk dote la jeune fille ; Fulgence s'irrite. Alexis Vanderk donne à sa sœur de lait en cadeau de noces la montre à répétition qu'il lui a confiée dans la conjoncture mémorable que l'on sait. Fulgence a peine à contenir sa colere. Il n'a peut-être pas tort ; mais c'est un caractere fâcheux, qui n'est pas fait pour rassurer sur l'avenir de la pauvre Victorine et qui est maussade à la scène.

Même situation au deuxième acte. Fulgence déclare

à sa future qu'aussitôt mariés ils quitteront la maison Vanderk et iront s'établir au loin. Victorine se récrie. Mais Antoine approuve la résolution de son gendre. M. Vanderk, qui commence à se rendre compte de ce qui se passe, invite son fils, sous prétexte d'une commission importante, à partir immédiatement pour Paris, où il doit prendre des renseignements sur la situation de la maison Harris et Morisson, et où son séjour devra être, par conséquent, de deux mois au moins. Alexis obéit, non sans chagrin. Victorine pleure. Antoine répète toujours : « Ce sont des folies, des enfantillages ! » A la fin de l'acte, la malheureuse fiancée a une crise de nerfs et un évanouissement. Sophie Vanderk, sa compagne, qui la reçoit dans ses bras, a tout deviné.

Au troisième acte, Sophie fait part de sa découverte à M. Vanderk. M. Vanderk n'aurait pas d'objection à faire au mariage de son fils, si son fils aimait véritablement Victorine. « Le monde, dit-il, a des préjugés vains et cruels qu'il est beau de combattre ; mais pour combattre, il faut être fort. Une passion sérieuse, un noble amour peuvent seuls inspirer cette force et ce dévouement. Mon fils est parti. C'est qu'il ne se sentait pas assez sérieusement épris. »

On apporte une lettre qui annonce la faillite de la maison Harris et Morisson. Quel est le messager qui a apporté cette lettre ? On le cherche en vain. Fulgence, éclairé par la jalousie, prétend que c'est Alexis. En effet, le jeune Vanderk est revenu, poussé par une force irrésistible. Caché chez sa sœur Sophie, il entend Antoine adresser à sa fille une dernière et cruelle semonce : « Que dirait-on si on savait que la petite Victorine, la fille d'un domestique, a jeté les yeux sur le fils de la maison ?... Que dirait monsieur Alexis lui-même ? Il te trouverait vaine, ridicule ; il se moquerait de toi ! »

Ainsi torturée par son père, la pauvre fille est brisée comme si elle avait subi la question extraordinaire. Et lorsque Alexis se montre à elle, elle s'enfuit égarée et la tête perdue.

Fulgence, cependant, qui n'a point renoncé à ses soupçons, entre tout à coup et aperçoit le jeune homme. Il sonne violemment et fait venir tout le monde. Il atteste devant les personnes accourues qu'il renonce à épouser Victorine. « Ma femme ne me fût-elle infidèle que par le cœur, dit-il, c'est plus que je ne pourrais supporter. » Il s'éloigne fièrement. Antoine s'écrie qu'il est déshonoré ! Que sa fille mourra dans un couvent ! Alexis lui demande la main de sa fille, et jure à sa mère qu'il aime Victorine tendrement, sérieusement et pour toute la vie. M. Vanderk approuve son fils. Antoine fait seul quelque résistance. « C'est le devoir de mon fils, dit M. Vanderk ; c'est mon devoir et le tien. — Comment cela ? — Parce qu'ils s'aiment, répond Mme Vanderk. — Et, ajoute le philosophe sans le savoir, parce qu'il fallait le prévoir, si nous voulions l'empêcher. »

L. M.

LA
GAGEURE IMPRÉVUE

COMÉDIE EN UN ACTE ET EN PROSE

ésentée pour la premiere fois à Paris, par les Comédiens
Français ordinaires du Roi, le vendredi 27 *mai* 1768.

AVERTISSEMENT DE L'AUTEUR

La seule scène théâtrale de ce petit ouvrage est tirée d'une des nouvelles de Scarron, intitulée *la Précaution inutile*, et, je l'avoue, toutes les autres scènes de ma comédie n'ont servi que d'enveloppe à celle où la marquise propose et gagne la gageure. Dans Scarron, la duchesse (car c'en est une) a joué et joue plus gros jeu ; mais les romanciers font ce qu'ils veulent.

Dans la nouvelle suivante, intitulée *les Hypocrites*, Molière a, je crois, trouvé une des belles scènes de son *Tartuffe* : celle où ce scélérat se jette aux genoux d'Orgon pour le prier de pardonner à son fils, celle où il s'avoue un misérable souillé d'ordures, etc. Mais l'auteur l'a si bien fondue dans son drame, elle y est si naturellement amenée, qu'on croirait aisément qu'il n'y avait pas besoin du roman pour l'imaginer.

Cette remarque a fait naître mes regrets sur ce que Molière ne s'est pas servi de la scène que j'ai mise en œuvre ; il aurait dû cueillir cette fleur, elle était sur sa route, et le Théâtre-Français aurait un ouvrage de plus.

Si j'ai marqué l'air, le ton et le jeu des personnages avec une sorte d'affectation, c'est pour les acteurs de société qui n'ont pas vu représenter cette pièce, et même pour quelques comédiens de province s'ils la jugent digne de les occuper.

LA MARQUISE.

Asseyez-vous, monsieur.

LE MARQUIS.

Non, madame.

LA MARQUISE.

Avant de vous emporter à des extrémités, qui sont indignes de vous et de moi, je vous prie de me faire payer les vingt-cinq louis du pari, parce que vous avez perdu.

LE MARQUIS.

Ah! morbleu! madame, c'en est trop.

LA MARQUISE.

Arrêtez, monsieur, dans ce pari vous avez oublié de parler d'une clé, d'une clé, d'une clé; vous ne doutez pas qu'elle ne soit de fer. Vous l'avez bien nommée depuis avec une fureur et un emportement que je n'attendais pas; mais il n'est plus temps. J'ai voulu faire un badinage de ceci, et vous faire demander à vous-même le morceau de fer que vous aviez oublié; mais je vois, et trop tard, que je ne devais pas m'exposer à la singularité de vos procédés. Lisez, monsieur. (Elle prend le papier, rompt le cachet, et le lui donne tout ouvert. Il le prend avec dépit, et lit d'un air indécis, distrait et confus.) Quant à cette clé que vous demandez, tenez, monsieur, la voici cette clé; ouvrez ce cabinet, ouvrez-le vous-même, regardez partout, justifiez vos soupçons, et accordez-moi assez d'esprit pour penser que, lorsque j'ai la prudence d'y faire cacher quelqu'un, je ne dois pas avoir la sottise de vous le dire.

LE MARQUIS, confus.

Ah! madame!

LA MARQUISE.

Quoi! vous hésitez, monsieur? que n'entrez-vous dans ce cabinet; je vais l'ouvrir moi-même.

LA GAGEURE IMPRÉVUE

COMÉDIE

SCÈNE PREMIÈRE

GOTTE, seule.

Nous nous plaignons, nous autres domestiques, et nous avons tort. Il est vrai que nous avons à souffrir des caprices, des humeurs, des brusqueries, souvent des querelles, dont nous ne devinons pas la cause : mais au moins si cela fâche, cela désennuie. Eh ! l'ennui !... l'ennui !... Ah ! c'est une terrible chose que l'ennui..... Si cela dure encore deux heures, ma maîtresse en mourra. Mais pour une femme d'esprit, n'avoir pas l'esprit de s'amuser, cela m'étonne. C'est peut-être que plus on a d'esprit, moins on a de ressources pour se désennuyer. Vivent les sots, pour s'amuser de tout ! Ah ! la voilà, qui quitte enfin son balcon.

SCÈNE II

GOTTE, LA MARQUISE.

GOTTE.

Madame a-t-elle vu passer bien du monde ?

LA MARQUISE.

Oui, des gens bien mouillés, des voituriers, de pauvres gens qui font pitié. Voilà une journée d'une tristesse.... La pluie est encore augmentée.

GOTTE.

Je ne sais si madame s'ennuie : mais je vous assure que moi... de ce temps-là on est tout je ne sais comment.

LA MARQUISE.

Il m'est venu l'idée la plus folle.... S'il était passé sur le grand chemin quelqu'un qui eût eu figure humaine, je l'aurais fait appeler pour me tenir compagnie.

GOTTE.

Il n'est point de cavalier qui n'en eût été bien aise. Mais, madame, monsieur le marquis n'aura pas lieu d'être satisfait de sa chasse ?

LA MARQUISE.

Je n'en suis pas fâchée.

GOTTE.

Hier au soir, vous lui avez conseillé d'y aller.

LA MARQUISE.

Il en mourait d'envie, et j'attendais des visites. La comtesse de Wordacle....

GOTTE.

Quoi ! cette dame si laide ?

LA MARQUISE.

Je ne hais pas les femmes laides.

GOTTE.

Vous pourriez même aimer les jolies.

LA MARQUISE.

Je badine ; je ne hais personne. Donnez-moi ce livre. (Elle prend le livre.) Ah! de la morale : je ne lirai pas. Si mon clavecin.... Je vous avais dit de faire arranger mon clavecin ; mais vous ne songez à rien. S'il était accordé, j'en toucherais.

GOTTE.

Il l'est, madame, le facteur est venu ce matin.

LA MARQUISE.

J'en jouerai ce soir : cela amusera monsieur de Clainville.... Je vais broder.... Non, approchez une table, je veux écrire. Ah, dieux !

GOTTE approche une table.

La voilà.

LA MARQUISE regarde les plumes et les jette.

Ah ! pas une seule plume en état d'écrire.

GOTTE.

En voici de toutes neuves.

LA MARQUISE.

Pensez-vous que je ne les vois pas ?... Faites donc fermer cette fenêtre.... Non, je vais m'y remettre, laissez. (La marquise va se remettre à la fenêtre.)

GOTTE.

Ah ! de l'humeur, c'est un peu trop. Voilà donc de la morale : de la morale ! il faut que je lise cela, pour savoir ce que c'est que la morale. (Elle lit.) *Essai sur l'homme*. Voilà une singulière morale. Il faut que je lise cela.... (Elle remet le livre.)

LA MARQUISE.

Gotte, Gotte.

GOTTE.

Madame ?

LA MARQUISE.

Sonne quelqu'un. Cela sera plaisant... Ah ! c'est un peu... Il faut que ma réputation soit aussi bien établie qu'elle l'est, pour risquer cette plaisanterie.

SCÈNE III

LA MARQUISE, GOTTE, UN DOMESTIQUE.

LA MARQUISE, au domestique.

Allez vite à la petite porte du parc. Vous verrez passer un officier qui a un surtout bleu, un chapeau bordé d'argent. Vous lui direz : Monsieur, une dame que vous venez de saluer, vous prie de vouloir bien vous arrêter un instant. Vous le ferez entrer par les basses-cours. S'il vous demande mon nom, vous lui direz que c'est madame le comtesse de Wordacle.

LE DOMESTIQUE.

Madame la comtesse de Wordacle ?

LA MARQUISE.

Oui ; courez vite

SCÈNE IV

LA MARQUISE, GOTTE.

GOTTE

Madame la comtesse de Wordacle ?

LA MARQUISE.

Oui.

GOTTE.

Cette comtesse si vieille, si laide, si bossue ?

LA MARQUISE.

Oui : cela sera très-singulier. Partout où mon officier en fera le portrait, on se moquera de lui.

SCÈNE V.

GOTTE.

Connaissez-vous cet officier ?

LA MARQUISE.

Non.

GOTTE.

S'il vous connaît ?

LA MARQUISE.

En ce cas, le domestique n'avait pas le sens commun ; il aura dit un nom pour un autre.

GOTTE.

Mais, madame, avez-vous pensé ?...

LA MARQUISE.

J'ai pensé à tout : je ne dînerai pas seule. En fait de compagnie à la campagne, on prend ce qu'on trouve.

GOTTE.

Mais si c'était quelqu'un qui ne convînt pas à madame ?

LA MARQUISE.

Ne vais-je pas voir quel homme c'est ? Faites fermer les fenêtres. (Gotte sonne.)

SCÈNE V

GOTTE, LA MARQUISE, LAFLEUR.

La marquise tire son mouchoir de poche : elle regarde si ses cheveux ne sont pas dérangés, et si son rouge est bien. Laflour, après avoir fermé la fenêtre, parle à l'oreille de Gotte, et finit en disant :)

LAFLEUR.

Je l'ai vu.

GOTTE.

Ah! madame! voilà bien de quoi vous désennuyer. Il y a une dame enfermée dans l'appartement de monsieur le marquis.

LA MARQUISE.

Qu'est-ce que cela signifie ?

GOTTE.

Parle, parle : conte donc.

LAFLEUR.

Madame... (A Gotte.) Babillarde !

LA MARQUISE.

Je vous écoute.

LAFLEUR.

Madame, parlant par révérence....

LA MARQUISE.

Supprimez vos révérences.

LAFLEUR.

Sauf votre respect, madame....

LA MARQUISE.

Que ces gens-là sont bêtes avec leur respect et leurs révérences! Ensuite ?

LAFLEUR.

J'allais, madame, au fond du corridor, lorsque par la petite fenêtre qui donne sur la terrasse du cabinet de monsieur, j'ai vu, comme j'ai l'honneur de voir madame la marquise....

LA MARQUISE.

Voilà de l'honneur à présent. Hé bien! qu'avez-vous vu ?

LAFLEUR.

J'ai vu derrière la croisée du grand cabinet de monsieur le marquis, j'ai vu remuer un rideau, ensuite une

petite main, une main droite ou une main gauche : oui,
c'était une main droite, qui a tiré le rideau comme ça.
J'ai regardé, j'ai aperçu une jeune demoiselle de seize à
dix-huit ans : je n'assurerais pas qu'elle a dix-huit ans,
mais elle en a bien seize.

LA MARQUISE.

Et... Êtes-vous sûr de ce que vous dites ?

LAFLEUR.

Ah ! madame, voudrais-je ?...

LA MARQUISE.

C'est, sans doute, quelque femme que le concierge
aura fait entrer dans l'appartement. Faites venir Dubois. Lafleur, n'en avez-vous parlé à personne ?

LAFLEUR.

Hors à mademoiselle Gotte.

LA MARQUISE.

Si l'un ou l'autre vous en dites un mot, je vous renvoie. Faites venir Dubois.

SCÈNE VI

LA MARQUISE, GOTTE.

GOTTE, faisant la pleureuse.

Je ne crois pas, madame, avoir jamais eu le malheur
de manquer envers vous ; je n'ai jamais dit aucun secret.

LA MARQUISE.

Je vous permets de dire les miens.

GOTTE.

Madame, est-il possible... que vous puissiez... penser que ?...

LA MARQUISE.

Ha, ha, vous allez pleurer ; je n'aime pas ces petites simagrées ; je vous prie de finir, ou allez dans votre chambre ; cela se passera.

SCÈNE VII

LA MARQUISE, GOTTE, DUBOIS.

LA MARQUISE.

Monsieur Dubois, qu'est-ce que cette jeune personne qui est dans l'appartement de mon mari ?

DUBOIS.

Une jeune personne qui est dans l'appartement de monsieur !

LA MARQUISE.

Je vois que vous cherchez à me mentir ; mais je vous prie de songer que ce serait me manquer de respect ; et je ne le pardonne pas.

DUBOIS.

Madame, depuis vingt-sept ans que j'ai l'honneur d'être valet de chambre à monsieur le marquis, il n'a jamais eu sujet de penser que je pouvais manquer de respect ; et lorsque les maîtres font tant que de vouloir bien nous interroger... il y a onze ans, madame....

LA MARQUISE.

Vous cherchez à éluder la question ; mais je vous prie d'y répondre précisément. Quelle est cette jeune personne qui est dans le cabinet de monsieur de Clainville?

DUBOIS.

Ah, madame! vous pouvez me perdre ; et si monsieur sait que je vous l'ai dit... peut-être veut-il en faire un secret.

LA MARQUISE.

Eh bien ! ce secret, vous n'êtes pas venu me trouver pour me le dire. Monsieur de Clainville saura que je vous ai interrogé sur ce que je savais, et que vous n'avez osé ni me mentir, ni me désobéir.

DUBOIS.

Ah! madame ! quel tort cela pourrait me faire !

LA MARQUISE.

Aucun. Ceci me regarde : et j'aurai assez de pouvoir sur son esprit....

DUBOIS.

Ah! madame! vous pouvez tout ; et si vous interrogiez monsieur, je suis sûr qu'il vous dirait...

LA MARQUISE.

Revenons à ce que je vous demandais. Sortez, Gotte.

SCÈNE VIII

LA MARQUISE, DUBOIS.

LA MARQUISE.

Vous ne devez avoir aucun sujet de crainte.

DUBOIS.

Madame, hier au matin, monsieur me dit : Dubois, prends ce papier, et exécute de point en point ce qu'il renferme.

LA MARQUISE.

Quel papier ?

DUBOIS.

Je crois l'avoir encore. Le voici.

LA MARQUISE.

Lisez.

####### DUBOIS.

C'est de la main de monsieur le marquis. « Ce jeudi, 16 du courant, au matin. Aujourd'hui, à cinq heures un quart du soir, Dubois dira à sa femme de s'habiller, et de mettre une robe. A six heures et demie, il partira de chez lui avec sa femme, sous le prétexte d'aller promener. A sept heures et demie, il se trouvera à la petite porte du parc. A huit heures sonnées, il confiera à sa femme qu'ils sont là l'un et l'autre pour m'attendre. A huit heures et demie... »

####### LA MARQUISE.

Voilà bien du détail : donnez, donnez. (Elle parcourt le papier des yeux.) Eh bien ?

####### DUBOIS.

Monsieur est arrivé à dix heures passées. Ma femme mourait de froid : c'est qu'il était survenu un accident à la voiture. Monsieur était dans sa diligence ; il en fait descendre deux femmes, l'une jeune et l'autre âgée. Il a dit à ma femme : « Conduisez-les dans mon appartement par votre escalier. » Monsieur est rentré. Il n'a dit à la plus jeune que deux mots ; et il nous les a recommandées.

####### LA MARQUISE.

Hé ! où ont-elles passé la nuit ?

####### DUBOIS.

Dans la chambre de ma femme, où j'ai dressé un lit.

####### LA MARQUISE.

Et monsieur n'a pas eu plus d'attention pour elle ?

####### DUBOIS.

Vous me pardonnerez, madame ; il est revenu ce matin avant d'aller à la chasse ; il a fait demander la permission d'entrer ; il a fait beaucoup d'honnêteté, beaucoup d'amitié à la jeune personne, beaucoup, beaucoup...

LA MARQUISE.

Voilà ce que je ne vous demande pas. Et vous ne voyez pas à peu près quelles sont ces femmes ?

DUBOIS.

Madame, j'ai exécuté les ordres ; mais ma femme m'a dit que c'est quelqu'un comme il faut.

LA MARQUISE.

Amenez-les moi.

DUBOIS.

Ah ! madame !

LA MARQUISE.

Oui, priez-les ; dites-leur que je les prie de vouloir bien passer chez moi.

DUBOIS.

Mais si...

LA MARQUISE.

Faites ce que je vous dis, n'appréhendez rien. Faites rentrer Gotte.

SCÈNE IX

LA MARQUISE.

Ceci me paraît singulier.... Non, je ne peux croire ... Ah ! les hommes sont bien trompeurs... Au reste, je vais voir.

SCÈNE X

LA MARQUISE, GOTTE.

LA MARQUISE.

Je vous prie de garder le silence sur ce que vous pouvez savoir et ne savoir pas. (A part.) Je suis à présent fâchée de mon étourderie, et de mon officier! Sitôt qu'il paraîtra...

COTTE.

Oui, madame ?

LA MARQUISE.

Cet officier. Vous le ferez entrer dans mon petit cabinet : vous le prierez d'attendre un instant, et vous reviendrez.

SCÈNE XI

LA MARQUISE, DUBOIS, MADEMOISELLE ADÉLAÏDE, SA GOUVERNANTE.

LA MARQUISE.

Mademoiselle, je suis très-fâchée de troubler votre solitude : mais il faut que monsieur le marquis ait eu des raisons bien essentielles pour me cacher que vous étiez dans son appartement. J'attends de vous la découverte d'un mystère aussi singulier.

LA GOUVERNANTE.

Madame, je vous dirai que...

LA MARQUISE.

Cette femme est à vous ?

MADEMOISELLE ADÉLAÏDE.

Oui, madame, c'est ma gouvernante.

LA MARQUISE.

Permettez-moi de la prier de passer dans mon cabinet.

MADEMOISELLE ADÉLAÏDE.

Madame, depuis mon enfance elle ne m'a point quittée. Permettez-lui de rester.

SCÈNE XI.

LA MARQUISE à Dubois.

Avancez un siége, et sortez. (Dubois avance un siége : la marquise en montre un à é e plus loin.) Asseyez-vous, la bonne, asseyez-vous. Mademoiselle, toute l'honnêteté qui paraît en vous devait ne point faire hésiter monsieur le marquis de vous présenter chez moi.

MADEMOISELLE ADÉLAÏDE.

J'ignore, madame, les raisons qui l'en ont empêché ; j'aurais été la première à lui demander cette grâce, si je n'apprenais à l'instant que j'avais l'honneur d'être chez vous.

LA MARQUISE.

Vous ne saviez pas ?

MADEMOISELLE ADÉLAÏDE.

Non, madame.

LA MARQUISE.

Vous redoublez ma curiosité.

MADEMOISELLE ADÉLAÏDE.

Je n'ai nulle raison pour ne pas la satisfaire. Monsieur le marquis ne m'a jamais recommandé le secret sur ce qui me concerne.

LA MARQUISE.

Y a-t-il longtemps qu'il a l'honneur de vous connaître ?

MADEMOISELLE ADÉLAÏDE.

Depuis mon enfance, madame. Dans le couvent où j'ai passé ma vie, je n'ai connu que lui pour tuteur, pour parent et pour ami.

LA MARQUISE à la gouvernante.

Comment se nomme mademoiselle ?

LA GOUVERNANTE.

Mademoiselle Adélaïde.

LA MARQUISE.

Point d'autre nom ?

LA GOUVERNANTE.

Non, madame.

LA MARQUISE.

Non!... Et vous me direz, mademoiselle, que vous ignorez les idées de monsieur le marquis en vous amenant chez lui, et en vous dérobant à tous les yeux?

MADEMOISELLE ADÉLAÏDE, d'un ton un peu sec.

Lorsqu'on respecte les personnes, on ne les presse pas de questions, madame; et je respectais trop monsieur le marquis, pour le presser de me dire ce qu'il avait voulu me taire.

LA MARQUISE.

On ne peut pas avoir plus de discrétion.

MADEMOISELLE ADÉLAÏDE.

Et j'ai déjà eu l'honneur de vous dire, madame, que j'ignorais que j'étais chez vous.

LA MARQUISE.

Vous me le feriez oublier.

MADEMOISELLE ADÉLAÏDE, se levant.

Madame, je me retire.

LA MARQUISE, levée, d'un ton radouci.

Mademoiselle, je désire que monsieur le marquis ne retarde pas le plaisir que j'aurais de vous connaître.

MADEMOISELLE ADÉLAÏDE.

Je le désire aussi.

LA MARQUISE.

Il a sans doute eu des motifs que je ne crois injurieux, ni pour vous, ni pour moi; mais convenez que ce mystérieux silence a besoin de tous les sentiments que vous inspirez, pour n'être pas mal interprété.

MADEMOISELLE ADÉLAÏDE.

J'en conviens, madame ; et pour vous confirmer dans l'idée que je mérite que l'on prenne de moi, je vous dirai quelle est la mienne sur la conduite de monsieur de Clainville à mon égard. Il y a quelques mois...

LA MARQUISE.

Asseyez-vous, je vous en prie.

MADEMOISELLE ADÉLAÏDE s'ass'ed, ainsi que la marqu'se et la gouvernante.

Il y a quelques mois que monsieur de Clainville vint à mon couvent ; il était accompagné d'un gentilhomme de ses amis : il me le présenta. Il me demanda, pour lui, la permission de paraître à la grille ; je l'accordai. Il y vint... je l'ai vu... quelquefois... souvent même ; et lundi passé, monsieur le marquis revint me voir ; il me dit de me disposer à sortir du couvent. Dans la conversation qu'il eut avec moi, il sembla me prévenir sur un changement d'état. Quelques jours après (c'était hier) il e t revenu un peu tard ; car la retraite était sonnée. Il m'a fait sortir, non sans quelque chagrin ; j'étais dans ce couvent dès mon enfance ; et il m'a conduite ici. Voici, madame, toute mon histoire ; et s'il était possible que j'imaginasse quelque sujet de craindre l'homme que je respecte le plus, ce serait près de vous que je me réfugierais.

SCÈNE XII

Les précédents, GOTTE.

GOTTE.

Il se nomme monsieur Détieulette.

MADEMOISELLE ADÉLAÏDE.

Monsieur Détieulette !

LA GOUVERNANTE.

Monsieur Détieulette?

LA MARQUISE.

Dans mon cabinet?

GOTTE.

Oui, il est là.

LA MARQUISE, à Gotte.

Faites-le entrer ici... dans un moment. (A Mlle Adélaïde.) Mademoiselle, je ne crois pas que monsieur de Clainville me prive longtemps du plaisir de vous voir. Je ne lui dirai pas que j'ai pris la liberté de l'anticiper : je vous demanderai, mademoiselle, de vouloir bien ne lui en rien dire.

MADEMOISELLE ADÉLAÏDE.

Madame, j'observerai le même silence.

LA MARQUISE, à Gotte.

Faites entrer Dubois. Ah !...

SCÈNE XIII

Les précédents, DUBOIS.

LA MARQUISE.

Dubois, ayez pour mademoiselle tous les égards, toutes les attentions dont vous êtes capable. Vous ne direz point à monsieur le marquis que mademoiselle a bien voulu passer dans mon appartement, à moins qu'il ne vous le demande. Mademoiselle, j'espère que...

MADEMOISELLE ADÉLAÏDE.

Madame... (La marquise reconduit jusqu'à la deuxième porte. Gotte est restée ; elle voit entrer M. Détieulette.)

GOTTE.

Il n'a pas mauvaise mine ; elle peut le faire rester à dîner.

SCÈNE XIV

M. DÉTIEULETTE, LAFLEUR.

M. DÉTIEULETTE.

Tu demeures ici ?

LAFLEUR.

Chez le marquis de Clainville.

M. DÉTIEULETTE.

Chez le marquis de Clainville ? On m'a dit la comtesse de Wordacle.

LAFLEUR.

Madame a ordonné de le dire.

M. DÉTIEULETTE.

Ordre de dire qu'elle se nommait la comtesse de Wordacle ?

LAFLEUR.

Oui, monsieur.

M. DÉTIEULETTE.

Qu'est-ce que cela veut dire ?

LAFLEUR.

Je n'en sais rien.

M. DÉTIEULETTE.

Et où est le marquis ?

LAFLEUR.

On le dit à la chasse.

M. DÉTIEULETTE

N'est-il point à Montfort ? Je comptais l'y trouver. Revient-il ce soir ?

LAFLEUR.

Oui, madame l'attend.

M. DÉTIEULETTE.

Mais avoir fait dire qu'elle se nommait la comtesse de Wordacle : je n'y conçois rien.

LAFLEUR.

Monsieur, avez-vous toujours Champagne à votre service ?

M. DÉTIEULETTE.

Oui, je l'ai laissé derrière : son cheval n'a pu me suivre : mais voilà un singulier hasard ; et tu ne sais pas le motif?...

LAFLEUR.

Non, monsieur ; mais ne dites pas... Ah! voilà madame.

SCÈNE XV

LA MARQUISE, M. DETIEULETTE, GOTTE.

LA MARQUISE.

Quoi ! monsieur le baron, vous passez devant mon château sans me faire l'honneur... Ah! monsieur... Ah! que j'ai de pardons à vous demander : je vous ai pris pour un des parents de mon mari, et je vous ai fait prier de vous arrêter un moment. Je comptais lui faire des reproches, et ce sont des excuses que je vous dois... Ah! monsieur... Ah! que je suis fâchée de la peine que je vous ai donnée !

M. DÉTIEULETTE.

Madame...

LA MARQUISE.

Que d'excuses j'ai à vous faire !

M. DÉTIBULETTE.

Je rends grâce à votre méprise ; elle me procure l'honneur de saluer madame la comtesse.

LA MARQUISE.

Ah ! monsieur, on ne peut être plus confuse que je le suis. Mais, Gotte, mais voyez comme monsieur ressemble au baron.

GOTTE.

Oui, madame, à s'y méprendre.

LA MARQUISE.

Je ne reviens pas de mon étonnement : même taille, même air de tête ..

SCÈNE XVI

LES PRÉCÉDENTS, UN MAÎTRE D'HÔTEL.

LE MAÎTRE D'HÔTEL.

Madame est servie.

LA MARQUISE.

Monsieur, restez ; peut-être n'avez-vous pas dîné ? Monsieur, quoique je n'aie pas l'honneur de vous connaître...

M. DÉTIBULETTE.

Madame...

LA MARQUISE, au maître d'hôtel.

Monsieur reste.

M. DÉTIBULETTE.

Je ne sais, madame la comtesse, si je dois accepter l'honneur...

LA MARQUISE.

Vous devez, monsieur, me donner le temps d'effacer de votre esprit l'opinion d'étourderie que vous devez, sans doute, m'accorder. (M. Détioulette donne la main ; ils passent dans la salle à manger.)

SCÈNE XVII

GOTTE.

Ah! pour cela, on ne peut mieux jouer la comédie. Ah! les femmes ont un talent merveilleux. Elle l'a dit, elle ne dînera pas seule, Je ne reviens pas de sa tranquillité.

SCÈNE XVIII

GOTTE, LAFLEUR.

Gotte lève un coussin de berger, tire de dessous une manchette qu'elle brode, Lafleur paraît; elle est prête à la cacher, et voyant que c'est Lafleur, elle se remet à broder. Lafleur a une serviette à la main, comme un domestique qui sert à table.)

LAFLEUR.

Enfin, on peut causer.

GOTTE.

Ah! te voilà! je pensais à toi. Tu ne sers pas à table?

LAFLEUR.

Est-ce qu'il faut être douze pour servir deux personnes?

GOTTE.

Et si madame te demande?

LAFLEUR.

Elle a Julien. Je suis cependant fâché de n'être pas resté, j'aurais écouté. (Il tire le fil de Gotte.)

SCÈNE XVIII.

GOTTE.

Finis donc.

LAFLEUR.

C'est que je t'aime bien.

GOTTE.

Ah! tu m'aimes : je veux bien le croire. Mais il faut avouer que tu es bien singulier avec toutes tes niaiseries.

LAFLEUR.

Quoi donc?

GOTTE.

Madame, sur votre respect. Madame, révérence parler. Madame, j'ai eu l'honneur d'aller au bout du corridor. (Pendant ce couplet, Lafleur rit.)

LAFLEUR.

Ha, ha!

GOTTE.

Hé! de quoi ris-tu?

LAFLEUR.

Comment! tu es la dupe de cela, toi?

GOTTE.

Quoi! la dupe?

LAFLEUR.

Oui, quand je parle comme cela à madame.

GOTTE.

Sans doute.

LAFLEUR.

Et que je fais le nigaud.

GOTTE.

Comment?

LAFLEUR.

Je le fais exprès.

GOTTE.

Tu le fais exprès ?

LAFLEUR.

Tu ne sais donc pas comme les maîtres sont aises quand nous leur donnons occasion de dire : Ah! que ces gens-là sont bêtes ! Ah! quelle ineptie! Ah! quelle sotte espèce! Ils devraient bien manger de l'herbe, et mille autres propos. C'est comme s'ils se disaient à eux-mêmes : Ah! que j'ai d'esprit! Ah! quelle pénétration! Ah! comme je suis bien au-dessus de tout ça! Hé! pourquoi leur épargner ce plaisir-là ? Moi, je le leur donne toujours, et tant qu'ils veulent; et je m'en trouve bien. Qu'est-ce que cela coûte ?

GOTTE.

Je ne te croyais ni si fin, ni si adroit.

LAFLEUR.

J'ai déjà fait cinq conditions ; j'ai été renvoyé de chez trois pour avoir fait l'entendu, pour leur avoir prouvé que j'avais plus de bon sens qu'eux. Depuis ce temps-là j'ai fait tout le contraire, et cela me réussit ; car j'ai déjà devant moi une assez bonne petite somme, que je veux mettre aux pieds de la charmante brodeuse, qui veut bien... (Il veut l'embrasser.)

GOTTE.

Mais, finis donc; tu m'impatientes.

LAFLEUR.

Tiens, Gotte, j'ai lu dans un livre relié, que pour faire fortune, il suffit de n'avoir ni honneur ni humeur

GOTTE.

À l'humeur près, ta fortune est faite.

SCÈNE XVIII.

LAFLEUR.

Ah! je ferai fortune.

GOTTE.

Mais, tu as lu; est-ce que tu sais lire?

LAFLEUR.

Oui; quand je suis entré ici, j'ai dit que je ne savais ni lire ni écrire. Cela fait bien, on se méfie moins de nous; et pourvu qu'on remplisse son devoir, qu'on fasse bien ses commissions, avec cela l'air un peu stupide, attaché, secret, voilà tout. Ah! je ferai fortune. Mais avant, ô ma charmante petite Gotte...

GOTTE.

Mais, finis donc, finis donc, finis donc : tu m'as fait casser mon fil. Tiens, tes manchettes seront faites quand elles voudront. (Elle les jette par terre, Lafleur les ramasse.)

LAFLEUR.

Vous respectez joliment mes manchettes. Ah! c'est bien brodé. Mais les as-tu commencées pour moi?

GOTTE.

Donne, donne. Tu as donc peur de faire voir à madame que tu as de l'esprit?

LAFLEUR.

Oui, vraiment.

GOTTE.

Vraiment; mais ne t'y fie pas. Madame voit tout ce qu'on croit lui cacher. Il y a sept ans que je suis à son service, je l'ai bien observée : c'est un ange pour la conduite, c'est un démon pour la finesse. Cette finesse-là l'entraîne souvent plus loin qu'elle ne le veut, et la jette dans des étourderies; étourderies pour toute autre, témoin celle-ci; mais je ne sais pas comme elle fait. Ce qui m' désolerait moi, finit toujours par lui faire honneur. Je ne suis pas sotte; hé bien! elle me devine une heure avant que je parle. Pour monsieur le marquis, qui se croit le plus savant, le plus fin, le plus habile, le premier des hommes, il n'est que l'humble serviteur des volontés de madame ; et il jurerait ses grands dieux qu'elle ne pense, n'agit et ne parle que d'après lui. Ainsi, mon pauvre Lafleur, mets toi a ton aise, ne te gêne pas, déploie tous les trésors de ton bel esprit ; et près de madame tu ne seras jamais qu'un sot, entends-tu.

LAFLEUR.

Et avec cet esprit-là elle n'a jamais eu la moindre petite affaire de cœur? là quelque....

GOTTE.

Jamais.

LAFLEUR.

Jamais. On dit cependant monsieur jaloux.

GOTTE.

Ah! comme cela, par saillie. C'est elle bien plutôt qui serait jalouse ; pour lui, il a tort, car c'est presque la seule femme de laquelle je jurerais, et de moi, s'entend.

LAFLEUR.

Ah! sûrement. Mais cela doit te faire une assez mauvaise condition.

GOTTE.

Ah! madame est fort généreuse.

LAFLEUR.

Imagine donc ce qu'elle serait, s'il y avait quelque amourette en campagne. Avec les maîtres qui vivent bien ensemble, il n'y a ni plaisir, ni profit. Ah! que je voudrais être à la place de Dubois.

GOTTE.

Pourquoi ?

SCÈNE XVIII.

LAFLEUR.

Pourquoi? Et cette jolie personne enfermée chez monsieur, n'est-ce rien? Je parie que c'est la plus charmante petite intrigue. Monsieur va l'envoyer à Paris; il lui louera un appartement, il la mettra dans ses meubles; le valet de chambre fera les emplettes; c'est tout gain. Madame se doutera de la chose, ou quelque bonne amie viendra en poste de Paris pour lui en parler, sans le faire exprès. Ah! Gotte, si tu as de l'esprit, ta fortune est faite. Tu feras de bons rapports, vrais ou faux; tu attiseras le feu; madame se piquera, prendra de l'humeur, et se vengera. Croirais-tu que je ne l'ai dit à madame que pour la mettre dans le goût de se venger?

GOTTE.

Tu es un dangereux coquin.

LAFLEUR.

Bon! qu'est-ce que cela fait? Il y a sept ans, dis-tu, que tu es à son service. Il faut qu'un domestique soit bien sot, lorsqu'au bout de sept ans il ne gouverne pas son maître.

GOTTE.

Il ne faudrait pas s'y jouer avec madame; elle me jetterait là comme une épingle.

LAFLEUR.

Voici, par exemple, pour elle une belle occasion : Monsieur Détieulette est aimable.

GOTTE.

Monsieur?...

LAFLEUR.

Monsieur Détieulette; cet officier.

GOTTE.

Est-ce que tu le connais?

LAFLEUR.

Oui; il m'a reconnu d'abord. Je l'ai beaucoup vu chez mon ancien maître : il était étonné de me voir chez le marquis de Clainville.

GOTTE.

Est-ce que tu lui as dit chez qui tu étais?

LAFLEUR.

Oui.

GOTTE.

Chez monsieur de Clainville?

LAFLEUR.

Oui, à madame de Clainville.

GOTTE.

A madame de Clainville? Ah! la bonne chose! C'est bien fait, avec ses détours, j'en suis bien aise : sa finesse a ce qu'elle mérite.

LAFLEUR.

Pourquoi donc?

GOTTE.

Je ne m'étonne plus s'il se tuait de l'appeler madame la comtesse. C'est que sous le nom de la comtesse de Wordacle.... Quoi! on a déjà dîné!

LAFLEUR.

Comme le temps passe vite!

GOTTE cache les manchettes.

Ciel! voilà madame!

SCÈNE XIX

LA MARQUISE, M. DÉTIEULETTE, GOTTE, LAFLEUR.

LA MARQUISE lance un regard sévère sur Lafleur et sur Gotte.

Oui, monsieur, notre sexe trouvera toujours aisément le moyen de gouverner le vôtre. L'autorité que nous prenons marche par une route si fleurie, la pente est si insensible, notre constance dans le même projet a l'air si simple et si naturel, notre patience a si peu d'humeur, que l'empire est pris avant que vous vous en doutiez.

M. DÉTIEULETTE.

Que je m'en doutasse ou non, j'aimerais, madame, à vous le céder.

LA MARQUISE.

Je reçois cela comme un compliment ; mais faites une réflexion. Dès l'enfance on nous ferme la bouche, on nous impose silence jusqu'à notre établissement ; cela tourne au profit de nos yeux et de nos oreilles. Notre coup d'œil en devient plus fin, notre attention plus soutenue, nos réflexions plus délicates ; et la modestie avec laquelle nous nous énonçons donne presque toujours aux hommes une confiance dont nous profiterions aisément si nous nous abaissions jusqu'à les tromper.

M. DÉTIEULETTE.

Ah ! madame, que n'ai-je ici pour second le colonel d'un régiment dans lequel j'ai servi, le marquis de Clainville.

LA MARQUISE.

Le marquis de Clainville ! vous connaissez le marquis de Clainville ?

M. DÉTIEULETTE.

Oui, madame. (Ici Gotte écoute avec attention.)

LA MARQUISE.

Ne vous trompez-vous pas ?

M. DÉTIEULETTE.

Non, madame. C'est un homme qui doit avoir à présent.... oui, il doit avoir à présent cinquante à cinquante-deux ans, de moyenne taille, fort bien prise; beau joueur, bon chasseur, grand parieur, savant, se piquant de l'être, même dans les détails; connaissant tous les arts, tous les talents, toutes les sciences, depuis la peinture jusqu'à la serrurerie, depuis l'astrologie jusqu'à la médecine; d'ailleurs, excellent officier, d'un esprit droit et d'un commerce sûr. (Ici, Gotte sourit.)

LA MARQUISE.

La serrurerie! ah! vous le connaissez.

M. DÉTIEULETTE.

Je ne sais pas s'il a des terres dans cette province.

LA MARQUISE.

Et monsieur de Clainville vous disait....

M. DÉTIEULETTE.

Vous le connaissez aussi, madame ?

LA MARQUISE.

Beaucoup; et il vous disait ...

M. DÉTIEULETTE.

On m'avait dit qu'il était veuf, et qu'il allait se remarier.

LA MARQUSE.

Non, monsieur, il n'est pas veuf.

M. DÉTIEULETTE.

On le plaignait beaucoup de ce que sa femme....

SCÈNE XIX.

LA MARQUISE.

Sa femme?...

M. DÉTIEULETTE.

Avait la tête un peu....

LA MARQUISE.

Un peu?

M. DÉTIEULETTE.

Oui, qu'elle avait une maladie.... d'esprit.... des absences.... jusqu'à ne pas se ressouvenir des choses les plus simples, jusqu'à oublier son nom.

LA MARQUISE.

Pure calomnie ! (Gotte, pendant ces couplets, rit, et enfin éclate. La marquise se retourne, et dit à Gotte :) Qu'est-ce que c'est donc?

GOTTE.

Madame, j'ai un mal de dents affreux.

LA MARQUISE.

Allez plus loin, nous n'avons pas besoin de vos gémissements. (A M. Détieulotte.) Enfin, que vous disait monsieur de Clainville sur le chapitre des femmes ?

M. DÉTIEULETTE.

Ce qu'il disait était fort simple, et avait l'air assez réfléchi. Les femmes, disait monsieur de Clainville vous m'y forcez, madame ; je n'oserais jamais....

LA MARQUISE.

Dites, monsieur.

M. DÉTIEULETTE.

Les femmes, disait-il, n'ont d'empire que sur les âmes faibles ; leur prudence n'est que de la finesse, leur raison n'est souvent que du raisonnement ; habiles à saisir la superficie, le jugement en elles est sans profondeur : aussi n'ont-elles que le sang-froid de l'instant, la présence d'esprit de la minute, et cet esprit est souvent peu de chose ; il éblouit sous le coloris des grâces, il passe avec elles, il s'évapore avec leur jeunesse, il se dissipe avec leur beauté. Elles aiment mieux.... Madame, c'est monsieur de Clainville qui parle, ce n'est pas moi ; je suis si loin de penser....

LA MARQUISE.

Continuez, monsieur. Elles aiment mieux ?...

M. DÉTIEULETTE.

Elles aiment mieux réussir par l'intrigue que par la droiture et par la simplicité ; secrètes sur un seul article, mystérieuses sur quelques autres, dissimulées sur tous. Elles ne sont presque jamais agitées que de deux passions, qui même n'en font qu'une, l'amour d'un sexe, et la haine de l'autre. Defendez-vous, ajoutait-il.... Madame, je....

LA MARQUISE.

Achevez, monsieur, achevez.

M. DÉTIEULETTE.

Défendez-vous, ajoutait-il, de leur premier coup d'œil ; ne croyez jamais leur première phrase, et elles ne pourront vous tromper. Je ne l'ai jamais été par elles dans la moindre petite affaire, et je ne le serai jamais.

LA MARQUISE.

Et monsieur de Clainville vous disait cela ?

M. DÉTIEULETTE.

A moi, madame, et à tous les officiers qui avaient l'honneur de manger chez lui. Là-dessus il entrait dans des détails....

LA MARQUISE.

Je n'en suis pas fort curieuse. Et sans doute, messieurs, que vous applaudissiez ; car lorsqu'un de vous s'amuse sur notre chapitre....

M. DÉTIEULETTE.

Je me taisais, madame ; mais si j'avais eu le bonheur de vous connaître, quel avantage n'aurais-je pas eu sur lui, pour lui prouver que la force de la raison, la solidité du jugement....

LA MARQUISE, un peu piquée.

Monsieur, je ne m'aperçois pas que j'abuse de la complaisance que vous avez eue de vous arrêter ici. Vous m'avez dit qu'il vous restait encore dix lieues à faire ; et la nuit....

SCÈNE XX

LA MARQUISE, M. DÉTIEULETTE, GOTTE.

GOTTE.

Madame, voici monsieur le marquis... non, monsieur le comte, qui revient de la chasse.

LA MARQUISE joue l'embarras.

Quoi! déjà?... O ciel! Monsieur... je ne sais... je suis....

M. DÉTIEULETTE.

Madame, quelque chose paraît altérer votre tranquillité. Serais-je la cause ?...

LA MARQUISE.

J'hésite sur ce que j'ai à vous proposer. Mon mari n'est pas jaloux, non, il ne l'est pas, et il n'a pas sujet de l'être ; mais il est si délicat sur de certaines choses, et la manière dont je vous ai retenu...

M. DÉTIEULETTE.

Hé bien, madame ?

LA MARQUISE.

Il va, sans doute, venir me dire des nouvelles de sa chasse, et il ne restera pas longtemps.

M. DÉTIBULETTE.

Madame, que faut-il faire ?

LA MARQUISE.

Si vous vouliez passer un instant dans ce cabinet ?

M. DÉTIBULETTE.

Avec plaisir.

LA MARQUISE.

Vous n'y serez pas longtemps. Sitôt qu'il sera sorti de mon appartement, vous serez libre. Vous n'aurez pas le temps de vous ennuyer ; vous pourrez de la entendre notre conversation. Je serai même charmée que vous nous écoutiez.

SCÈNE XXI

LA MARQUISE, GOTTE.

LA MARQUISE.

Ah ! monsieur de Clainville, nous ne prenons d'empire que sur les âmes faibles ! Je suis piquée au vif... oui... oui... il peut avoir tenu de ces discours-là... je le reconnais. Lui... lui, qui par l'idée de son propre mérite, aurait été l'homme le plus aisé... Ah ! que je serais charmée si je pouvais me venger... m'en venger, là, à l'instant ; et prouver.... Mais comment pourrais-je m'y prendre ?... Si je lui faisais raconter à lui-même, ou plutôt en lui faisant croire... non... il faut que cela intéresse particulièrement mon officier... je veux qu'il en soit en quelque sorte.... Si, par quelque gageure. (Ici, elle fixe la porte et la clé en rêvant.) Monsieur de Clainville... Ah ! (Elle dit cela en souriant à l'idée qu'elle a trouvée.) Non, non... il serait pourtant plaisant.... Mais que risqué-je.... (E le se lève, t re la clé du cabinet avec mystère.) Il serait bien singulier que cela réussît. (Elle rit de son idée, en mettant la clé dans sa poche ; elle s'assied.) Gotte, donnez-moi mon sac à ouvrage.

SCÈNE XXII.

GOTTE.

Le voilà.

LA MARQUISE, rêveuse.

Donnez-moi mon sac à ouvrage.

GOTTE.

Hé! le voilà, madame.

LA MARQUISE.

Ah!

SCÈNE XXII

LE MARQUIS, LA MARQUISE, GOTTE.

LA MARQUISE, sur sa chaise longue, et faisant des nœuds.

Hé bien, monsieur, avez-vous été bien mouillé?

LE MARQUIS.

J'aime la pluie. Et vous, madame, avez-vous eu beaucoup de monde?

LA MARQUISE.

Qui que ce soit. Votre chasse a sans doute été heureuse?

LE MARQUIS.

Ah! madame, des tours perfides. Nous débusquions des bois de Salveux : voilà nos chiens en défaut. Je soupçonne une traversée ; enfin nous ramenons. Je crie à Brevaut que nous en revoyons ; il me soutient le contraire. Mais je lui dis : « Vois donc la sole pleine, les côtés gros, les pinces rondes, et le talon large ; » il me soutient que c'est une biche brehaigne : cerf dix cors s'il en fut.

LA MARQUISE.

Je suis toujours étonnée, monsieur, de la prodigieuse quantité de mots, de termes que seulement la chasse sait employer. Les femmes croient savoir la langue française ; et nous sommes bien ignorantes. Que de termes d'art, de sciences, de talents et de ces arts que vous appelez....

LE MARQUIS.

Mécaniques.

LA MARQUISE.

Mécaniques! eh bien! voilà encore un terme.

LE MARQUIS.

Madame, un homme un peu instruit les sait tous, à peu de chose près.

LA MARQUISE.

Quoi! de ces arts mécaniques?

LE MARQUIS.

Oui, madame, je ne me citerai pas pour exemple : je me suis donné une éducation si singulière! Et sans avoir un empire à réformer, Pierre le Grand n'est pas entré plus que moi dans de plus petits détails ; il y a peu, je ne dis pas de choses servant aux arts, aux sciences, aux talents, mais même aux métiers, dont je n'eusse dit les noms ; j'aurais jouté contre un dictionnaire. (Pendant ce commencement de scène, M. de Clainville peut défaire ses gants, et les donner, ainsi que son couteau de chasse, à un domestique.)

LA MARQUISE.

Je ne jouterais donc pas contre vous ; car, moi, à l'instant, je regardais cette porte, et je me disais : chaque petit morceau de fer qui sert à la construire a certainement son nom ; et, hors la serrure, je n'aurais pas dit le nom d'un seul.

LE MARQUIS.

Hé bien! moi, madame, je les dirais tous.

LA MARQUISE.

Tous? cela ne se peut pas.

SCÈNE XXII.

LE MARQUIS.

Je le parierais.

LA MARQUISE.

Ah! cela est bientôt dit.

LE MARQUIS.

Je le parie, madame, je le parie.

LA MARQUISE.

Vous le pariez?

GOTTE, à part.

Notre prisonnier a bien affaire de tout cela.

LE MARQUIS.

Oui, madame, je le parie.

LA MARQUISE.

Soit; aussi bien depuis quelques jours ai-je besoin de vingt louis.

LE MARQUIS.

Que ne vous adressiez-vous à vos amis?

LA MARQUISE.

Non, monsieur, je ne veux pas vous devoir un si faible service; je vous réserve pour de plus grandes occasions, et j'aime mieux vous les gagner.

LE MARQUIS.

Vingt louis?

LA MARQUISE.

Vingt louis.

GOTTE, à part.

Cela m'impatiente pour lui. Demandez-moi à quel propos cette gageure.

LE MARQUIS.

Soit, je le veux bien.

LA MARQUISE.

Et vous me direz le nom de tous les morceaux de bois qui entrent dans la composition d'une porte, d'une porte de chambre, de celle-ci ?

LE MARQUIS.

Oui, madame.

LA MARQUISE.

Mais il faut écrire à mesure que vous les nommerez ; car je ne me ressouviendrai jamais...

LE MARQUIS.

Sans doute, écrivons, Dubois... (A Gotte.) Mademoiselle, je vous prie de faire venir Dubois. (A la marquise.) Toutes les fois, madame, que je trouverai une occasion de vous prouver que les hommes ont l'avantage de la science, de l'érudition et d'une sorte de profondeur de jugement... Il est vrai, madame, que ce talent divin, accordé par la nature, ce charme, cet ascendant avec lequel un seul de vos regards...

LA MARQUISE.

Ah ! monsieur ! songez que je suis votre femme, et un compliment n'est rien quand il est déplacé. Revenons à notre gageure, vous voudriez, je crois, me la faire oublier.

LE MARQUIS.

Non, je vous assure.

SCÈNE XXIII

LE MARQUIS, LA MARQUISE, DUBOIS, GOTTE.

LA MARQUISE.

Voici Dubois ; nous n'avons pas de temps à perdre pour prouver ce que j'ai avancé, et nous avons encore dix lieues à faire aujourd'hui.

SCÈNE XXIII.

LE MARQUIS.

Que dites-vous, madame, aujourd'hui ?

LA MARQUISE.

Je vous expliquerai cela; notre gageure, notre gageure.

LE MARQUIS.

Dubois, prends une plume et de l'encre, mets-toi à cette table, et écris ce que je vais te dicter.

LA MARQUISE.

Dubois, mettez en tête : Vous donnerez vingt louis au porteur du présent, dont je vous tiendrai compte.

LE MARQUIS.

Ils ne sont pas gagnés, madame.

LA MARQUISE.

Voyons, voyons : commencez.

LE MARQUIS.

Madame, ces détails-là vont vous paraître bien bas, bien singuliers, bien ignobles.

LA MARQUISE.

Dites bien brillants; je les trouverai d'or si j'en obtiens ce que je désire. Je suis cependant si bonne, que je veux vous aider à me faire perdre ; vous n'oublierez sans doute pas la serrure, et les petits clous qui l'attachent.

LE MARQUIS.

Ce ne sont pas des clous ; on appelle cela des vis, serrées par des écrous : mettez la serrure, les vis, les écrous...

DUBOIS écrivant.

Écrous.

LE MARQUIS.

L'entrée, la pomme, les rosettes, les fiches...

LA MARQUISE.

Ah! quelle vivacité, monsieur. Ah! vous m'effrayez.

DUBOIS.

Les fiches...

LE MARQUIS.

Attendez, madame, tout n'est pas dit.

LA MARQUISE.

Ah! j'ai perdu, monsieur, j'ai perdu.

LE MARQUIS.

Madame, un instant. Fiches à vases, fiches de brisure, tiges, équerre, verrous, gâches...

LA MARQUISE.

Ah! monsieur, monsieur, c'est fait de mes vingt louis.

LE MARQUIS.

Je n'hésite pas, madame, je n'hésite pas, vous le voyez : un instant, un instant.

DUBOIS.

Gâches...

LA MARQUISE.

Mais voyez comme en deux mots, monsieur!

LE MARQUIS.

Madame.

LA MARQUISE.

Voulez-vous dix louis de la gageure?

LE MARQUIS.

Non, non, madame. Équerre, verrous, gâches...

DUBOIS.

C'est mis.

SCÈNE XXIII.

LA MARQUISE.

Dix louis, monsieur, dix louis.

LE MARQUIS.

Non, non, madame. Ah ! vous voulez parier!

LA MARQUISE.

En voulez-vous quinze louis?

LE MARQUIS.

Je ne ferais pas grâce d'une obole. J'ai perdu trois paris la semaine passée ; il est juste que j'aie mon tour.

LA MARQUISE.

Je baisse pavillon. Je ne demande pas si vous avez oublié quelque terme.

LE MARQUIS.

Je ne le crois pas. Équerre... gâches, verrous, serrure.

LA MARQUISE.

Si c'était de ces grandes portes, vous auriez eu plus de peine.

LE MARQUIS.

Je les aurais dits de même. Gâches, verrous.

LA MARQUISE.

Hé bien, monsieur, avez-vous tout dit ?

LE MARQUIS.

Oui... oui, madame, à ce que je crois, équerre, serrure.

LA MARQUISE.

Monsieur, ce qui me jette dans la plus grande surprise, c'est la promptitude, la précision du coup d'œil avec laquelle vous saisissez...

LE MARQUIS.

Cela vous étonne, madame ?

LA MARQUISE.

Cela ne devrait pas me surprendre. Enfin il ne reste plus rien...

LE MARQUIS.

Que de me payer, madame.

LA MARQUISE.

De vous payer? Ah! monsieur! vous êtes un créancier terrible. Si vous avez perdu, je serai plus honnête et je vous ferai plus de crédit.

LE MARQUIS.

Je n'en demande point.

LA MARQUISE.

Dubois, fermez ce papier et cachetez-le; voici mon étui.

LE MARQUIS.

Pourquoi donc, madame? cela est inutile.

LA MARQUISE.

Vous me pardonnerez. J'ai l'attention si paresseuse; les femmes n'ont que la présence d'esprit de la minute, et elle est passée cette minute.

LE MARQUIS.

Vous croyez rire; mais ce que vous dites-là, je l'ai dit cent fois.

LA MARQUISE.

Oh! je vous crois. J'espère, moi, de mon côté, que vous voudrez bien m'accorder une heure pour réfléchir, et examiner si vous n'avez rien oublié.

LE MARQUIS.

Deux jours, si vous l'exigez.

LA MARQUISE.

Non, je ne veux pas plus de temps qu'il ne m'en faut pour vous raconter l'histoire de ma journée; et la voici:

je me suis ennuyée, mais très-ennuyée ; je me suis mise sur le balcon, la pluie m'en a chassée ; j'ai voulu lire, j'ai voulu broder, faire de la musique, l'ennui jetait un voile si noir sur toutes mes idées, que je me suis remise à regarder sur le grand chemin. J'ai vu passer un cavalier, qui pressait fort sa monture ; il m'a saluée : il m'a pris fantaisie de ne pas dîner seule. Je lui ai envoyé dire que madame la comtesse de Wordacle le priait d'entrer chez elle.

LE MARQUIS.

Pourquoi la comtesse de Wordacle ?

LA MARQUISE.

Une idée : je ne voulais pas qu'il sût que je suis femme de monsieur de Clainville (en élevant la voix), de monsieur de Clainville, qui a des terres dans cette province.

LE MARQUIS.

Pourquoi ?...

LA MARQUISE.

Je vous le dirai : il a accepté ma proposition. J'ai vu un cavalier qui se présente tres-bien ; il est de ces hommes dont la physionomie honnête et tranquille inspire la confiance. Il m'a fait le compliment le plus flatteur ; il n'a laissé échapper aucune occasion de me prouver que je lui avais plu, il a même osé me le dire ; et soit que naturellement il soit hardi avec les femmes, ou peut-être, malgré moi, a-t-il vu dans mes yeux tout le plaisir que sa présence me faisait... Enfin, que vous dirai-je ? excusez ma sincérité, mais je connais l'empire que j'ai sur votre âme, dans l'instant le plus décidé d'une conversation assez vive vous êtes arrivé, et je n'ai eu que le temps de le faire passer dans ce cabinet, d'où il m'entend, si le récit que je vous fais lui laisse assez d'attention pour nous écouter. Alors, vous êtes entré ; je vous ai proposé ce pari assez indiscrètement ; je ne supposais pas que vous l'accepteriez, et j'ai eu tort. fatigué comme vous devez l'être, de vous avoir arrêté... (Le marquis par degrés prend un air sérieux, froid et sec.)

LE MARQUIS.

Madame...

LA MARQUISE.

Mais... monsieur. . je m'aperçois... Le cerf que vous avez couru vous a-t-il mené loin ?

LE MARQUIS.

Non, madame.

LA MARQUISE.

Vous me paraissez avoir quelque chagrin.

LE MARQUIS.

Non, madame, je n'en ai point. Mais ce monsieur doit s'ennuyer dans ce cabinet.

GOTTE, à part.

Ah ! ciel !

LA MARQUISE.

N'en parlons plus, je vois que cela vous a fait quelque peine, et j'en suis mortifiée. Je... je... je souhaiterais être seule. (Dubois et Gotte se retirent d'un air embarrassé dans le fond du théâtre. Gotte a l'air plus effrayé.)

LE MARQUIS.

Je le crois.

LA MARQUISE.

Je désirerais...

LE MARQUIS.

Et moi je désire entrer dans ce cabinet, et voir l'homme qui a eu la témérité....

GOTTE.

Ah ! quelle imprudence !

SCÈNE XXIII.

LA MARQUISE, jouant l'embarras.

Permettez-moi, monsieur, de vous proposer un accommodement...

LE MARQUIS.

Un accommodement, madame ? Je ne vois pas quel accommodement...

LA MARQUISE.

Si j'ai perdu le pari, donnez-m'en la revanche.

LE MARQUIS.

Madame, il n'est pas question de plaisanter.

LA MARQUISE.

Je ne plaisante point : je vous demande ma revanche.

LE MARQUIS.

Et moi, madame, je vous demande la clé de ce cabinet, et je vous prie de me la donner.

LA MARQUISE.

La clé, monsieur ?

LE MARQUIS.

Oui, la clé, la clé !

LA MARQUISE.

Et si je ne l'ai pas ?

LE MARQUIS.

Il est un moyen d'entrer, c'est de jeter la porte en dedans.

LA MARQUISE.

Monsieur, point de violence : ce que vous projetez vous sera aussi facile, lorsque vous m'aurez accordé un moment d'audience.

LE MARQUIS.

Je vous écoute, madame.

LA MARQUISE.

Asseyez-vous, monsieur.

LE MARQUIS.

Non, madame.

LA MARQUISE.

Avant de vous emporter à des extrémités, qui sont indignes de vous et de moi, je vous prie de me faire payer les vingt-cinq louis du pari, parce que vous avez perdu.

LE MARQUIS.

Ah! morbleu! madame, c'en est trop.

LA MARQUISE.

Arrêtez, monsieur, dans ce pari vous avez oublié de parler d'une clé, d'une clé, d'une clé; vous ne doutez pas qu'elle ne soit de fer. Vous l'avez bien nommée depuis avec une fureur et un emportement que je n'attendais pas; mais il n'est plus temps. J'ai voulu faire un badinage de ceci, et vous faire demander à vous-même le morceau de fer que vous aviez oublié; mais je vois, et trop tard, que je ne devais pas m'exposer à la singularité de vos procédés. Lisez, monsieur. Elle prend le papier, rompt le cachet, et le lui donne tout ouvert. Il le prend avec dépit, et lit d'un air indécis, distrait et confus.) Quant à cette clé que vous demandez, tenez, monsieur, la voici cette clé; ouvrez ce cabinet, ouvrez-le vous-même, regardez partout, justifiez vos soupçons, et accordez-moi assez d'esprit pour penser que, lorsque j'ai la prudence d'y faire cacher quelqu'un, je ne dois pas avoir la sottise de vous le dire.

LE MARQUIS, confus.

Ah! madame!

LA MARQUISE.

Quoi! vous hésitez, monsieur? que n'entrez-vous dans ce cabinet; je vais l'ouvrir moi-même.

SCÈNE XXIII.

LE MARQUIS.

Ah! madame, madame! c'est battre un homme à terre.

LA MARQUISE.

Non, non : ce que je vous ai dit, est, sans doute, vrai.

LE MARQUIS.

Ah! madame, que je suis coupable!

LA MARQUISE.

Hé! non, monsieur, vous ne l'êtes point.

LE MARQUIS.

Madame, je tombe à vos genoux.

LA MARQUISE.

Relevez-vous, monsieur.

LE MARQUIS.

Me pardonnez-vous ?

LA MARQUISE.

Oui, monsieur.

LE MARQUIS.

Vous ne le dites pas du profond du cœur.

LA MARQUISE.

Je vous assure que je n'y ai nulle peine.

LE MARQUIS.

Que de bonté !

LA MARQUISE.

Ce n'est point par bonté, c'est par raison.

LE MARQUIS.

Ah! madame! qui s'en serait méfié. (En regardant le papier.) Oui... oui. O ciel! avec quelle adresse, avec quelle finesse j'ai été conduit à demander cette clé, cette maudite clé (il lit.) Oui, oui, voilà bien la serrure, les vis, les écrous. Diable de clé ! maudite clé ! Mais, Dubois, ne l'ai-je pas dit ?

DUBOIS.

Non, monsieur ; j'ai pensé vous le dire.

LE MARQUIS.

Madame, madame, j'en suis charmé, j'en suis enchanté ; cela m'apprendra à n'avoir plus de vivacité avec vous ; voici la dernière de ma vie. Je vais vous envoyer vos vingt louis, et je les paye du meilleur de mon cœur. Vous me pardonnerez, madame ?

LA MARQUISE.

Oui, monsieur, oui, monsieur.

LE MARQUIS, r venant sur ses pas.

Mais admirez combien j'étais simple, avec l'esprit que je vous connais, d'aller penser... d'aller croire... Ah ! je suis... je suis... je vais, madame, je vais faire acquitter ma dette.

LA MARQUISE le conduit des yeux et met la clé à la porte du cabinet.

Gotte, voyez si monsieur ne revient pas.

SCÈNE XXIV

LA MARQUISE, M. DETIEULETTE, GOTTE

LA MARQUISE ouvre le cabinet.

Sortez, sortez. Hé bien ! monsieur, sortez.

DÉTIEULETTE.

Madame, je suis étonné, je suis confondu de tout ce que je viens d'entendre.

LA MARQUISE.

Hé bien ! monsieur, avez-vous besoin d'autre preuve

pour être convaincu de l'avantage que toute femme peut avoir sur son mari ? et si j'étais plus jolie et plus spirituelle...

M. DÉTIEULETTE.

Cela ne se peut pas.

LA MARQUISE.

Encore, monsieur, ne me suis-je servie que de nos moindres ressources. Que serait-ce si j'avais fait jouer tous les mouvements du dépit, les accents étouffés d'une douleur profonde, si j'avais employé les reproches, les larmes, le désespoir d'une femme qui se dit outragée ? Vous ne vous doutez pas, vous n'avez pas d'idée de l'empire d'une femme qui a su mettre une seule fois son mari dans son tort. Je ne suis pas moins honteuse du personnage que j'ai fait : je n'y penserai jamais sans rougir. Ma petite idée de vengeance m'a conduite plus loin que je ne voulais. Je suis convaincue que le désir de montrer de l'esprit ne nous mène qu'à dire ou à faire des sottises.

M. DÉTIEULETTE.

Quel nom donnez-vous à une plaisanterie !

LA MARQUISE.

Ah ! monsieur, en présence d'un étranger, que j'ai cependant tout sujet de croire un galant homme.

M. DÉTIEULETTE.

Et le plus humble de vos serviteurs.

LA MARQUISE.

J'ai jeté une sorte de ridicule sur mon mari, sur monsieur de Clainville ; car vous savez ma petite finesse à votre égard.

M. DÉTIEULETTE.

Je la savais avant.

LA MARQUISE.

Quoi ! monsieur, vous saviez...

M. DÉTIEULETTE.

Que j'avais l'honneur d'être chez madame de Clainville : un de vos domestiques me l'avait dit.

LA MARQUISE.

Comment, monsieur, j'étais votre dupe?

M. DÉTIEULETTE.

Non, madame ; mais je n'étais pas la vôtre.

LA MARQUISE.

Ah ! comme cela me confond ! Et cette femme qui a des absences, qui oublie son nom ? Quoi ! monsieur, vous me persifliez ?

M. DÉTIEULETTE.

Madame, je vous en demande pardon.

LA MARQUISE.

Ah ! comme cela me confond et me fortifie dans la pensée d'abjurer toute finesse ! (Elle se promène avec dépit.) Ah ! ciel ! J'espère, monsieur, que cet hiver, à Paris, vous nous ferez l'honneur de nous voir. Je veux alors, en votre présence, demander à monsieur de Clainville pardon du peu de décence de mon procédé. Gotte, faites passer monsieur par votre escalier. Adieu, monsieur.

M. DÉTIEULETTE.

Adieu, madame.

LA MARQUISE.

Je vous souhaite un bon voyage.

SCÈNE XXV

LA MARQUISE

Comment ! il le savait ! Ah ! les hommes, les hommes nous valent bien... J'ai bien mal agi... Il a heureusement l'air d'un honnête homme. J'en suis au désespoir... Mon procédé n'est pas bien ; cela est affreux devant un étranger, qui peut aller raconter partout... Voilà ce qui s'appelle se manquer à soi-même.

SCÈNE XXVI

LA MARQUISE, GOTTE.

GOTTE.

Ah! madame! je n'ai pas une goutte de sang dans les veines ; vous m'avez fait trembler.

LA MARQUISE.

Pourquoi donc?

GOTTE.

Et si monsieur était entré?

LA MARQUISE.

Hé bien!

GOTTE.

Et s'il avait vu ce monsieur?

LA MARQUISE.

Alors je lui aurais demandé si, lorsqu'il tient dans son appartement deux femmes qu'il connaît depuis quinze ans, il ne m'est pas permis de cacher dans le mien un homme que je ne connais que depuis quinze minutes.

GOTTE.

Ah! c'est vrai; je n'y pensais pas.

LA MARQUISE.

Gotte, vous direz à Dubois de faire demain matin le compte de Lafleur, et de le renvoyer.

GOTTE.

Madame, que peut-il avoir fait? C'est un si bon garçon. Il est vrai qu'il est un peu bête.

LA MARQUISE.

Ce n'est pas cela : je le crois bête et malin. Je n'aime point les domestiques qui reportent chez madame ce qui se passe chez monsieur. Cela peut servir de leçon.

GOTTE, à part.

Le voilà bien avancé avec son bel esprit ; il a bien l'air de ne pas avoir mes manchettes. Madame, j'entends la voix de monsieur.

SCÈNE XXVII

LE MARQUIS, LA MARQUISE, M. DÉTIEULETTE.

LA MARQUISE.

Ah! ciel!

LE MARQUIS, à M. Détieulette.

Madame? Madame excusera. Vous êtes en bottines, vous descendez de cheval. Voici, madame, monsieur Détieulette que je vous présente ; bon gentilhomme, brave officier, et qui nous appartiendra bientôt de plus près que par l'amitié. Voici les cinquante louis : j'ai voulu vous les apporter moi-même.

LA MARQUISE.

Cinquante louis ! Ce n'est que vingt louis.

LE MARQUIS.

Cinquante, madame : je me suis mis à l'amende. Je vous supplie de les accepter; au désespoir de ma vivacité.

LA MARQUISE.

C'est moi qui suis interdite.

LE MARQUIS.

Je ne m'en ressouviendrai jamais que pour me corriger.

LA MARQUISE.

Et moi de même.

LE MARQUIS.

Vous, madame ? point du tout : vous badiniez. Mon cher ami, vous n'êtes pas au fait, mais je vous conterai cela ; c'est un tour aussi bien joué... il est charmant, il est délicieux : vous jugerez de l'esprit de madame et de toute sa bonté. Puisse celle que vous épouserez avoir d'aussi excellentes qualités.... Elle les aura, elle les aura, soyez-en sûr.

M. DÉTIEULETTE.

Je crois que j'ai tout sujet de le souhaiter.

LA MARQUISE.

Monsieur....

LE MARQUIS.

Madame, retenez monsieur ici un instant. Ah ! mon ami, quelle satisfaction je me prépare ! je reviens, je reviens à l'instant.

SCÈNE XXVIII

M. DÉTIEULETTE, LA MARQUISE.

LA MARQUISE.

Hé bien, monsieur, tout ne sert-il pas à augmenter ma confusion ? Monsieur de Clainville vous a donc rencontré ?

M. DÉTIEULETTE.

Non, madame, je me suis fait présenter chez lui ; il sortait, il m'a conduit ici. Lorsque j'ai eu l'honneur de vous saluer sur le grand chemin, c'est chez lui que je descendais, c'est chez monsieur de Clainville que j'avais affaire. Jugez de ma surprise lorsqu'avec un air de mystère on m'a fait entrer chez vous par la petite porte du parc : ajoutez-y le changement de nom. Je vous l'avouerai, je me suis cru destiné aux grandes aventures.

LA MARQUISE.

Hé ! que veut dire monsieur de Clainville, en disant que vous nous appartiendrez de plus près que par l'amitié ?

M. DÉTIEULETTE.

C'est à lui, madame, à vous expliquer cette énigme ; et il me paraît qu'il n'a point dessein de vous faire attendre ; le voici. Ciel ! c'est mademoiselle de Clainville.

SCÈNE XXIX

LE MARQUIS, LA MARQUISE, M. DÉTIEULETTE, Mademoiselle ADÉLAIDE, sa gouvernante, GOTTE.

LE MARQUIS.

Oui, la voilà. Est-il rien de plus aimable ? Mon ami, recevez l'amour des mains de l'amitié. Madame, vous ne saviez pas avoir mademoiselle dans votre château ; elle y est depuis hier. Je suis rentré trop tard, et je suis aujourd'hui sorti trop matin pour vous la présenter. Elle nous appartient de très-près : c'est la fille de feu mon frère, ce pauvre chevalier, mort dans mes bras à la journée de Laufeld. Son mariage n'était su que de moi. Vous approuverez certainement les raisons qui m'ont forcé de vous le cacher : mon père était si dur, et dans la famille.... je vous expliquerai cela. Ma chère fille, embrassez votre tante.

LA MARQUISE.

C'est, je vous assure, de tout mon cœur.

SCÈNE XXIX.

MADEMOISELLE ADÉLAÏDE.

Et moi, madame, quelle satisfaction ne dois je pas avoir !

LE MARQUIS.

Madame, je la marie, et je la donne à monsieur : je dis je la donne, c'est un vrai présent ; et il ne l'aurait pas, si je connaissais un plus honnête homme.

M. DÉTIBULETTE.

Quoi ! madame, j'aurai le bonheur d'être votre neveu ?

LE MARQUIS.

Oui, mon ami, et avant trois jours. Je cours demain à Paris ; il y a quelques détails dont je veux me mêler.

M. DÉTIBULETTE.

Mademoiselle, consentez-vous à ma félicité ?

MADEMOISELLE ADÉLAÏDE.

Monsieur, je ne connaissais pas toute la mienne ; et vous avez à présent à m'obtenir de madame.

M. DÉTIBULETTE.

Madame, puis-je espérer....

LA MARQUISE.

Oui, monsieur, et j'en suis enchantée. Le ciel ne m'a point accordé d'enfant ; et de cet instant-ci je crois avoir une fille et un gendre. Monsieur, je vous l'accorde.

MADEMOISELLE ADÉLAÏDE, en donnant sa main.

C'est autant par inclination que par obéissance.

LE MARQUIS.

Cela doit être. (A la marquise.) Ma nièce est charmante !

LA MARQUISE.

Je suis bien trompée, si mademoiselle n'a pas beaucoup d'esprit ; et je suis sûre que, sans détours, sans finesse, elle n'en fera usage que pour se garantir de la finesse des autres, pour bien régler sa maison, et faire le bonheur de son mari.

M. DÉTIEULETTE.

Si mademoiselle avait besoin d'un modèle, je suis assuré, madame, qu'elle le trouverait en vous.

LA MARQUISE.

Oui, monsieur, oui, monsieur; la finesse n'est bonne à rien Point de finesse, point de finesse; on en est toujours la dupe.

LE MARQUIS.

Et surtout avec moi.

LA MARQUISE.

Ah! monsieur de Clainville! ah! comme j'ai eu tort!

LE MARQUIS.

Quoi?

LA MARQUISE.

Passons chez vous.

GOTTE les regarde partir, et dit :

Ah! si cette aventure pouvait la guérir de ses finesses! Que de femmes! que de femmes à qui, pour être corrigées, il en a coûté davantage!

FIN DE LA GAGEURE IMPRÉVUE.

LE DÉSERTEUR

DRAME EN TROIS ACTES, EN PROSE MÊLÉE DE MUSIQUE

*Représenté pour la première fois
par les Comédiens Italiens ordinaires du Roi
le lundi 6 mars 1769.*

PERSONNAGES

ALEXIS, soldat de milice	MM. Caillot.
MONTAUCIEL, dragon.	Clairval.
JEAN-LOUIS, père de Louise.	La Ruette.
BERTRAND, cousin d'Alexis	Trial.
COURCHEMIN, brigadier de maréchaussée.	Nainville.
LE GEOLIER.	Dehesse.
LOUISE, fiancée d'Alexis.	Mmes La Ruette.
JEANNETTE, jeune paysanne.	Beaupré.
LA TANTE D'ALEXIS	Bérard.
Gardes, Soldats, Peuple.	

La scène se passe près d'un village situé à quelques lieues des frontières de Flandre, près desquelles est campée l'armée française.

LE DÉSERTEUR

DRAME MÊLÉ DE MUSIQUE

ACTE PREMIER

Le théâtre représente un lieu champêtre, dont l'horizon est terminé par une montagne. Un chêne sur le devant de la scène, à gauche. Au pied de ce chêne est un banc de gazon, sur lequel peuvent s'asseoir trois ou quatre personnes. Chaumière à droite, près de laquelle est un banc sous un berceau.

SCÈNE PREMIÈRE

LOUISE, JEAN-LOUIS. (1)

LOUISE seule.

AIR

Peut-on affliger ce qu'on aime ?
Pourquoi chercher
A le fâcher ?
Peut-on affliger ce qu'on aime ?
C'est bien en vouloir à soi-même.
Je l'aime, et pour toute ma vie :

Jean-Louis entre par un des derniers plans de gauche, et se place à la gauche de sa fille.

Et vous voulez que cette perfidie...
Ah! mon père, je ne saurais :
A sa place, moi, j'en mourrais.
Peut-on affliger ce qu'on aime ?
C'est bien en vouloir à soi-même.

(1) Les personnages occupent à la tête de chaque scène la position qu'ils doivent occuper sur le théâtre. Le premier nommé est toujours à la gauche du public.

JEAN-LOUIS.

Je le veux, je le veux. Eh bien!

LOUISE, à part.

Ah! ciel!

SCÈNE II

JEAN-LOUIS, LOUISE; LA TANTE, JEANNETTE, BERTRAND, accourant des derniers plans de gauche, s'écrient avec joie, et à plusieurs reprises : On l'a vu! on l'a vu!

BERTRAND, entrant le dernier en sautant à la corde, dit en continuant à sauter :

Il était de l'autre côté de l'eau. (1)

LOUISE, avec joie.

Vous l'avez vu? Et comment avez-vous fait?

BERTRAND, sautant toujours.

En regardant.

LOUISE, en levant les épaules de pitié.

En regardant!

LA TANTE.

J'ai vu l'instant qu'il allait se jeter à la nage : mais son havresac, son épée, tout cela l'embarrassait. Il fait le tour.

LOUISE.

Il a bien fait.

JEAN-LOUIS.

Il a bien fait.

JEANNETTE.

Il a bien fait.

(1) Jeannette, Louise, Jean-Louis, la tante, Bertrand.

BERTRAND, niaisant.

Oui, oui, il a bien fait.

JEAN-LOUIS.

Or çà, Louise, il faut que tu fasses ce qu'a recommandé madame la duchesse.

LOUISE.

Quelle fantaisie!

JEAN-LOUIS.

Elle le veut ; et voilà sa lettre.

LA TANTE.

Elle le veut ; et voilà sa lettre.

BERTRAND.

Et voilà sa lettre.

LOUISE.

Vous ne voulez pas nous la lire ?

JEAN-LOUIS.

Si, si, si, je vais vous la lire : mais il faut bien m'écouter, et ne pas m'interrompre, comme vous faites les soirs, quand je lis dans mon gros livre.

LOUISE.

Lisez donc, mon père.

JEAN-LOUIS.

Or çà, écoutez. Mettons-nous là.

Il indique un banc à droite.

LOUISE.

Ah! mon père, mettons-nous plutôt sous cet arbre.

JEAN-LOUIS.

Où tu voudras, je le veux bien. Mettez-vous là, vous, Marguerite, et toi près de moi ; tu y es la plus intéressée.

Louise, Jean-Louis et la tante s'asseyent sur le banc de gazon placé sous le chêne de gauche. Jeannette écoute debout, à la gauche de la tante, la lecture de la lettre. Au moment où Jean-Louis, qui a mis ses lunettes, va pour commencer la lecture de la lettre, Bertrand, tout en continuant à sauter à la corde, arrive pour s'asseoir aussi. Voyant toutes les places occupées, il dit d'un air piteux.

BERTRAND.

Et moi donc ?

JEAN-LOUIS.

Mets-toi où tu voudras.

LA TANTE.

Mets-toi où tu voudras.

Bertrand cherche des yeux un endroit pour s'asseoir ; n'en voyant aucun, il s'assied par terre, prend une petite branche d'arbre, dont, avec son couteau, il ôte l'écorce pour en faire une baguette. Jean Louis impatienté s'écrie :

JEAN-LOUIS.

Oh çà, écoutez-vous ?

LOUISE.

Oui.

LA TANTE.

Oui.

JEANNETTE.

Oui.

BERTRAND.

Ah! que oui.

JEAN-LOUIS.

Vous écoutez tous ?

LOUISE.

Tous.

LA TANTE.

Tous.

JEANNETTE.

Tous.

BERTRAND.

Oui, tous, tous.

JEAN-LOUIS.

Ce n'est pas là la lettre que madame la duchesse a écrite à cet officier, c'est la réponse de l'officier à madame la duchesse... Tais-toi, toi.

BERTRAND, laissant tomber sa baguette.

Eh! mais, je n'ai pas parlé.

LOUISE.

Il n'a pas parlé.

LA TANTE.

Il n'a pas parlé.

JEANNETTE.

Il n'a pas parlé.

JEAN-LOUIS.

J'ai cru qu'il avait parlé. (il lit.) « Madame, pour ré-
« pondre à l'honneur que vous m'avez fait de m'é-
« crire... » Brr... br... br...

LOUISE.

Nous n'entendons pas.

JEAN-LOUIS.

Ah! c'est que tout ceci, ce sont des compliments, qui sont peut-être des secrets que madame la duchesse ne veut pas qu'on sache. Brr... brr... brr...

LOUISE.

Mais, mon père, ce n'est pas la peine que nous écoutions.

LA TANTE.

Sans doute.

JEAN-LOUIS.

Ah! m'y voilà. « Madame, quant à ce qui regarde
« Alexandre Spinaski, soldat dans mon régiment, il
« n'est pas de bien que je ne doive en dire : » que je ne doive en dire. « Il a toutes les qualités qui font un

« bon soldat, sage, docile et brave. » Il n'entend pas dire qu'il est brave sur soi, c'est courageux qu'il veut dire.

LOUISE.

Après, mon père.

JEAN-LOUIS.

« Il est vif, ardent. Mais si trop d'ardeur le fait sortir « des bornes, il y rentre aussitôt. » Il y rentre aussitôt : je ne sais pas trop ce que cela veut dire.

BERTRAND.

Comment, vous ne comprenez pas ?

JEAN-LOUIS.

Non.

BERTRAND.

Ça veut dire que quand il sort des bornes il y rentre tout de suite.

LOUISE.

Ensuite, mon père.

JEAN-LOUIS.

« Je désire de tout mon cœur qu'il veuille rester « avec moi : je le ferais officier dans mon régiment. »

LA TANTE.

Dans son régiment !

BERTRAND.

Dans son régiment !

LOUISE.

Ah ! je ne crois pas qu'il y reste.

JEAN-LOUIS.

Paix donc ! « Mais comme ses six ans expirent dans « quinze jours, je lui ferai expédier son congé. »

Ici, Bertrand, qui a fini de jouer avec sa baguette qu'il laisse de côté, près du banc de gazon, aperçoit une mouche sur le vêtement de Jeannette qui écoute avec attention la lecture de la lettre ; Bertrand se lève avec précaution, attrape la mouche, paraît fort satisfait de son adresse, s'arrache un long cheveu, s'en sert pour attacher une patte à sa mouche, qu'il s'amuse à faire voler, en tenant un des bouts du cheveu. Tout à coup la mouche s'envole emportant avec elle le cheveu. Bertrand paraît fort contrarié, et se remet à jouer avec des capucins de cartes, etc.

LOUISE.

Dans quinze jours ?

LA TANTE.

Dans quinze jours ?

JEAN-LOUIS.

Dans quinze jours. « Je l'envoie, madame, à vos « ordres, vous présenter mes respects et vous remer- « cier. Je lui ai recommandé de ne pas s'écarter, étant « si près de l'ennemi et des frontières. Les ordres sont « extrêmement rigoureux, et il faut qu'il rejoigne au- « jourd'hui ; car le roi, qui dîne demain à deux lieues « de votre château, passe ensuite au camp ; et il faudra « se mettre sous les armes. » Ah ! c'est que quand le roi passe... (On se lève.) Vous ne savez pas ça, vous autres, c'est que quand le roi passe, on se met sous les armes. Ah ! c'est une belle chose que la guerre (1).

BERTRAND.

Oui, quand on en est revenu.

JEANNETTE.

Pourquoi est-ce que les garçons pleurent pour n'y pas aller ?

JEAN-LOUIS.

Taisez-vous, ça ne vous regarde pas. (A Louise.) Or çà, ma fille, il faut faire ce que madame la duchesse a dit : tu feras comme si tu étais la mariée ; et toi tu seras le marié.

BERTRAND.

Ah ! tant mieux.

(1) Jeannette, Louise, Jean-Louis, la tante, Bertrand.

JEAN-LOUIS.

Il y aura des musettes, des violons ; et il croira que tu es mariée d'hier. Et toi, (A Jeannette.) tu lui viendras conter tout cela : tu feras comme si tu gardais tes moutons ici.

LA TANTE.

J'aurais mieux fait qu'elle.

JEAN-LOUIS.

Il vous connaît : il ne reconnaîtrait pas sa tante !

LOUISE.

Ah ! mon père, que je suis fâchée de tout cela ! et si on me faisait un pareil tour, cela me ferait bien de la peine.

JEAN-LOUIS.

Il en aura plus de plaisir après.

LA TANTE.

Et puis cela lui apprendra de t'écrire qu'il désire te rencontrer sur la route, ne voir que toi, et repartir.

LOUISE.

Ce n'est pas tout à fait cela qu'il a écrit ; mais quand cela serait, pourquoi m'en punir ?

LA TANTE.

Enfin, c'est madame la duchesse qui le veut : elle l'a élevé ; elle s'intéresse à lui, que c'est une merveille.

LOUISE.

Un bel intérêt, à lui faire du chagrin !

JEAN-LOUIS.

Ce n'est que pour un moment.

LOUISE.

Il n'en croira rien ; car il n'y a pas six jours qu'il a reçu une lettre de moi.

JEAN-LOUIS.

Tant mieux, cela sera plus perfide.

LA TANTE.

Oui, cela lui fera plus de peine.

JEAN-LOUIS.

Allez vous ajuster tous, vous n'avez pas trop de temps. (A Jeannette.) Et toi, reste ici avec moi : voyons si tu feras bien ton rôle.

Louise et la tante s'éloignent par les derniers plans de gauche. Bertrand sort le dernier, en continuant de sauter à la corde.

SCÈNE III

JEANNETTE, JEAN-LOUIS.

JEAN-LOUIS.

Or çà, feras-tu bien ce que je t'ai dit?

JEANNETTE.

Oh! que oui, monsieur Jean-Louis.

JEAN-LOUIS.

Voyons, voyons ; mets-toi là.

JEANNETTE.

Oui.

JEAN-LOUIS.

Fais comme si tu filais.

JEANNETTE, prenant la baguette que Bertrand a laissée tombée.

Tenez, prenons que c'est là ma quenouille.

JEAN-LOUIS remonte le théâtre, se rapproche de Jeannette, lui fait le salut militaire, et cherche à imiter Alexis.

Bonjour, la jeune fille... Voulez-vous bien me... (Voyant que Jeannette ne bouge pas.) Ce n'est pas ça... ce n'est pas ça... Tiens... suppose que je suis la jeune fille.

JEANNETTE, naïvement.

Qui ? vous, la jeune fille !

JEAN-LOUIS.

Oui, oui, moi la jeune fille.

JEANNETTE.

Ah ! j'y suis... (A Jean-Louis.) Dites-donc, la jeune fille ?

JEAN-LOUIS, imitant une jeune fille.

Monsieur le soldat ? (Chantant en fuyant sur l'avant-scène de droite.) J'avais égaré mon fuseau... (A Jeannotte, en redevenant Jean-Louis.) Tu comprends ?

JEANNETTE.

Oui, oui...

JEAN-LOUIS.

Et puis tu chantes.

JEANNETTE.

Oui, je chante, quand vous venez de par là.

JEAN-LOUIS.

Non, pas moi.

JEANNETTE.

Ah ! j'entends bien, j'entends bien : c'est lui.

JEAN-LOUIS.

Eh bien, chante donc.

JEANNETTE.

Attendez donc que j'aie mis ma quenouille.

Pendant ce jeu, la ritournelle.

COUPLETS

J'avais égaré mon fuseau,
Je le cherchais sur la fougère ;
Colin, en m'ôtant son chapeau,
Me dit : Que cherchez-vous, bergère ?
Un peu d'amour, un peu de soin,
Mènent souvent un cœur bien loin.

ACTE I, SCÈNE III.

JEAN-LOUIS.

Bonjour, la jeune fille. (Jean Louis se rapproche de Jeannette, qui ne fait nulle attention à lui.) Bien, bien : continue (1).

JEANNETTE.

C'est que j'ai perdu mon fuseau,
En passant près de ce grand chêne.
Colin alors prend son couteau,
Et coupe une branche de frêne.
Un peu d'amour, etc.

JEAN-LOUIS.

La jeune fille, écoutez donc. (Même jeu.) (2) Bien, bien, fort bien : continue.

JEANNETTE.

Il fit tant avec son couteau,
En me regardant d'un air tendre,
Que j'eus le fuseau le plus beau,
Et que mon cœur se laissa prendre.
Un peu d'amour, etc.

JEAN-LOUIS.

La jeune fille, vous ne voulez donc pas m'écouter ?

JEANNETTE.

Vous me pardonnerez, monsieur Jean-Louis.

JEAN-LOUIS.

Monsieur Jean-Louis : dis donc monsieur le soldat, et non pas monsieur Jean-Louis.

JEANNETTE.

Ah! oui, oui, monsieur le soldat : c'est que je vous regardais.

JEAN-LOUIS.

Recommençons ça. La jeune fille, vous ne voulez donc pas m'écouter ?

---

(1) Jean-Louis, Jeannette.
(2) Jeannette, Jean-Louis.

JEANNETTE.

Vous me pardonnerez, monsieur le soldat.

JEAN-LOUIS.

Bon, bon. La jeune fille, je vous serais bien obligé si vous vouliez bien me dire quelle est cette noce que je viens de voir passer.

JEANNETTE, avec volubilité.

C'est celle de Louise, fille de Jean-Louis Basset, soldat invalide et fermier de madame la duchesse.

JEAN-LOUIS.

Bien, bien, fort bien : tu diras bien, et tu viendras nous rejoindre au château ; mais n'oublie pas de dire monsieur le soldat. Tiens, tiens, comme il accourt!

Il court au fond avec Jeannette.

JEANNETTE.

Où donc ? Ah! oui.

JEAN-LOUIS.

Tiens, comme il grimpe la montagne! Ah! les amoureux n'ont pas la goutte. Je m'en vais : reste. Non ; viens vite.

Ils sortent par les derniers plans de gauche.

SCÈNE IV

ALEXIS, *seul ; il jette sur le banc de gauche son habit, son sabre et son chapeau.*

Ah! je respire : il faut que je reprenne haleine ;
S'asseyant.
Oui, voici ce chêne heureux
Où Louise a reçu mes vœux.
Se levant.
Je vais la voir ; ah! quel plaisir!
La voir, lui parler, être ensemble :

De quel bonheur je vais jouir !
    Mais... mais... je frissonne, je tremble (*bis*).
L'amour... la joie... arrêtons un moment.
Ah ! quel moment ! ah ! quel moment charmant !
    Mais pourquoi ne l'ai-je pas vue ?
Pourquoi sur le chemin n'est-elle pas venue ?
Elle a craint de céder à trop d'empressement ;
    Trop de pudeur l'a retenue.
    Ne sait-on pas que je suis son amant ?
Allons... mais, que lui dirai-je ? Ah ! ciel ! ah ! quel martyre !
Ils vont tous être là, nous ne saurons que dire :
La tante, les amis, son père, le voisin,
        Et le grand cousin.
    Quelle contrainte ! Quel dommage !
    Ah ! si quelque enfant du village
Paraissait... Quoi, Louise, l'amour ne te dit pas :
Va donc, va donc, il t'attend. Ah ! je gage
    Que quelqu'un arrête ses pas.
    Je vais la voir, ah ! quel plaisir !

Il remonte la scène et regarde vers la gauche.

Mais j'entends des musettes, des violons. Voici tout le village ; c'est une noce : cachons-nous. Qu'ils sont heureux ceux-là !

Il se cache à gauche de l'arbre.

SCÈNE V

TOUTE LA NOCE. *Alexis est caché. Des violons en tête, une musette, une cornemuse. La mariée est triste ; le reste a une gaieté feinte. Le marié a l'air sot et niais. Le père donne la main à sa fille.*

JEAN-LOUIS, à Louise.

Bon, il est caché : ne retourne pas la tête. Il regarde.

LOUISE.

Ah ! que cela me fait de peine ! Laissez-moi le voir.

JEAN-LOUIS.

Tu le verras assez... Bon, bon, courage. Jeannette, reste là.

Bertrand donne le bras gauche à la tante; il saute et marque le pas presque toujours à contre mesure. C'est en vain qu'à plusieurs reprises la tante, qui ne peut le suivre, le prie de vouloir rester tranquille. — Toute la noce, entrée par un des plans de gauche, arrondit la scène et s'éloigne par un des derniers plans de droite. — Jeannette, entrée la dernière, s'amuse à regarder la noce s'éloigner. Alexis court à Jeannette et lui frappe légèrement sur l'épaule.

SCÈNE VI

ALEXIS, JEANNETTE, tenant sa quenouille.

ALEXIS.

Parlez donc, la jeune fille !

JEANNETTE, vivement, descendant sur l'avant-scène et chantant.

J'avais égaré mon fuseau, etc.

ALEXIS.

Parlez donc, parlez donc.

Jeannette veut chanter de nouveau; mais Alexis la prend par le bras. Elle veut reprendre son couplet; il ne veut pas la laisser continuer.

JEANNETTE.

Laissez-moi donc, laissez-moi donc : je vous répondrai au troisième couplet.

ALEXIS.

Répondez-moi tout à l'heure.

JEANNETTE, à part.

Ah ! ciel ! je ne pourrai jamais...

ALEXIS.

Eh bien, répondez donc !

JEANNETTE.

Ah! vous me faites peur.

ALEXIS.

Ne craignez rien, ma belle enfant. Qu'est-ce que c'est que cette noce qui vient de passer?

JEANNETTE.

Cette noce?

ALEXIS.

Oui.

JEANNETTE.

Ce que c'est?

ALEXIS.

Oui.

JEANNETTE.

C'est une noce.

ALEXIS.

De qui?

JEANNETTE, chantant.

J'avais égaré mon fuseau, etc.

ALEXIS.

Est-ce que vous vous moquez de moi avec votre chanson? Je vous prie de me répondre.

JEANNETTE.

Eh bien! quoi? dites. O ciel! vous me faites tant de peur, que je ne pourrai jamais...

J'avais é...

ALEXIS.

Comment! encore votre chanson! Qu'est-ce que cette noce? Pourquoi, dites! N'y ai-je pas vu...? Eh! parbleu, voulez-vous?...

JEANNETTE.

Eh bien, oui, oui ; c'est la noce de Louise, fille de Jean-Louis Basset, soldat invalide, et...

ALEXIS.

Jean-Louis se remarie ?

JEANNETTE.

Non, sa fille.

ALEXIS.

Sa fille ! sa fille !

JEANNETTE.

Elle est mariée d'hier ; c'est aujourd'hui le lendemain.

ALEXIS.

D'hier mariée !... Jean-Louis !... le lendemain !... Savez-vous bien ce que vous dites ? le connaissez-vous ?

JEANNETTE.

Si je le connais ? sans doute, puisque voilà sa maison : c'est lui qui est le fermier de madame la duchesse. C'est si vrai, qu'elle y est venue ce matin. Elle est mariée à son cousin Bertrand, d'hier, à celui qui est si bon.

ALEXIS, avec désespoir.

Serait-il vrai ? puis-je l'entendre !
Non, cela ne peut se comprendre ;
Non, non, cela ne se peut pas,
Elle aurait voulu mon trépas !

JEANNETTE.

Ah ! comme je sais bien l'entendre !
Ah ! comme je sais bien m'y prendre !
Bon, bon. Quel plaisir il aura
Quand il saura que ce n'est pas !

ENSEMBLE
ALEXIS.

Ma belle enfant, que je vous dise :
C'est là la noce de Louise,

ACTE I, SCÈNE VI.

La fille de Louis Basset.
C'est elle-même qui passait ?
Répondez bien avec franchise :
Quoi ! c'est la noce de Louise
Avec Bertrand son grand cousin !
C'est aujourd'hui le lendemain !

JEANNETTE.

Que voulez-vous que je vous dise ?
Oui, c'est la noce de Louise,
La fille de Louis Basset,
C'est elle-même qui passait.
Oui, c'est la noce de Louise
Avec Bertrand son grand cousin :
C'est aujourd'hui le lendemain.

ALEXIS.

Il est donc vrai, j'ai pu l'entendre !
Dieu ! cela peut-il se comprendre !
Elle a donc voulu mon trépas !
Ah ! ciel, je ne me soutiens pas.

JEANNETTE.

Ah ! comme je sais bien m'y prendre !
Son chagrin ne se peut comprendre.
Mais, mais, quel plaisir il aura
Quand il saura que ce n'est pas.

ENSEMBLE

ALEXIS.

Je sens un froid ! mon cœur s'en va !
Elle a donc voulu mon trépas !
Ah ! ciel, je ne me soutiens pas.
Devais-je m'attendre à cela ?

JEANNETTE.

A voir le chagrin qu'il ressent,
Ah ! que son plaisir sera grand !
Bon, bon ; quel plaisir il aura
Quand il saura que ce n'est pas !
Mais, mais, comme il semble fâché !
Ce que j'ai dit l'a trop touché.

Je vais lui dire... Oui, je crains
Qu'il n'en prenne trop de chagrin.

Vers les dernières mesures de ce duo, Alexis, au comble du désespoir, tombe accablé sur le banc de gazon placé au pied de l'arbre, et se cache le visage dans ses mains. — Jeannette s'apitoyant, s'approche d'Alexis.

JEANNETTE.

Mais il me fait de la peine. Ah! je vais lui dire que cela n'est pas vrai. Monsieur, monsieur, allez au château.

ALEXIS, comme s'il s'adressait à Louise.

Oui, je te poignarderais, et de la même main...

JEANNETTE, fuyant.

Ah! bon Dieu! il me tuerait : je m'en vas bien vite. Sauvons-nous.

Elle sort en courant par le dernier plan de droite.

SCÈNE VII

ALEXIS, seul, assis.

AIR

Infidèle, que t'ai-je fait ?
Dis-moi, dis quel est le sujet
Qui te fait m'arracher la vie ?

Se levant.

Réponds, réponds... toujours chérie...
Tu fais bien de baisser les yeux...
Est-il quelqu'un plus malheureux ?
J'accours à sa voix : oui, c'est elle,
C'est ma Louise qui m'appelle.
Et pourquoi, pour frapper mes yeux,
Pour me rendre témoin... Ah! dieux !!!
Fuyons ce lieu que je déteste ;
Il fut si beau pour moi! Reprends,
Reprends cette lettre funeste ;

Il montre son habit qui est à terre. Des soldats de maréchaussée paraissent et l'observent. Ils viennent du fond à gauche.

ACTE I, SCÈNE VIII.

Je te la rends, je te la rends ;
Fût-il au centre de la terre,
Je me vengerai sur ton père.
Ne me suis pas, monstre cruel,
Que notre adieu soit éternel.

Alexis veut fuir, les soldats l'arrêtent.

SCÈNE VIII

ALEXIS, DES SOLDATS DE MARÉCHAUSSÉE.

LE CHŒUR.
Halte-là, soldat.

ALEXIS.
Je m'en vais (*bis*).

LE CHŒUR.
Où courez-vous ?

ALEXIS.
Pour toujours je quitte la France.

LE CHŒUR.
Quoi, vous désertez ?

ALEXIS.
Pour toujours je quitte la France.

LE CHŒUR.
Quoi, vous desertez ?

ALEXIS.
Non, non, je ne déserte pas !
Pour toujours je quitte la France.

LE CHŒUR
Comment ! il ne déserte pas...
Il dit qu'il veut quitter la France.

ALEXIS, résolûment.

Il faut mourir, hâtons ma perte.
Oui, c'en est fait, oui, je déserte;
Oui, je m'en vas.
Que le remords soit ton partage,
Mon trépas sera ton ouvrage :
Ne me suis pas, monstre cruel,
Que notre adieu soit éternel.

CHŒUR.

Voyons, voyons ce qu'il va faire,
Voyons s'il court vers la frontière,
Suivons ses pas, suivons ses pas.
Voyons par quel chemin il s'en ira.
Suivons ses pas.

C'est en vain que les soldats ont voulu s'opposer au départ d'Alexis. Celui-ci se fraye un passage, fuit à toutes jambes en jetant sa veste, puis son chapeau, comme pour entraver la marche des soldats qui se mettent à sa poursuite et l'arrêtent sur la montagne. Le rideau baisse sur ce tableau.

FIN DU PREMIER ACTE

ACTE DEUXIÈME

Une prison. — Deux plans. — A droite, sur le premier plan, la porte d'entrée. — A gauche, aussi sur le premier plan, quelques marches conduisant dans un long corridor, au bout duquel est la pièce où s'assemble le conseil de guerre. Un peu plus loin, toujours à gauche, l'entrée de la chambre d'Alexis. — Tables de bois sur les avant-scènes de droite et de gauche. — Chaises près de ces tables.

SCÈNE I

ALEXIS, LE GEOLIER.

Ils entrent par la porte qui se trouve sur le premier plan de droite. — Dans le cours de cette scène le geôlier s'occupe lourdement à différentes choses; il tient une cruche pleine d'eau qu'il pose sur la table de droite, et ne parle qu'après un grand temps. Alexis, absorbé dans de tristes pensées, s'assied indifféremment sur un des coins de la table de gauche, et ne fait nulle attention à ce que lui dit le geôlier.

LE GEOLIER.

Tenez, voici de l'eau dans cette cruche... des tables... (Désignant la droite.) Et votre lit..... mais de la manière dont vous y allez, vous n'avez pas dessein qu'on renouvelle le coucher. « Oui, messieurs, je désertais, oui, je désertais. » On avait beau vous dire que vous ne désertiez pas. « Je désertais, vous dis-je..... » Eh, quel diable d'homme êtes-vous?... Or ça, je vous ai déjà dit qu'il y avait là de l'eau : si vous voulez du vin, pour de l'argent, s'entend, et vous ne devez pas le ménager, si vous en avez; car ce ne sera pas long... Peut-être...

ALEXIS.

Non, non.

LE GEOLIER.

Eh bien, si vous n'en avez pas, vous boirez de l'eau, vous boirez de l'eau.

Le geôlier remonte.

ALEXIS.

Oui, je voudrais la voir... O ciel! ô ciel!

LE GEOLIER *se retournant.*

Vous le connaissez! je vais vous l'envoyer. Ah! vous connaissez Montauciel : il est encore ici. Buvez un coup ensemble, dissipez-vous, ce ne sera pas long.

Il sort et referme la porte.

SCÈNE II

ALEXIS, *seul.*

AIR

Mourir n'est rien, c'est notre dernière heure ;
Eh! ne faut-il pas que je meure ?
Chaque minute, chaque pas
Ne menent-ils pas
Au trépas ?
Mais souffrir une perfide
Aussi sanglante, aussi hardie ;
Y survivre, ah! plutôt mourir!
Ce n'est que cesser de souffrir.
Mourir n'est rien, etc.
Mes jours, je les comptais, je les voyais à toi,
Les tiens étaient les miens, ils ne sont plus à moi.

Il tire une lettre et lit.

« Viens, cher amant, je ne vivrai
» Que du jour où je te verrai.

» Mon père attend bien du plaisir
» De l'instant qui va nous unir.
» Et moi qui t'aime tendrement,
» Je languirai jusqu'au moment
» Où mon amant, où mon ami
» Sera l'époux le plus chéri. »
« Et moi qui t'aime !... » et me trahir !
Et je vivrais ; plutôt mourir !
Ce n'est que cesser de souffrir.
Mourir n'est rien, c'est notre dernière heure ;
Eh ! ne faut-il pas que je meure ?
Chaque minute, chaque pas
Ne mènent-ils pas
Au trépas ?

Accablé, il retombe assis près de la table de droite.

SCÈNE III

MONTAUCIEL, ALEXIS, assis.

Montauciel est un peu pris de vin. Il tient un pot d'étain plein de vin, qu'il pose sur la table de gauche.

MONTAUCIEL.

Camarade, vous me demandez ?

ALEXIS.

Moi, non.

MONTAUCIEL.

Ah ! que si... La maison, hé ! la maison ! nous allons boire un coup ensemble, nous allons renouer connaissance, si nous nous connaissons ; ou nous allons la faire, si nous ne nous connaissons pas : cela revient au même.

ALEXIS.

Savez-vous si on peut avoir ici une feuille de papier pour écrire ?

MONTAUCIEL.

Ah! que oui, je vous aurai ça. Hé! la maison, la maison! Mais sarpebleu, vous avez eu un tort, vous avez eu deux torts, vous avez eu trois torts; le premier, c'est de déserter; le second, c'est d'en convenir. Montauciel n'est qu'une bête : mais, à votre place, ç'aurait été mon sergent, mon général, mon caporal, je leur aurais dit : Non, je ne déserte pas : non, sarpebleu, Montauciel ne déserte pas. Hé! la maison!

Il remonte la scène pendant la ritournelle, comme s'il appelait, puis il redescend.

AIR

Je ne déserterai jamais,
  Jamais que pour aller boire,
Que pour aller boire à longs traits
De l'eau... du fleuve où l'on perd la mémoire.
  Il est permis d'être parfois
  Infidèle à son inhumaine ;
  Mais c'est blesser toutes les lois
  Que de l'être à son capitaine.
Je ne déserterai, etc.

Il va pour se verser à boire. Le geôlier paraît à la porte.

SCÈNE IV

MONTAUCIEL, LE GEOLIER, ALEXIS, assis.

LE GEOLIER.

Il y a là une jeune fille qui demande un soldat. C'est sans doute toi, Montauciel.

MONTAUCIEL.

Oui, c'est pour moi : fais-la venir. (Sur un geste du geôlier, qui se retire, entre Louise, qui court droit à Montauciel, le prenant d'abord pour Alexis, et s'arrête en reconnaissant son erreur. Montauciel, qui s'apprêtait à boire, repose son gobelet sur la table en regardant Louise.) Pour en revenir..... Diable! elle est gentille.

SCÈNE V

MONTAUCIEL, LOUISE, ALEXIS.

ALEXIS, se levant.

Ciel! que vois-je? Quoi! vous voilà?

LOUISE.

Oui, moi.

ALEXIS.

Vous?

LOUISE.

Vous!

ALEXIS.

Oui, vous.

MONTAUCIEL, passant entre Louise et Alexis.

Camarade, je vous laisse... C'est votre sœur... c'est votre cousine... c'est tout ce que vous voudrez... Mademoiselle, je ne vous offense pas : je m'appelle Montauciel; je sais la politesse qu'il faut... Quand on sait ce que c'est que de vivre dans les prisons... Camarade, elle est jolie : je vais... (Il fait un pas vers Louise, et se ravise.) Je m'en vais sur le préau. Vous pouvez causer : si quelqu'un... Ah! adieu, adieu.

Ritournelle du duo.

Montauciel sort en chancelant un peu. — Alexis, après s'être assuré qu'on ne peut l'entendre, dit :

SCÈNE VI

LOUISE, ALEXIS.

DUO

ALEXIS.

O ciel ! puis-je ici te revoir ?
Ta présence est un outrage,
Viens-tu redoubler ma rage,
Augmenter mon désespoir ?...

LOUISE.

Alexis, Alexis, pourquoi ce désespoir ?
Ah ! je ne croyais pas en accourant te voir
M'exposer au chagrin de te faire un outrage.

ENSEMBLE

ALEXIS.

Ta présence est un outrage !
Viens-tu redoubler ma rage,
Augmenter mon désespoir !

LOUISE.

M'exposer au chagrin de te faire un outrage !

ALEXIS.

Est-il rien de plus cruel !
Venir ici, l'infidèle !

LOUISE, à part.

Peut-être qu'il finira ;
Enfin, il s'apaisera.
Un mot...

ALEXIS.

L'infidèle !
Et de ma douleur mortelle
Paraître jouir ! O ciel !

LOUISE, à part.

Voyez s'il m'écoutera...
Enfin il s'apaisera...
Un mot...

ALEXIS, passant de l'autre côté.
Infidèle !

ENSEMBLE

Comment puis je ici te voir !
Ta présence, etc.

LOUISE.

Un mot, un mot, écoute-moi ; je gage
Que je vais d'un seul mot calmer ton désespoir.
Ah ! je ne croyais pas en accourant te voir
M'exposer au chagrin de te faire un outrage.

SCÈNE VII

MONTAUCIEL, LOUISE, ALEXIS.

MONTAUCIEL.

Que je ne vous dérange pas. Vous ne voulez pas boire ? Non, non : adieu.

Louise et Alexis s'éloignent l'un de l'autre à l'entrée de Montauciel, qui se cache la figure avec son bonnet de police, prend sur la table de gauche la pinte de vin, et ressort, toujours en se cachant la figure avec son bonnet de police.

SCÈNE VIII

LOUISE, ALEXIS.

ALEXIS, plus calme.

Ah! ce n'est pas à toi que j'en veux, c'est à ton père.

LOUISE.

Il est vrai que mon père...

ALEXIS.

Ce vieillard infâme! Son avarice n'a pu, sans doute, tenir contre un peu d'argent. C'est contre de l'argent qu'il troque le bonheur de deux personnes qui ne se seraient occupées que du sien. Il plonge en des remords, en des tourments affreux... car tu m'aimes encore, et tu m'aimeras toujours. Il fait le malheur de trois personnes, à qui il n'est plus permis d'être heureuses. Pour moi, tout est dit. Mais toi, et ton mari. . Ce lâche! il te permet de venir me voir le surlendemain de ta noce; il te permet de venir voir un soldat qui t'aime, qu'il sait bien que tu as aimé; et dans une prison, que sans toi... Va, je ne t'en veux pas. Ah! Louise, je t'aime encore : puisses-tu ne te jamais souvenir de moi!

LOUISE.

Alexis!

ALEXIS.

Mais, avec quel front, avec quelle tranquillité. .

LOUISE.

Je ne serais pas si tranquille si j'étais coupable.

ALEXIS.

Perfide!

LOUISE.

Je jouis de ton erreur.

ALEXIS.

De mon erreur?

LOUISE.

Je puis t'apaiser d'un mot.

ALEXIS.

D'un mot! dis-le, si tu l'oses.

LOUISE.

Je ne suis pas mariée.

ALEXIS.

Tu...

LOUISE.

C'est mon père qui a voulu...

ALEXIS.

Infâme! que m'importe toi ou lui?

LOUISE.

C'est madame la duchesse qui a arrangé tout ceci. Elle a ordonné à mon père de te faire croire que j'étais mariée.

ALEXIS.

Que veux-tu dire?

LOUISE.

Oui, elle a ordonné cette noce, ces instruments, cette fête, ces apprêts. On avait aposté cette jeune fille qui t'a parlé, pour te tromper! et tout cela n'était qu'un jeu.

> ALEXIS, avec désespoir et tombant accablé sur la chaise
> près de la table de droite.

Qu'un jeu!... qu'un jeu!

21.

LOUISE s'approche tendrement d'Alex'e.

ROMANCE

Dans quel trouble te plonge (1)
Ce que je te dis là ?
Pui que c'est un mensonge,
Que t'importe cela ?
Cette ruse cru lle
Ne do't plus t' ff nser.
Toi, me croire infidèle !
Pouvais-tu le penser ?

Vivre et t'aimer s nt pour moi même ch se ;
Et quels que soient les devoirs que m' mpose
Le serment dont j'attends notre fél'cité,
Il n'ajoutera rien à ma fidélité.
Je t'aimerai toute ma vie.

J'en jure par ta main que je presse ; je prie
Le ciel de nous unir par un même trépas,
Ou puissé je du moins expirer dans tes bras !
Mais ta peine red uble (2),
Et semble s'augmenter.
Que veux dire ce trouble ?
Qui peut te tourmenter ?
Cette ruse cruelle
Ne doit p s t'offenser.
Toi me croire infidèle !
Méchant, méchant ! pouvais-tu le penser (3) ?

(1) Si on jouait cette scène sans musique, j'aimerais m'eux qu'on conservât ceci tel que je l'avais fait :

  Dans quel trouble te vois-je ? A -je pu t'offenser
  Par cette ruse ? Hélas ! je la voyais cruelle !
   Louise, Louise, infidèle !
   Méchant, pouvais-tu le penser ?
  Vivre et t'aimer, etc.
        (*Note de S dai e.*)

(2) Mais ton trouble s'augmente ! A' je pu t'offenser
  Par cette ruse ? Hélas ! je la voyais cruelle !
   Louise, Louise infidèle !
  Méchant, méchant, pouvais-tu le penser ?
        (*Note de Sedaine.*)

(3) On se contente aujourd'hui de chanter le premier couplet

ALEXIS.

O ciel!

LOUISE.

Est-ce que tu ne me crois pas?

ALEXIS.

Ah! je te crois.

Louise court au-devant de son père qui entre. — Alexis se lève.

SCÈNE IX

LOUISE, ALEXIS, JEAN-LOUIS.

LOUISE.

Mon père, ah! demandez-lui donc ce qu'il a... Dites-moi la cause de son chagrin!

JEAN-LOUIS.

Bonjour, mon cher Alexis; que je t'embrasse, que je suis charmé de te revoir! Comme te voilà robuste! les troupes font bien un homme. Tu as servi le roi, tu as servi ta patrie : tu n'es plus un paysan. Mon ami, Louise est à toi.

ALEXIS.

Jean-Louis...

JEAN-LOUIS.

La noce quand tu voudras, quand tu voudras

ALEXIS, *prenant à part Jean-Louis.*

Je t'en prie, Jean-Louis, dis à ta fille d'aller un instant dans le jardin du geôlier.

JEAN-LOUIS

Pourquoi?

ALEXIS.

Dis-le lui seulement.

JEAN-LOUIS.

Louise, j'ai quelque chose à dire; sors, et je t'irai reprendre.

ALEXIS, prenant la main de Louise.

Louise, nous déjeunerons ensemble... aujourd'hui, aujourd'hui... Qu'il y a bien longtemps que je ne t'ai vue !

LOUISE.

Et vous me renvoyez?

ALEXIS.

Tu vas rentrer.

Alexis accompagne jusqu'à la porte Louise qui s'éloigne.

SCÈNE X

JEAN-LOUIS, ALEXIS.

JEAN-LOUIS.

J'ai été bien surpris de te savoir en prison : mais on m'a dit que c'est peu de chose. Est-ce que tu t'appelles Montauciel? C'est ton nom de guerre, apparemment? On m'a dit : voyez, voyez Montauciel, il est là. Mais que je t'embrasse, mon garçon, mon gendre, mon cher ami. Madame la duchesse te fera sortir d'ici. Mais tu es triste : je parie que je devine pourquoi tu es ici.

ALEXIS.

Je ne le crois pas.

JEAN-LOUIS.

Si, si. Quand on revient de l'armée, quelque aventure, quelque boisson, quelque fille dans une auberge... Mais on t'a vu le long du village, et puis on ne t'a plus vu. On voulait te jouer un tour; mais ton aventure en a empêché. Conte-moi ça, conte-moi ça, tu le peux : j'ai servi, je sais ce que c'est qu'un soldat. Ne vas-tu pas être mon gendre? Je n'en dirai rien à Louise. Et puis une misère, quelques coups, quelques tapes.

ALEXIS.

Jean-Louis, promets-moi de faire tout ce que je te dirai.

JEAN-LOUIS.

Oui, à moins que cela ne soit trop difficile.

ALEXIS.

Non... Nous allons déjeuner, toi, ta fille et moi.

JEAN-LOUIS.

Cela est aisé : ensuite?

ALEXIS.

Je te prie d'emmener ta fille aussitôt après; vous partirez ensemble : nous nous quitterons. Je lui dirai que je suis forcé de rejoindre.

JEAN-LOUIS.

Je le sais : le roi arrive au camp.

ALEXIS.

Vous vous en retournerez... vous vous en retournerez au village... et toi, dans deux jours, tu reviendras ici : tu demanderas un soldat nommé Montauciel; il te remettra une lettre pour toi... et pour moi, je n'y serai plus.

JEAN-LOUIS.

Non; tu seras au camp; mais dans quinze jours tu auras ton congé.

ALEXIS, résolûment et après s'être assuré que personne n'écoute.

Auras-tu assez de force sur ton esprit pour ne rien faire paraître devant ta fille de ce que je vais te dire?

JEAN-LOUIS.

Sans doute.

ALEXIS.

Je crains qu'elle ne rentre.

JEAN-LOUIS

Non, non.

ALEXIS.

Hier, cette noce...

JEAN-LOUIS, gaîment

C'est moi qui ai conduit cela.

ALEXIS.

Le désespoir m'a pris ..

JEAN-LOUIS.

Bon, bon, tant mieux; j'en étais sûr.

ALEXIS.

Et dans ma fureur...

JEAN-LOUIS.

Tu as été furieux? Ah! que c'est b n!

Un cri perçant se fait entendre. Louise accourt, et se jette dans les bras de son père.

SCÈNE XI

JEAN-LOUIS, LOUISE, ALEXIS.

LOUISE.

Ah! mon père! ah! malheur! cette noce l'a mis au désespoir; il a déserté; condamné, il va mourir!

JEAN-LOUIS.

Ah! ciel!

ACTE II, SCÈNE XI.

TRIO

JEAN-LOUIS.

Lui, lui, ciel ! il va mourir !
Est il donc vrai qu'il va mourir !
Pardonne-moi !

ALEXIS (1).

Pouviez-vous prévoir ce malheur ?
Eh ! ne faut-il pas mourir ?
Ah ! n'ayez aucun repentir.

LOUISE.

O ciel ! quoi ! tu vas mourir !
Et c'est moi qui te fais périr !
Mon père, ah ! quel sera mon sort !
Quoi ! c'est moi qui cause ta mort !

ALEXIS.

N n, non, je ne vais pas mourir.
A Louise.
Console-toi.

LOUISE.

Est-il un plus grand malheur !

JEAN-LOUIS.

De qui sais tu ce malheur ?

LOUISE.

J'avais prévu ce malheur.

JEAN-LOUIS.

Oui, oui, c'est moi qui te fais périr !
Pour nous tous, ah ! quel malheur !

*ablée, tombe assise à droite ; Jean-Louis, désespéré, s'ass' d
à gauche.*

ALEXIS, *s'approchant tendrement de Louise.*

Console-toi, ma tendre amie,
Mon sort te prouve mon amour ;

Louis, Alexis. Louise.

LE DÉSERTEUR

Tu diras : S'il m'eût moins chéri,
Il n'aurait pas perdu le jour.

LOUISE.

Ah ! que je suis infortunée !
Mon père, quel sera mon sort ?
Que le moment où je suis née
Ne fût-il celui de ma mort !

Louise et Jean-Louis se lèvent

JEAN-LOUIS.

Quoi ! mon ami, voilà ton sort !
C'est moi qui dois subir la mort.
Maudite, ah ! maudite journée !
C'est moi qui mérite la mort.

ALEXIS.

Et toi, pour un autre moi-même
Conserve-toi, père une _,
Dans ta fille aime ton ami.
Je meurs content, ta fille m'aime !

LOUISE.

Non, non, je ne saurais plus vivre !
Quoi ! je ne pourrais plus te voir ;
Il ne reste à mon désespoir,
Que la ressource de te suivre.

A la fin de ce trio et pendant la ritournelle qui le finit, Alexis tient dans ses bras Jean-Louis et Louise qui pleurent. Le geôlier entre, fait du bruit avec son trousseau de clés qu'il jette sur la table de droite, et dit :

SCÈNE XII

Les Mêmes, LE GEOLIER (1)

LE GEOLIER.

On vous demande.

Jean-Louis, Alexis, Louise, le geôlier.

ALEXIS.

Qui?

LE GEOLIER.

Vous; allez.

Il désigne les marches de gauche.

ALEXIS.

Adieu, adieu.

LOUISE.

Comment! adieu?

ALEXIS.

Non, Louise, ne t'effraye pas. Je crois que je vais revenir.

LOUISE.

Ah! mon père!

Alexis se rend dans la chambre du conseil.

SCÈNE XIII

JEAN-LOUIS, LOUISE, LE GEOLIER.

LOUISE.

O ciel! Monsieur, où va-t-il?

LE GEOLIER

Parler à ces messieurs.

LOUISE.

Monsieur, monsieur, ce ne serait pas...

LE GEOLIER.

Ah! ce ne sera pas pour sitôt; peut-être entre cinq et six heures : peut-être plus tard.

LOUISE.

Ah! ciel!

JEAN-LOUIS.

Non, ma fille, il n'est pas possible : je vais trouver madame la duchesse; je vais tout lui dire.

LOUISE.

Ah! mon père, elle l'a mis dans la peine; elle ne sera pas là pour l'en tirer.

JEAN-LOUIS.

Je vais... ô ciel! Ah! que je suis malheureux! Viens me rejoindre; j'irai plus vite que toi. Et puis... Non, je cours.

Il sort précipitamment.

SCÈNE XIV

LOUISE, LE GEOLIER.

LOUISE.

Monsieur, je me jette à vos genoux; je vous prie...

LE GEOLIER.

Ce n'est pas nécessaire. Que voulez-vous?

LOUISE, se relevant.

Le roi passe au camp.

LE GEOLIER.

Eh bien?

LOUISE.

Monsieur, dites-moi, le roi en pareil cas... Ah! c'est une justice. Le roi peut-il faire justice ou grâce?

LE GEOLIER.

Je le crois bien : il ne fait que ça.

LOUISE.

Monsieur, si j'y allais, si je me jetais à ses pieds; si je lui disais que c'est moi qui suis la cause...

LE GEOLIER.

Eh bien, vous le pouvez, si on vous laisse approcher. Si cela ne sert à rien, cela ne peut pas nuire.

LOUISE.

Ah! monsieur, si j'avais de l'argent...

LE GEOLIER.

Si vous vous adressez au roi, vous n'en avez que faire.

LOUISE.

Ce n'est pas cela que je voulais dire... c'est pour vous, monsieur.

LE GEOLIER.

Ah! pour moi?

LOUISE.

C'est pour vous remercier... c'est pour vous prier.. Ah!... voici, monsieur, ma croix d'or que je vous donne; faites retarder jusqu'à demain.

LE GEOLIER.

Retarder, retarder...

LOUISE, sortant.

Ah! que je suis malheureuse!

Elle sort précipitamment.

SCÈNE XV

LE GEOLIER, examinant la croix d'or.

Je lui donnerai... je lui donnerai tout le vin dont il aura besoin... Ça me paraît creux... Est-ce de l'or?... oh! oui. (S'apercevant que Louise est sortie.) Cette jeune fille a un bon cœur, ça fait plaisir. Ça me paraît creux.

SCÈNE XVI

MONTAUCIEL, BERTRAND, LE GEOLIER.

MONTAUCIEL tient de la main gauche une pinte de vin et une feuille de papier. De l'autre main, il tient par ses habits Bertrand au milieu du corps, le fait entrer de force, le fait pirouetter, et ce dernier tombe comme une masse assis sur la table de droite (1). Hé! entrez donc. Est-ce que vous avez peur? (Au geôlier.) Tiens, voilà un gaillard que je t'amène.

LE GEOLIER.

Tu appelles ça un gaillard, toi?...

MONTAUCIEL.

Il demande ce soldat. Où est-il donc? Et cette jeune fille?

LE GEOLIER.

Elle est partie.

MONTAUCIEL.

Et lui?

LE GEOLIER.

Il est allé parler, il va revenir. Si je le vois, je vais vous l'envoyer.

BERTRAND.

Je vais aller avec monsieur.

Avant de s'éloigner, le geôlier a pris des mains de Montauciel le broc de vin, qu'il pose sur la table de gauche.

(1) Le geôlier, Montauciel, Bertrand.

SCÈNE XVII

MONTAUCIEL, BERTRAND.

MONTAUCIEL, forçant Bertrand à se rasseoir.

Non, non, restez : vous allez boire un coup en attendant. Voilà une feuille de papier que je lui apportais.

BERTRAND.

Mais êtes-vous bien sûr que c'est mon cousin Alexis?

MONTAUCIEL.

Oui, oui, c'est lui : un soldat?

BERTRAND.

Oui.

MONTAUCIEL.

Mettez-vous là. Il est ici d'hier?

BERTRAND.

Oui, monsieur.

MONTAUCIEL.

Mettez-vous là.

BERTRAND.

Mais, monsieur...

MONTAUCIEL.

Mettez-vous là, vous dis-je (Montauciel reprend de nouveau Bertrand par le milieu du corps, et le force à s'asseoir à la gauche de la table de gauche), mettez-vous là. Sarpejeu! mettez-vous donc là; buvons un coup, il va revenir.

Il s'assied à la droite de la table de gauche.

BERTRAND.

Monsieur, je vous remercie; on ne boit pas comme ça sans connaître...

MONTAUCIEL.

Est-ce que je vous connais, moi? ça ne m'empêche pas de boire avec vous. Il est bon : buvez, buvez donc. (Bertrand boit.) Dites-donc, l'ami... vous avez l'air d'un luron... Quel âge avez-vous?

BERTRAND.

J'aurai vingt-deux ans viennent les prunes... je puis même dire que j'ai vingt-deux ans et demi... mais comme j'ai été malade six mois, ça m'a retardé d'autant.

MONTAUCIEL.

Buvons. (Il boit.) Vous dites que...

BERTRAND.

Je n'ai pas dit que.

MONTAUCIEL.

Que disiez-vous donc?

BERTRAND.

Moi, monsieur, je n'ai rien dit.

MONTAUCIEL.

Si vous ne dites rien, chantez, chantez.

BERTRAND.

Ah! monsieur, nous sommes dans le chagrin.

MONTAUCIEL.

C'est à cause de cela : c'est dans le chagrin qu'il faut chanter, cela dissipe. Allons, chantez.

Toujours chanter et toujours boire,
C'est la devise de Grégoire.

BERTRAND.

Ah! vous connaissez Grégoire! Moi aussi je le connaissais... il est mort.

ACTE II, SCÈNE XVII.

MONTAUCIEL.

Ah! Grégoire est mort!... Chantez donc.

BERTRAND.

Mais je ne sais pas chanter.

MONTAUCIEL.

Chantez toujours : voulez-vous donc chanter, quand on vous en prie! Sarpebleu, vous chanterez.

Il le menace avec un broc.

BERTRAND.

Mais attendez donc.

Il chante.

CHANSON

Tous les hommes sont
Bons ;
On ne voit que gens
Francs,
A leurs intérêts
Près.
Nous aimons la bonté,
L'exacte probité
Dans les autres.
Faire le bien est si doux,
Pour ne rendre heureux que nous
Et les nôtres.

MONTAUCIEL.

Sarpedié, votre chanson est bonne à porter le diable en terre. Ecoutez-moi.

CHANSON

Vive le vin, vive l'amour ;
Amant et buveur tour à tour,
Je nargue la mélancolie :
Jamais les peines de la vie
Ne me coûteront de soupirs ;

Avec l'amour, je les change en plaisirs,
Avec le vin je les oublie.

Pendant ce couplet, que Montauciel chante en gesticulant beaucoup, Bertrand se verse à boire, veut trinquer avec Montauciel, mais il ne peut jamais atteindre le gobelet de ce dernier.

Voilà une chanson, ça. Chantons ensemble.

BERTRAND.

Eh! mais, et mon cousin?

MONTAUCIEL.

Il ne peut pas tarder. Allons, chantons ensemble à présent.

BERTRAND.

Ensemble?

MONTAUCIEL.

Oui, ensemble, c'est plus gai.

BERTRAND.

Mais je ne sais pas votre chanson.

MONTAUCIEL.

Qu'est-ce qui vous dit de chanter ma chanson? Dites la vôtre, et moi la mienne, c'est plus gai.

BERTRAND.

Eh! mais... ça va faire un fier charivari.

MONTAUCIEL.

Allons, morbleu, chantez. (Il verse un verre de vin et boit.) Buvez et chantez.

Montauciel et Bertrand chantent en même temps les couplets ci-dessus. Bertrand, qui peu à peu s'est échauffé, bat la mesure à contre-temps. Montauciel la bat de son côté tout de travers. A la fin du duo, et pendant la ritournelle qui finit l'acte, Montauciel se lève et dit :

MONTAUCIEL.

Maintenant, il faut que je vous embrasse.

Bertrand veut s'y opposer, mais Montauciel le saisit à la cravate. Bertrand tourne sur lui même et se sauve par la porte de droite. En tournant, sa cravate qui est fort longue (cinq ou six mètres) se déroule, Montauciel en tient toujours un des bouts, et poursuit Bertrand.

FIN DU DEUXIÈME ACTE.

ACTE TROISIÈME

Même décor.

SCÈNE I

JEANNETTE, LA TANTE, BERTRAND.
Tous trois entrent en s'essuyant les yeux.

LA TANTE.

Oui, c'est ta faute; oui, c'est ta faute : sitôt que tu l'as vu si fâché, que ne lui as-tu dit que cela n'était pas vrai ?

JEANNETTE.

Est-ce qu'on ne m'avait pas défendu de le dire ?

LA TANTE.

Oui, mais ensuite, ensuite...

JEANNETTE.

Il ne m'a seulement pas laissé commencer la chanson.

LA TANTE.

Eh bien, il fallait toujours lui dire.

BERTRAND.

C'est vous qui avez voulu tout cela. Oui, c'est vous qui êtes la cause de sa mort.

LA TANTE.

La cause de sa mort ! Ah ! ciel ! peux-tu dire une pareille chose ? La cause de sa mort !

BERTRAND.

Oui, il est bien temps.

LA TANTE.

Et toi, grand lâche, grand misérable que tu es, quand on te dit de courir après lui, tu fais semblant d'y aller.

BERTRAND.

C'est moi qui étais le marié : est-ce que je pouvais quitter ?

LA TANTE.

Ah ! fusses-tu à sa place !

BERTRAND.

A sa place ! Ah ! je n'aurais pas fait comme lui : je me serais informé à tout le monde.

LA TANTE.

Ah ! ciel ! ah ! je le pleurerai, je le pleurerai toute ma vie, oui, toute ma vie... Quoi ! ce pauvre Alexis...

JEANNETTE.

Eh ! marraine, ne pleurez donc pas comme ça.

BERTRAND.

Ah ! le voici.

LA TANTE.

Comme il est changé !

BERTRAND.

Comme il est triste !

Alexis descend les marches.

SCÈNE II

JEANNETTE, ALEXIS, LA TANTE, BERTRAND.

LA TANTE.

Ah ! mon cher Alexis, je suis au désespoir.

ALEXIS.

Bonjour, ma tante, bonjour.

LA TANTE.

Je te demande pardon : c'est nous, c'est moi qui suis la cause de tout ça.

BERTRAND, indifféremment.

C'est moi qui étais le marié.

JEANNETTE.

J'ai voulu vous le dire : n'est-il pas vrai que vous m'avez dit que vous me tueriez?

ALEXIS.

Ne parlons plus de cela, c'est un malheur. Où est Louise? et pourquoi son père n'est-il pas ici?

LA TANTE.

Ah! son père! son père! le voilà qui arrive dans le village. Il était en pleurs, il se jetait par terre; il se frappait la tête. Il ne veut pas se relever : nous sommes tous à gémir. Si on pouvait te racheter avec de l'argent, nous donnerions tout, jusqu'à nos hardes.

BERTRAND.

Moi, je n'ai rien ; mais je donnerais tout ce que j'ai.

ALEXIS.

Et madame la duchesse sait-elle cela?

LA TANTE.

Nous y avons tous couru; elle n'est pas au château.

BERTRAND, presque gaiement.

Ah! au château, la belle noce qu'elle te préparait!

ALEXIS.

Et Louise, l'avez-vous vue?

LA TANTE.

Non.

ACTE III, SCÈNE II.

BERTRAND.

On ne sait où elle est.

ALEXIS.

Quoi! personne n'est avec elle? Ah! il lui sera arrivé quelque malheur.

JEANNETTE.

Non, je l'ai vue courir : je l'ai appelée, elle ne m'a pas répondu.

ALEXIS.

Ah! ma tante, consolez-la, ne la quittez pas : vous ne pouvez plus me rendre aucun service. Vous perdez votre neveu.

LA TANTE.

Je te perds! ah! quel malheur!

ALEXIS.

Qu'elle soit votre nièce, je vous en prie. Elle devait l'être.

LA TANTE.

Je te le promets.

ALEXIS.

Eh! comment a-t-elle pu consentir à ce cruel badinage?

LA TANTE.

Elle ne le voulait pas; elle s'écriait : Moi, à sa place j'en mourrais. Mais madame la duchesse l'avait ordonné et son père et moi nous l'y avons forcée.

JEANNETTE.

Et puis, elle disait comme ça : Il ne le croira pas, il ne le croira pas.

ALEXIS.

C'est vrai, je ne devais pas le croire.

BERTRAND.

Oui, oui, c'est bien vrai, tu ne devais pas le croire

ALEXIS.

Partez, ma tante, partez; tâchez de m'envoyer Jean-Louis. Si Louise... si Louise veut me voir encore, venez avec elle, et ne la quittez pas.

LA TANTE.

Oui, mon cher Alexis.

ALEXIS.

Promettez-le moi.

LA TANTE.

Je te le jure.... Ah! ciel!

JEANNETTE, qui est allée à la droite de Bertrand, à part.

Est-ce que c'est pour aujourd'hui?

BERTRAND, à part.

On dit comme ça que c'est pour quatre heures.

ALEXIS.

Adieu, ma tante... adieu, mon enfant...

Elles sortent après avoir embrassé Alexis.

BERTRAND, s'avançant en pleurant très-fort.

Adieu, mon cousin... (Pleurant) Porte-toi bien.

Il sort ; et comme, pour pleurer, il se cache la figure dans son mouchoir, il se heurte contre le geôlier qui entre.

SCÈNE III

LE GEOLIER, ALEXIS.

LE GEOLIER.

Tenez, voilà une plume et de l'encre : la plume est bonne, et voilà du papier blanc. (Il pose le tout sur la table de gauche, et s'approche d'Alexis.) Il y en a pour six sous. Qui est-ce qui me payera?

ALEXIS.

Voilà un petit écu.

LE GEOLIER.

C'est bon : je vous rendrai... je vous rendrai... Voilà Montauciel.

Il sort au moment où rentre Montauciel.

SCÈNE IV

ALEXIS, MONTAUCIEL.

MONTAUCIEL.

Soit, me voilà prêt. (Voyant qu'Alexis se dispose à écrire.) Ah! ah! vous allez écrire? vous êtes bien heureux, vous savez écrire, vous. Ah! déluge! ah! mort! ah! sang! ah! que je suis un grand malheureux!

ALEXIS, assis.

Qu'avez-vous?

MONTAUCIEL.

Ce que j'ai? le diable, le diable, puisqu'il faut vous le dire. Que diriez-vous d'un misérable, d'un coquin comme moi; brave homme d'ailleurs. Comment, morbleu, il y a cinq ans que j'aurais eu la brigade si j'avais su lire. A la compagnie on est dérangé : on boit avec l'un, on boit avec l'autre. Je me fais mettre en prison afin d'avoir un quart d'heure à moi pour apprendre; et d'aujourd'hui, d'aujourd'hui, morbleu, Montauciel n'a pas étudié. Ah! malheureux! ah! coquin! ah! scélérat!

ALEXIS.

Eh bien, étudiez.

MONTAUCIEL.

Vous avez raison. Voilà de l'écriture qu'un de mes

camarade m'a faite; car je suis déjà avancé : j'épelle mes lettres.

Alexis se met à écrire. Montauciel cherche à lire ce qui est écrit sur un papier qu'il tire de sa poche.

ARIETTE

V, o, u, s, e, t, et te
Trompette, trompette !
B, l, a, n, c, b, e, c,
Blessé, trompette blessé.
Maudit l'infernal
Faiseur de grimire,
Dont l'esprit fata
Mit dans sa mémoire
Tout ce bacchanal !
Sans cette écriture
Et sans la lecture
Ne peut-on, morbleu !
Manger, rire et boire,
Marcher à la gloire
Et courir au feu ?

ALEXIS, *se levant.*

Camarade, ne pouvez-vous étudier plus bas ?

MONTAUCIEL.

Non, car je ne m'entendrais pas; mais je m'en vais plus loin.

Il se retire au fond du théâtre.

ALEXIS.

En vous remerciant.

Alexis écrit et s'interrompt quelquefois.

ARIETTE.

Il m'eût été si doux de t'embrasser
Avant l'instant que je vois s'avancer.
Ta présence eût mis quelques charmes
Dans l'horreur qui vient m'oppresser.

Mais je ne verrai pas tes larmes :
Il m'est plus doux de m'en passer.
Parmi mes spectateurs, dans cette foule errante
Qui vient s'amuser du malheur,
Mes yeux te chercheront, je verrai ta douleur ;
Ton nom sera dans ma bouche mourante.
Que le mien quelquefois revive dans ton cœur.
Aime ton père, et que jamais reproche
A mon sujet ne sorte de ton sein.
Mais... Mais... tu ne viens pas, et mon heure s'approche !...
Si ton père en est cause, était-ce son dessein ?...
Tu ne viens pas et mon heure s'approche !
Il m'eût été si doux de t'embrasser
Avant l'instant que je vois s'avancer.

MONTAUCIEL.

Ah !... Pourriez-vous, sans vous déranger s'entend, dire comme il y a là ?

ALEXIS regarde le papier et le rend.

Vous êtes un blanc-bec.

MONTAUCIEL.

Un blanc-bec ! Qu'est-ce qu'un blanc-bec ? c'est vous qui en êtes un, sarpeguié ; et je vous donnerai mon poing par le visage.

Montauciel lui porte le poing sous le nez ; Alexis lui donne un coup dans l'estomac : il tombe du coup à la renverse. Le geôlier arrive au premier cri.

ALEXIS.

Les hommes sont bien terribles ; il y a de cruelles gens.

Il rentre chez lui, à gauche

SCÈNE V

LE GEOLIER, MONTAUCIEL.

LE GEOLIER, *relevant Montauciel*

Qu'est-ce que c'est que ça? Qu'est-ce que c'est que ça? Comment! vous vous battez?

MONTAUCIEL, *s'essuyant le nez.*

Ah! morbleu, tu me le payeras. Montauciel un blanc-bec : tête! mort! un blanc-bec!

LE GEOLIER.

Hé, pour quelle raison?

MONTAUCIEL.

Il ne sera pas toujours en prison : je veux lui faire mettre l'épée à la main. Un blanc-bec, un blanc-bec! morbleu, quand il sera hors d'ici, l'épée à la main, mon ami, ou je te coupe le visage.

LE GEOLIER.

Je t'en défie.

MONTAUCIEL.

Tu m'en défies. Pourquoi m'en défier?

LE GEOLIER.

Dans deux heures il va être fusillé.

MONTAUCIEL.

Ah! je ne m'en souvenais plus : je ne m'étonne pas.

LE GEOLIER.

Eh! comment votre querelle est-elle venue? J'ai cru que vous alliez boire ensemble.

MONTAUCIEL.

J'ai été honnête avec lui, parce qu'il est savant, il sait

lire et écrire. J'ai été me fourrer dans ce coin-là pendant toutes ses écritures. Je lui ai apporté un papier; et je l'ai prié de me dire comment il y avait à un endroit que je n'ai pu lire. Il m'a dit : Allez, vous n'êtes qu'un blanc-bec; et il m'a jeté mon papier au nez.

LE GEOLIER.

Il a eu tort.

MONTAUCIEL.

Ah çà, où est-il donc mon papier... (L'apercevant à terre. Ah! le voilà. (Il fait de vains efforts pour le ramasser.) Ramasse-le-moi donc.

LE GEOLIER, brusquement

Ramasse-le toi-même.

MONTAUCIEL, imitant la grosse voix du geôlier.

Ramasse-le toi-même... Monsieur verrous... certainement, que je vais le ramasser moi-même. (Après avoir maintes fois trébuché, il saisit le papier.) Ah! le voilà. (Le déchiffonnant.) Eh bien, comment y a-t-il là?

LE GEOLIER.

Vous êtes un blanc-bec.

MONTAUCIEL.

Vous êtes?...

LE GEOLIER.

Vous êtes un blanc-bec.

Montauciel veut se jeter sur le geôlier, mais celui-ci le repousse vigoureusement, et le menace de lui donner de ses clés sur le visage. Montauciel se calme.

MONTAUCIEL.

Il y a là-dessus, vous êtes un blanc-bec?

LE GEOLIER.

Oui.

MONTAUCIEL.

B, l, a, n, c.

LE GEOLIER.

Blanc.

MONTAUCIEL.

B, e, c.

LE GEOLIER.

Bec, blanc-bec.

MONTAUCIEL.

Comment, il n'y a pas là, trompette blessé?

LE GEOLIER.

Parbleu, non; il y a : vous êtes un blanc-bec.

MONTAUCIEL.

Il n'a donc pas tant de tort de m'avoir donné un coup de poing. Etait-ce un coup de poing?

LE GEOLIER.

Je n'en sais rien; mais en tout cas il était fier, car tu étais tombé par terre. Eh, voilà Courchemin...

SCÈNE VI

LE GEOLIER, COURCHEMIN, MONTAUCIEL.

LE GEOLIER.

Eh! bonjour, Courchemin.

COURCHEMIN.

Eh! bonjour, Crik! bonjour, Montauciel : ouf! Ah! que j'ai bon besoin d'un verre de vin!

MONTAUCIEL.

Le voilà... Hé! d'où viens-tu comme ça?

COURCHEMIN, après avoir bu.

En te remerciant... je suis venu au grand galop, ventre à terre, on me l'avait commandé. Mais j'ai vu, j'ai vu... Sarpebleu, que j'ai chaud! (Il s'essuie.) J'ai vu une fille qui courait à pied, en tenant ses souliers à la main. Elle sautait les fossés, elle coupait les vignes, les haies, les sentiers; je n'ai jamais vu aller de cette vitesse-là.

LE GEOLIER.

Et le roi est-il venu au camp?

COURCHEMIN.

Oui.

MONTAUCIEL.

Tête! mort! ventre!

LE GEOLIER.

Qu'est-ce donc que tu as?

MONTAUCIEL.

Comment! le roi est venu au camp, et Montauciel n'y était pas!

COURCHEMIN.

Tu es donc aussi sou qu'à l'ordinaire.

MONTAUCIEL.

Le roi est venu au camp, et Montauciel n'y était pas! Mille bombes! Je n'ai pas vu le roi. Je n'étudierai de ma vie.

Il déchire son papier.

LE GEOLIER.

Y a-t-il quelque chose de nouveau au camp?

MONTAUCIEL, à part.

Morbleu!

COURCHEMIN.

Tais-toi donc. Il y a l'histoire d'une jeune fille.

LE GEOLIER.

D'une fille ?

MONTAUCIEL.

D'une fille ? dis donc, dis donc.

COURCHEMIN.

Attendez donc, que je me rappelle.

AIR

  Le roi passait, et le tambour
 Battait aux champs : une fille bien faite
 Perce la foule ; elle crie, elle court,
 Tombe à genoux en pleurs ; le roi s'arrête,
 Le roi l'écoute ; on ignorait pourquoi :
  Alors on a fait un silence,
 Puis aussitôt un même cri s'élance :
 Vive à jamais, vive, vive le roi !
On m'a conté qu'elle disait : « Ah ! sire,
» C'est mon amant, et s'il faut qu'il expire,
 » Que j'éprouve le même sort !
» Mais non, qu'il vive, oui, commandez, ah ! sire,
» Plutôt qu'à lui, qu'on me donne la mort.
» Que suis-je, moi ? moins que rien sur la terre ;
» Trop faible, hélas ! pour travailler aux champs ;
» Et mon amant pourrait aider mon père
» Dans ses travaux au déclin de ses ans. »
De vieux soldats pleuraient, même des courtisans,
 Tant elle avait des airs touchants.
La grâce est accordée : on ne sait ce que c'est.

MONTAUCIEL.

Ensuite ?

LE GEOLIER.

Eh bien ?

COURCHEMIN.

Je te l'ai dit...

MONTAUCIEL.
Après?
COURCHEMIN.
Je te l'ai dit, au milieu de la place,

> Le roi passait, et le tambour
> Battait aux champs : une fille bien faite
> Perce la foule ; elle crie, elle court,
> Tombe à genoux en pleurs ; le roi s'arrête,
> Le roi l'écoute ; on ignorait pourquoi :
> Alors on a fait un silence,
> Puis tout à coup un même cri s'élance :

TOUS TROIS.
Vive à jamais, vive, vive le roi !

MONTAUCIEL.
Et le tambour battait aux champs!

LE GEOLIER.
Et l'a-t-on envoyée en prison?

COURCHEMIN.
Bon, en prison ! on croit que la grâce est accordée; car on lui a donné un papier.

MONTAUCIEL.
Qu'est-ce que c'est que ce papier?

COURCHEMIN.
Est-ce que je sais? Mais il y avait là des seigneurs, des grands seigneurs, qui lui ont dit de tendre son tablier; et ils lui ont jeté beaucoup d'or, beaucoup d'argent.

LE GEOLIER.
De l'argent !

COURCHEMIN.
Savez-vous ce qu'elle a fait?

LE GEOLIER.
Non.

COURCHEMIN.

Elle a jeté tout l'or, tout par terre : elle a dit que cela l'empêcherait de marcher.

MONTAUCIEL.

C'était donc bien lourd ?

LE GEOLIER

Bon, elle a jeté tout cet or ?

COURCHEMIN.

Oui.

LE GEOLIER.

Tais-toi donc, avec tes raisons : elle a jeté cet or, tu nous en contes.

COURCHEMIN.

Et si c'était la grâce de ce déserteur que nous avons arrêté hier ?

MONTAUCIEL.

J'en serais charmé, j'en serais charmé : nous nous couperions la gorge ensemble.

LE GEOLIER.

A cause de cette querelle ?

MONTAUCIEL.

Sans doute.

LE GEOLIER.

Tais-toi donc, avec ta querelle. Je t'en ferai une autre, moi.

On entend un roulement de tambour.

COURCHEMIN.

Qu'est-ce que j'entends ?

LE GEOLIER.

C'est l'appel : il y a quelque chose de nouveau.

MONTAUCIEL.

Voyons.

Ils sortent tous les trois par la droite.

SCÈNE VII

ALEXIS, il sort de chez lui.

On s'empresse, on me regarde ;
J'ai vu s'avancer la garde :
Les malheureux n'ont point d'amis,
Je crains d'interroger ; juste ciel, je frémis !

Mes yeux vont se fermer sans avoir vu Louise,
Sans l'avoir vue ! ô ciel ! non, non ;
Quelque chose que je me dise,
Mon cœur ne peut souffrir ce cruel abandon.

Hier, avec quelle joie
J'accourais... Je courais à la mort.
De quels tourments suis-je la proie ?
Ai-je donc mérité mon sort ?

Mes yeux vont se fermer sans avoir vu Louise ;
Sans l'avoir vue ! ô ciel ! non, non ;
Quelque chose que je me dise,
Mon cœur ne peut souffrir ce cruel abandon.

Montauciel entre par la droite.

SCÈNE VIII

MONTAUCIEL, ALEXIS.

MONTAUCIEL, une bouteille de vin et un gobelet à la main.

Ah ! te voilà, te voilà ; je te cherchais, c'est à présent qu'il faut du cœur.

ALEXIS.

Quoi, Montauciel ?

MONTAUCIEL.

On vient te chercher. Bois cela, bois cela, te dis-je. C'est le cœur du soldat. J'ai cru que tu avais ta grâce, mais non.

ALEXIS.

On vient me chercher?

MONTAUCIEL.

Oui; bois cela.

ALEXIS.

Je te remercie... Ah! Louise!

MONTAUCIEL.

Tu sais bien cette querelle de tantôt? eh bien, je te pardonne, meurs en paix; c'est moi qui ai tort; bois donc cela, je t'en prie, je t'en supplie, ne me refuse pas... C'est le dernier coup de v'n que tu boiras.

ALEXIS prend le gobelet, le présente à Montauciel, qui verse : il boit.

Donne : en te remerciant.

MONTAUCIEL.

Pauvre garçon! Un second, je t'en prie.

ALEXIS.

Je te remercie... Montauciel, fais-moi un plaisir.

MONTAUCIEL.

Quoi?

ALEXIS.

Puis-je compter sur toi?

MONTAUCIEL.

A la mort et à la vie.

ALEXIS.

Promets-moi de rendre cette lettre.

MONTAUCIEL.

Où? j'y vais.

ALEXIS.

Tu ne peux pas; tu es en prison.

MONTAUCIEL.

C'est vrai; mais je sors aujourd'hui.

ALEXIS.

Il viendra un paysan, nommé Jean-Louis. Tu lui rendras cette lettre, ou tu la feras rendre à son adresse.

MONTAUCIEL.

Que je meure à l'instant si j'y manque. (En ce moment des soldats descendent les marches de gauche et se rangent au fond silencieusement.) Ah! les voilà, les chiens, les enragés, les... Morbleu, je crois que j'irais à sa place.

ALEXIS.

Adieu, Montauciel.

MONTAUCIEL.

Que je t'embrasse!

ALEXIS.

Si cette jeune fille de ce matin vient ici, dis-lui que j'ai pensé à elle jusqu'au dernier moment.

MONTAUCIEL.

Brave garçon! brave garçon! Mes amis, mes camarades, ne le manquez pas.

Il sort précipitamment par la droite.

SCÈNE IX

ALEXIS, LES SOLDATS, baïonnette au bout du fusil.

ALEXIS.

Vous venez me chercher?... Si quelqu'un... Ciel! c'est elle.

SCÈNE X

Les Précédents, LOUISE.

Louise entre par la droite, ses souliers à la main, ses cheveux en désordre. Elle ne dit que : « Alexis, ta... » et tombe évanouie entre les bras d'Alexis, qui l'approche d'un siége, sur lequel elle reste sans connaissance Siége près de la table de droite.

ALEXIS.

Adieu, chère Louise, adieu,
Ma vie était à toi... je la perds, vis heureuse :
C'est là mon dernier vœu.
Que je te plains... que ta peine est affreuse!
Adieu, chère Louise, adieu;
Adieu, chère Louise, adieu.

Un des soldats est venu frapper sur l'épaule d'Alexis en lui faisant comprendre qu'il est temps de marcher. Il se place au milieu d'eux, et tous s'éloignent par les marches de gauche.

SCÈNE XI

LOUISE, revenant à elle par degrés.

Où suis-je ? ô ciel! j'ai les pieds nus ;
Qui m'a mise en ce lieu? pourquoi m'ont-ils quittée?
Et ces soldats, que sont-ils devenus ?
Mon cœur... Ah! ciel! que je suis agitée!
Je me rappelle ses accents ;
Il me parlait... Quel bruit j'entends!

On entend derrière le théâtre des cris confus. Louise voit dans son sein le papier qui contient la grâce d'Alexis.

Ce papier! Dieu! il n'est plus temps.

Elle sort précipitamment par la droite.

SCÈNE XII

Le théâtre change et représente un site au bout duquel on aperçoit le village. Petit monticule au lointain, vers la droite. A gauche, occupant les deux premiers plans, un mur.

Le fond du théâtre est encombré d'hommes et de femmes qui paraissent fort agités et pleurent. Plusieurs sont montés sur le petit monticule. Jean-Louis, la tante, Bertrand et Jeannette se trouvent parmi les personnes qui encombrent la gauche du théâtre au fond. — Tous les regards se portent vers la droite, au haut du petit monticule, d'où descendent d'abord quatre gendarmes qui repoussent hommes et femmes et les font se ranger. Puis descendent quatre autres gendarmes au milieu desquels se trouve Alexis. En même temps, des soldats commandés par un officier entrent par le plan qui précède le petit monticule, et garnissent sur trois rangs la droite du théâtre face au mur de gauche. — Le tambour est à la tête. Lorsque Alexis est arrivé au bas du petit monticule, Jean-Louis, la tante, etc., etc., se jettent dans ses bras, et descendent avec lui et tous les habitants du village jusque sur l'avant-scène de gauche, sans que les gendarmes aient pu s'opposer à ce mouvement.

ALEXIS, à Jean-Louis, à la tante et à tous ses amis qui pleurent et qui l'embrassent.

Courez, courez, elle était expirante!

LE CHŒUR.

Il va mourir; ah! quel malheur!

ALEXIS.

Courez, courez, elle était mourante!

Embrassant Jean-Louis et la tante.

Adieu, pour la dernière fois!

JEAN-LOUIS.

Mon ami, que je t'embrasse.

ALEXIS.

Adieu, pour la dernière fois.

LA TANTE.

Mon neveu, que je t'embrasse.

Les autres parents et amis veulent aussi dire un dernier adieu à Alexis, lorsqu'un roulement de tambour se fait entendre. Les gendarmes font reculer la foule, et n'arrachent qu'avec peine, mais sans lutte, Alexis des bras qui le pressent. Les gendarmes font reculer le peuple jusqu'au fond ; deux restent auprès d'Alexis, qui se trouve près du mur de gauche. — L'officier s'approche d'Alexis et lui offre un mouchoir noir. Alexis le refuse du geste. Les gendarmes s'éloignent ; Alexis met un genou en terre. L'officier va près du tambour, et chaque fois qu'avec son épée il donne un signal, le tambour frappe un seul coup. Au premier, les soldats portent les armes ; au second, le premier rang met un genou en terre ; au troisième, les soldats mettent en joue Alexis. Au même instant on entend les cris de Louise, qui, venant de gauche, perce la foule en criant : « Arrêtez ! » arrive jusque près de l'officier, lui remet un papier qu'elle agitait, et tombe presque évanouie dans les bras d'Alexis, qui court lui porter secours. — Montauciel est entré derrière Louise, et remet aussi un papier à l'officier. Jean-Louis, la tante, Jeannette, Bertrand et le peuple envahissent le théâtre.

TOUS.

Il a sa grâce,
Ah ! quel bonheur.
Vive le roi !
Vive le roi !

LA TANTE, ALEXIS, LOUISE, JEAN-LOUIS.

Oublions jusqu'à la trace
D'un malheur peu fait pour nous.

LOUISE.

Quel bonheur, il a sa grâce !
C'est nous la donner à tous.

Soldats, officier et tambour au fond. — Peuple garnissant toute la largeur du théâtre. — Sur l'avant-scène : Bertrand, Jeannette, la tante, Alexis, Louise, Jean Louis, Montauciel.

TOUS.

Oublions } jusqu'à la trace,
Oubliez }
D'un malheur peu fait pour { nous.
                            { vous.

Quel bonheur, il a sa grâce !
C'est nous la donner à tous.

FIN DU DÉSERTEUR.

RICHARD CŒUR DE LION

COMÉDIE EN TROIS ACTES, EN PROSE ET EN VERS

MIS EN MUSIQUE

Représentée pour la première fois, à Paris, au Théâtre Italien, le 21 octobre 1784, et à Fontainebleau, devant Leurs Majestés, le 25 octobre 1785.

PERSONNAGES

RICHARD, roi d'Angleterre..... MM. Philippe.
BLONDEL, écuyer de Richard... Clairval.
LE SENECHAL............ Courcelle.
FLORESTAN, gouverneur du château de Lintz............ Meunier.
WILLIAMS............... Narbonne.
MATHURIN..............
URBAIN...............
CHARLES..............
UN PAYSAN............
ANTONIO.............. Mmes Rosalie.
MARGUERITE, comtesse de Flandre et d'Artois.......... Colombe.
LAURETTE, fille de Williams... Dugazon.
BEATRIX, suivante de Marguerite. Desforges.
LA FEMME DE MATHURIN....
COLETTE..............
Suite de Marguerite, paysans, paysannes, officiers, soldats.

La scène se passe au château de Lintz.

RICHARD CŒUR DE LION

COMÉDIE MÊLÉE DE MUSIQUE.

ACTE PREMIER

Le théâtre représente les environs d'un château fort ; on en voit les tours, les créneaux ; il est élevé dans un lieu agreste ; des montagnes stériles et des forêts sombres et touffues paraissent entourer le lieu. Sur l'un des côtés est une maison qui a l'apparence d'une gentilhommière ; on en voit la porte ; un banc est de l'autre côté.

SCÈNE PREMIÈRE

MATHURIN, LA FEMME DE MATHURIN, COLETTE
PAYSANS, PAYSANNES.

(Pendant l'ouverture, on voit passer plusieurs paysans avec leurs outils de travail.)

LE CHŒUR.

Chantons, chantons !
Célébrons ce bon ménage ;
Chantons, chantons !
Retournons dans nos maisons.
Sais-tu que c'est demain
Que le vieux Mathurin
Refait son mariage ?
Oui, le fait est certain,
Nous danserons demain,
Nous boirons de bon vin.

COLETTE.

Antonio, je gage,
  En ce moment
Est bien loin du village.
Ah! quel cruel tourment!

LE CHŒUR.

Colette, c'est demain
Que le vieux Mathurin
Refait son mariage;
  Le fait est certain.
Fille, point de chagrin.
Nous danserons demain,
Nous boirons de bon vin.

MATHURIN.

Comment! c'est demain
Que ton vieux Mathurin
Avec toi, ma femme, se remet en train?

LA FEMME DE MATHURIN

Apres cinquante ans,
  Il est encor temps
De se montrer gais et d'être contents.

LE CHŒUR.

Chantons, etc.

SCÈNE II

BLONDEL, ANTONIO.

BLONDEL, feignant d'être aveugle.

Antonio, qu'est-ce que j'entends? J'entends, je crois chanter?

ANTONIO.

Ce n'est rien, c'est tout le hameau qui s'en retourne chez lui après l'ouvrage des champs; le soleil est couché.

BLONDEL.

Où suis-je ici, mon petit ami?

ANTONIO.

Vous n'êtes point loin d'un château, où il y a des tours, des créneaux; je vois tout en haut un soldat qui fait faction avec son arbalète.

BLONDEL.

Je suis bien las!

ANTONIO.

Tenez, asseyez-vous sur cette pierre; c'est un banc.

BLONDEL.

Ah! je te remercie. (Il s'assied.

ANTONIO.

C'est un banc qui est vis-à-vis la porte d'une maison qui paraît être une ferme; c'est comme une maison de gentilhomme.

BLONDEL.

Eh bien, mon ami, va t'informer si on peut m'y donner à coucher pour cette nuit.

ANTONIO.

Je vous retrouverai là?

BLONDEL.

Ah! je n'ai pas envie d'en sortir; quand on ne voit pas, on est bien forcé de rester où on nous dit d'attendre; ne manque pas de revenir.

ANTONIO.

Oh! non, car vous m'avez bien payé; mais, père Blondel, j'ai quelque chose à vous dire.

BLONDEL.

Quoi?

ANTONIO.

Ah! c'est que...

BLONDEL.

Dis, mon fils, dis ; qu'est-ce que c'est ?

ANTONIO.

C'est que je suis bien fâché ; je ne pourrai pas vous conduire demain.

BLONDEL.

Et pourquoi donc ?

ANTONIO.

C'est que je suis de noce ; mon grand-père et ma grand'mère se remarient, et mon petit-fils qui est leur frère...

BLONDEL.

Ton petit-fils ! Tu as un petit-fils ?

ANTONIO.

Eh ! non ! leur petit-fils, qui est mon frère, se marie aussi le même jour de leur remariage à une fille de ce canton.

BLONDEL.

Et dis-moi, elle ne demeurerait pas dans ce château que tu dis, où il y a un soldat qui a une arbalète ?

ANTONIO.

Non, non.

BLONDEL.

Mais, mon ami, demain, comment ferai-je pour me conduire ?

ANTONIO.

Ah ! je vous donnerai un de mes camarades ; il est un peu volage, mais je vous ferai venir à la noce, et vous y jouerez du violon. Ah ! ne vous embarrassez pas.

BLONDEL.

Tu aimes donc bien à danser ?

ACTE I, SCÈNE II.

COUPLETS

ANTONIO.

La danse n'est pas ce que j'aime,
Mais c'est la fille à Nicolas.
Lorsque je la tiens par le bras,
Alors, mon plaisir est extrême ;
Je la presse contre moi-même,
Et puis nous nous parlons tout bas.
Que je vous plains ! vous ne la verrez pas.

BLONDEL.

C'est vrai, mon fils, je suis bien à plaindre.

ANTONIO.

Elle a quinze ans, moi, j'en ai seize ;
Ah ! si la mère Nicolas
N'était pas toujours sur nos pas...
Eh bien, quoique cela déplaise,
Auprès d'elle je suis bien aise,
Et puis nous nous parlons tout bas.
Que je vous plains, vous ne la verrez pas.

BLONDEL.

Continue, je crois la voir.

ANTONIO.

Vous la voyez ? Ah ! vous êtes aveugle.

Qu'elle est gentille, ma bergère,
Quand elle court dans le vallon !
Oh ! c'est vraiment un papillon !
Ses pieds ne touchent pas à terre ;
Je l'attrape, quoique légère ;
Et puis nous nous parlons tout bas, etc.

BLONDEL.

Va, mon fils, va toujours voir si je pourrai trouver où passer cette nuit.

SCÈNE III

BLONDEL, seul.

Oui, voilà des tours, voilà des fossés, des redoutes ; c'est bien là un château fort. Il est éloigné des frontières, dans un pays sauvage, au milieu des marais ; il n'est propre qu'à enfermer des prisonniers d'Etat. On dit qu'on ne peut en approcher ; nous verrons, on se méfiera moins d'un homme que l'on croira aveugle. Orphée, animé par l'amour, s'est ouvert les enfers ; les guichets de ces tours s'ouvriront peut-être aux accents de l'amitié.

ARIETTE

O Richard ! ô mon roi !
L'univers t'abandonne ;
Sur la terre il n'est que moi
Qui s'intéresse à ta personne.
Moi seul, dans l'univers,
Voudrais briser tes fers,
Et tout le reste t'abandonne.
Et sa noble amie... Ah ! son cœur
Doit être navré de douleur.

O Richard ! ô mon roi, etc.

Monarques, cherchez des amis,
Non sous les lauriers de la gloire,
Mais sous les myrtes favoris
Qu'offrent les filles de Mémoire.
Un troubadour
Est tout amour,
Fidélité, constance.
Et sans espoir de récompense.

O Richard ! ô mon roi !
L'univers t'abandonne ;
Et c'est Blondel, il n'est que moi
Qui s'intéresse à ta personne.

Mais j'entends du bruit, remettons-nous, et reprenons notre rôle.

SCÈNE IV

BLONDEL, WILLIAMS, GUILLOT, LAURETTE.

<small>(Williams tient Guillot par l'oreille.)</small>

GUILLOT.

Aïe !

WILLIAMS.

Je t'apprendrai à porter des lettres à ma fille !

GUILLOT.

C'est de la part du gouverneur.

WILLIAMS.

Quoi ! de la part du gouverneur ?

BLONDEL, à part.

Ah ! si c'était ce gouverneur !

GUILLOT.

Il m'a dit de lui remettre
Cette lettre.

WILLIAMS.

Ma fille écoute un séducteur !
Non, ma Laurette
N'est point faite
Pour amuser le gouverneur.
Et toi, et toi,
Si tu reviens, c'est fait de toi.

GUILLOT.

Ce n'est pas moi
Qui reviendrai, non, sur ma foi !

WILLIAMS.

Dis, dis à ce gouverneur
Que ma Laurette
N'est point faite
Pour écouter un séducteur.

Monsieur, monsieur le gouverneur
Me fait en ce jour trop d'honneur.

BLONDEL, à part.

Ah! si c'était le gouverneur
De ce château, Dieu! quel bonheur!

GUILLOT.

Mais c'est monsieur le gouverneur.

WILLIAMS.

Eh! que me fait ce gouverneur?
Oui, sur ma foi!
Prends garde à toi.
(A Laurette qui paraît.)
Et toi, si jamais tu revoi
Ce séducteur,
Tu sentiras
Si, dans mon bras,
Il est encor quelque vigueur.

BLONDEL, à part.

Si je pouvais, ah! quel bonheur!
(Haut.)
Mes bons amis, ne frappez pas,
Point de débats;
La paix, la paix, point de débats!

LAURETTE.

Mon père, hélas!
Je ne vois pas
Le gouverneur.

BLONDEL, à part.

Ah! si c'était ce gouverneur!
Ah! quel bonheur!
(Haut.)
Mes bons amis,
Soyez unis;
Ah! point de fiel,
La paix du ciel!
Point de débats,
Ne frappez pas!
(A part.)
Ah! si c'était ce gouverneur!

SCÈNE V

WILLIAMS, BLONDEL.

WILLIAMS.

Rentrez dans la maison... Elle dit qu'elle ne l'a point vu, et qu'elle ne lui parle pas, et il lui écrit! Je voudrais bien connaître ce que dit cette lettre; ils ont à présent une manière d'écrire qu'on ne peut déchiffrer. Si quelqu'un... Ce vieillard n'est pas de ce pays-ci... Bonhomme, savez-vous lire?

BLONDEL.

Ah! mon Dieu, oui, je sais lire.

WILLIAMS.

Eh bien, lisez-moi cela.

BLONDEL.

Ah! mon bon monsieur, je suis aveugle; ces méchants Sarrasins m'ont brûlé les yeux avec une lame d'acier flamboyante; mais ne voyez-vous pas venir un petit garçon?

WILLIAMS.

Oui.

BLONDEL.

C'est lui qui me conduit; il sait lire, et il vous lira tout ce que vous voudrez... Antonio, est-ce toi?

SCÈNE VI

WILLIAMS, BLONDEL, ANTONIO.

ANTONIO.

Oui, c'est moi, père Blondel.

BLONDEL.

Tu as été bien longtemps!

ANTONIO, à part.

Ah! c'est que je l'ai trouvée, et je lui ai dit un petit mot.

BLONDEL.

Tiens, lis la lettre de ce monsieur que voilà, (Il affecte de le montrer où il n'est pas.) et lis bien haut, et distinctement; lis, lis, mon petit ami.

ANTONIO.

« Belle Laurette... »

WILLIAMS.

Belle Laurette!... Voilà comme ils leur font tourner la tête.

ANTONIO.

« Belle Laurette, mon cœur ne peut se contenir de la joie qu'il ressent par l'assurance que vous me donnez de m'aimer toujours. »

WILLIAMS.

Ah! fille indigne, elle l'aime!

BLONDEL.

Laissez, laissez. Continue.

ANTONIO.

« Si le prisonnier, que je ne peux quitter... »

WILLIAMS.

Tant mieux.

BLONDEL, à part.

Ce prisonnier!

ANTONIO.

« Si le prisonnier, que je ne peux quitter, me permettait de sortir pendant le jour, j'irais me jeter... »

WILLIAMS.

Fût-ce dans les fossés de ton château !

BLONDEL, à part.

Qu'il ne peut quitter. (Haut.) Lis toujours.

ANTONIO.

« J'irais me jeter à vos pieds ; mais si cette nuit... »
Il y a là des mots effacés.

BLONDEL.

Ensuite ?

ANTONIO.

« Faites-moi dire par quelqu'un à quelle heure je pourrais vous parler. Votre tendre et fidèle amant, et constant chevalier, FLORESTAN. »

WILLIAMS.

Ah ! damnation, goddam !

BLONDEL.

Goddam ! Est-ce que vous êtes Anglais ?

WILLIAMS.

Ah ! oui, je le suis.

BLONDEL.

Vigoureuse nation ! Eh ! comment est-il possible que, né un brave Anglais, vous soyez venu vous établir dans le fond de l'Allemagne, et dans un pays aussi sauvage qu'on m'a dit qu'il l'était ?

WILLIAMS.

Ah ! c'est trop long à vous raconter. Est-ce que nous dépendons de nous ? Il ne faut qu'une circonstance pour nous envoyer bien loin.

BLONDEL.

Vous avez raison ; car moi, je suis de l'Ile-de-France, et me voilà ici... Et de quelle province d'Angleterre êtes-vous ?

WILLIAMS.

Du pays de Galles.

BLONDEL.

Vous êtes du pays de Galles! Ah! si j'avais la jouissance de mes yeux, que j'aurais de plaisir à vous voir ! Et comment avez-vous quitté ce bon pays?

WILLIAMS.

J'ai été à la croisade, à la Palestine.

BLONDEL.

A la Palestine! et moi aussi.

WILLIAMS.

Avec notre roi.

BLONDEL.

Avec Richard, avec votre roi! Et moi de même.

WILLIAMS.

Quand je suis revenu dans mon pays, n'ai-je pas trouvé mon père mort!

BLONDEL.

Il était peut-être bien vieux?

WILLIAMS.

Ah! ce n'est pas de vieillesse; il avait été tué par un gentilhomme des environs, pour un lapin qu'il avait tué sur ses terres. J'apprends cela en arrivant : je cours trouver ce gentilhomme, et j'ai vengé la mort de mon père par la sienne.

BLONDEL.

Ainsi voilà deux hommes tués pour un lapin.

WILLIAMS.

Cela n'est que trop vrai.

BLONDEL.

Enfin, vous vous êtes enfui?

WILLIAMS.

Oui, j'ai été obligé de fuir avec ma fille et ma femme, qui est morte depuis. La justice a mangé mon château et mon fief, et je n'ai plus rien là-bas qu'une sentence de mort ; mais ici je ne les crains pas.

BLONDEL.

Monsieur, je vous demande pardon de toutes mes questions.

WILLIAMS.

Il ne me déplaît pas de parler de tout cela.

BLONDEL.

Et à la croisade, vous avez donc connu le brave roi Richard, ce héros, ce grand homme ?

WILLIAMS.

Oui, puisque j'ai servi sous lui.

BLONDEL.

Et sans doute vous avez...

WILLIAMS.

Mais j'ai affaire, et je crois que voilà cette voyageuse qui va arriver.

SCÈNE VII

BLONDEL, LAURETTE, ANTONIO.

(Antonio, pendant cette scène, tire du pain d'un bissac et va le manger sur le banc où s'est assis Blondel.)

LAURETTE.

Ah ! bonhomme, je vous en prie, dites-moi ce que vous a dit mon père ?

BLONDEL.

C'est vous qui êtes la belle Laurette ?

LAURETTE.

Oui, monsieur.

BLONDEL.

Votre père est fort irrité ; il sait ce que contient la lettre du chevalier Florestan.

LAURETTE.

Oui, Florestan ; c'est son nom. Est-ce qu'on a lu la lettre à mon père ?

BLONDEL.

Non pas moi, je suis aveugle ; mais c'est mon petit conducteur.

ANTONIO, se levant.

Oui, c'est moi ; mais, est-ce que vous ne me l'aviez pas dit, de la lire ?

LAURETTE.

On aurait bien dû ne pas le faire.

BLONDEL.

Il l'aurait fait lire par un autre.

LAURETTE.

C'est vrai. Et que disait la lettre ?

BLONDEL.

Que, sans le prisonnier qu'il garde... Et qu'est-ce que c'est que ce prisonnier ?

LAURETTE.

On ne dit pas ce qu'il est.

BLONDEL.

Que, sans le prisonnier qu'il garde, il viendrait se jeter à vos pieds.

LAURETTE.

Pauvre chevalier !

BLONDEL.

Mais que cette nuit...

ACTE I, SCÈNE VII.

LAURETTE.

Cette nuit!... Ah! la nuit! (Elle soupire et rêve.)

AIR

Je crains de lui parler la nuit,
J'écoute trop tout ce qu'il dit.
Il me dit : « Je vous aime, » et je sens, malgré moi,
Je sens mon cœur qui bat, et je ne sais pourquoi.
Puis il prend ma main, il la presse
Avec tant de tendresse,
Que je ne sais plus où j'en suis.
Je veux le fuir; mais je ne puis.
Ah! pourquoi lui parler la nuit? etc.

BLONDEL.

Vous l'aimez donc bien, belle Laurette ?

LAURETTE.

Ah! mon Dieu, oui, je l'aime bien!

BLONDEL.

En vérité, votre aveu est si naïf, que je ne peux m'empêcher de vous donner un conseil.

LAURETTE.

Dites, dites. Je ne sais ici à qui me confier; mais votre air, votre âge..., et puis vous ne pouvez me voir; tout cela me donne la hardiesse de vous parler, et me fait, je crois, moins rougir.

BLONDEL.

Eh bien, belle Laurette...

LAURETTE.

Mais, qui vous a dit que j'étais belle ?

BLONDEL.

Hélas! pour moi, pauvre aveugle, la beauté d'une femme est dans le charme, dans la douceur de sa voix.

LAURETTE.

Eh bien ?

BLONDEL.

Je vous dirai donc que, lorsque ces chevaliers, ces gens de haute condition s'adressent à une jeune personne d'un état inférieur, moins touchés souvent de la beauté, de la noblesse de son âme que de celle de leur extraction...

LAURETTE.

Eh bien?

BLONDEL.

Ils ne se font quelquefois aucun scrupule de la tromper.

LAURETTE.

Mais ma noblesse est égale à la sienne.

BLONDEL.

Le sait-il?

LAURETTE.

Sans doute. Quoique mon père ait peu d'aisance, nous avons toujours vécu noblement; et, si je ne craignais sa vivacité, vivacité qui heureusement l'a forcé de s'établir dans ce pays-ci, je lui aurais confié les intentions du chevalier.

BLONDEL.

C'est lui qui est le gouverneur de ce château?

LAURETTE.

Oui.

BLONDEL.

Et tout en attendant cette confiance en votre père, vous le recevrez cette nuit, ce chevalier que vous aimez; vous lui parlerez cette nuit! Écoutez-moi, ceci n'est qu'une chansonnette :

> Un bandeau couvre les yeux
> Du dieu qui rend amoureux;
> Cela nous apprend, sans doute,

Que ce petit dieu badin
N'est jamais, jamais plus malin
Que quand il n'y voit goutte.

LAURETTE.

Ah! redites-moi, s'il vous plaît,
Ce joli couplet.
Ah! je ne dois pas l'oublier,
Je veux l'apprendre au chevalier.

BLONDEL.

Très-volontiers.

ENSEMBLE.

Un bandeau couvre les yeux, etc.

LAURETTE.

Ah! voici je ne sais combien de personnes qui arrivent, des chevaux, des chariots! C'est sans doute cette dame qui vient loger ici; j'y cours.

BLONDEL.

Écoutez donc, belle Laurette, j'ai quelque chose à vous dire.

LAURETTE.

De lui?

BLONDEL.

Non.

LAURETTE.

Dites donc vite.

BLONDEL.

Pourrai-je passer cette nuit, cette nuit-ci seulement, dans votre maison?

LAURETTE.

Non; cela ne se peut pas. Mon père, à la prière d'un ancien ami, a cédé, pour cette nuit seulement, sa maison tout entière à une grande dame, et, à moins qu'elle ne le permette, nous ne pouvons pas disposer du plus petit endroit; mais demain... Adieu!

BLONDEL.

Allons, prenons patience... Antonio!

ANTONIO.

Plaît-il?

BLONDEL.

Va voir s'il n'y a pas d'autre retraite aux environs.

SCÈNE VIII

BLONDEL, MARGUERITE.

(Alors paraissent des gens de toute sorte, des domestiques, des chevaliers. Ils donnent le bras à Marguerite; elle paraît descendre de son palefroi, et est accompagnée de femmes suivantes. Elle a l'air de donner des ordres.)

BLONDEL.

Ciel! que vois-je! c'est la comtesse de Flandre! c'est Marguerite! c'est le tendre et malheureux objet de l'amour de l'infortuné Richard! Ah! j'accepte le présage; sa rencontre ici ne peut être qu'un coup du ciel. Mais, peut-être me trompé-je!... Voyons si vraiment c'est elle. Si c'est Marguerite, son âme ne pourra se refuser aux douces impressions d'un air qu'en des temps fortunés son amant a fait pour elle. (Il joue cet air sur son violon. Marguerite s'arrête, écoute, s'approche.)

MARGUERITE.

O ciel! qu'entends-je!... Bonhomme, qui peut vous avoir appris cet air que vous jouez si bien sur votre violon?

BLONDEL.

Madame, je l'ai appris d'un brave écuyer qui venait

de la Terre Sainte, et qui, disait-il, l'avait entendu chanter au roi Richard.

MARGUERITE.

Il vous a dit la vérité.

BLONDEL.

Mais, madame, vous qui avez la voix d'un ange, n'êtes-vous pas cette grande dame qui doit occuper la maison qu'on m'a dit être ici près ?

MARGUERITE.

Oui, bonhomme.

BLONDEL.

Ayez pitié, je vous en prie, d'un pauvre aveugle, et permettez-lui d'y passer cette nuit dans un lieu où il n'incommodera personne.

MARGUERITE.

Ah! je le veux bien, pourvu que vous répétiez plusieurs fois l'air que vous venez de jouer.

BLONDEL.

Ah! tant qu'il vous plaira!

MARGUERITE, à ses gens.

Je vous recommande ce bon vieillard. (Williams donne la main à Marguerite et la conduit dans sa maison.)

SCÈNE IX

(Blondel se met à jouer plusieurs fois ce même air, avec des variations. Pendant ce temps tout le bagage se décharge ; les gens de la comtesse vont et viennent. On dresse une grande table à la porte ; on y met du vin et des verres.)

BLONDEL, ANTONIO, DOMESTIQUES.

UN DOMESTIQUE, à Blondel.

Allons, bonhomme, mettez-vous là! vous boirez un coup avec nous.

BLONDEL.

Antonio !

ANTONIO.

Me voilà.

BLONDEL, lui donnant son verre.

Tiens, bois, mon fils, bois. (On verse à Blondel un second verre, et il dit après avoir bu :) En vous remerciant, mes amis ; mais je veux payer mon écot.

UN DOMESTIQUE.

Eh ! comment ça ?

BLONDEL.

En vous disant une chanson, et vous ferez chorus.

UN DOMESTIQUE.

Allons, c'est un bon vivant. Courage, p(

CHANSON

BLONDEL, joue du violon en chantant.

Que le sultan Saladin
Rassemble dans son jardin
Un troupeau de jouvencelles,
Toutes jeunes, toutes belles,
Pour s'amuser le matin,
    C'est bien, très-bien,
Cela ne nous blesse en rien ;
Moi, je pense comme Grégoire,
    J'aime mieux boire.

Qu'un seigneur, qu'un haut baron
Vende jusqu'à son donjon
Pour aller à la croisade ;
Qu'il laisse sa camarade
Dans les mains de gens de bien,
    C'est bien, très-bien, etc.

UN OFFICIER.

Voilà madame qui va se retirer dans son appartement.

ACTE I, SCÈNE IX.

UN DOMESTIQUE.

Rachevons; encore un couplet, père.

BLONDEL.

Que le vaillant roi Richard
Aille courir maint hasard,
Pour aller, loin d'Angleterre,
Conquérir une autre terre,
Dans le pays d'un païen,
C'est bien, très-bien,
Cela ne nous blesse en rien;
Moi, je pense comme Grégoire,
J'aime mieux boire.

BÉATRIX, paraissant.

Finissez donc, madame vous entend de son appartement.

(Blondel feint de prendre Béatrix pour son petit garçon, et Antonio l'emmène.)

ACTE DEUXIÈME

L'intérieur de la forteresse de Lintz. Sur le devant de la scène est une terrasse entourée de grilles de fer, et disposée de manière à cacher à Richard, qui y est enfermé, le fond du théâtre, où se trouve un fossé revêtu extérieurement d'un parapet.

SCÈNE I

(Le théâtre est un peu éclairé, surtout dans le fond ; il s'éclaire par degrés ; l'aurore se lève après le crépuscule.)

LE ROI RICHARD, FLORESTAN.

FLORESTAN.

L'aurore va se lever, profitez-en, sire, pour votre santé : dans une heure on va vous renfermer

RICHARD.

Florestan !

FLORESTAN.

Sire ?

RICHARD.

Votre fortune est dans vos mains.

FLORESTAN.

Je le sais, sire, mais mon honneur...

RICHARD.

Pour un perfide ! un traître !

FLORESTAN.

Pour un traître ! S'il l'était, sire, je ne le servirais pas !

Non, non, je ne le servirais pas, si je croyais qu'il fût un perfide.

RICHARD.

Mais, Florestan... (Florestan fait une révérence respectueuse, ne répond rien et sort.)

SCÈNE II

RICHARD, sur la terrasse.

Ah! grand Dieu! quel funeste coup du sort! Couvert de lauriers ceuillis dans la Palestine, au milieu de ma gloire, dans la vigueur de l'âge, être obscurément confiné comme le dernier des hommes dans le fond d'une prison! (Il se lève.)

AIR

Si l'univers entier m'oublie,
S'il faut passer ici ma vie,
Que sert ma gloire, ma valeur?

(Il regarde un portrait de Marguerite.)

Douce image de mon amie,
Viens calmer, consoler mon cœur,
Un instant suspends ma douleur.

O souvenir de ma puissance!
Crois-tu ranimer ma constance?
Non, tu redoubles mon malheur.
O mort! viens terminer ma peine;
O mort! viens, viens briser ma chaîne;
L'espérance a fui de mon cœur.

SCENE III

RICHARD, BLONDEL, ANTONIO.

(Richard se rassied ; il a le coude appuyé sur une saillie de pierre et paraît abîmé dans le plus profond chagrin : sa tête est en partie cachée par sa main.)

BLONDEL.

Petit garçon, arrêtons-nous ici : j'aime à respirer cet air frais et pur qui annonce et accompagne le lever de l'aurore. Où suis-je, à présent ?

ANTONIO.

Près du parapet de cette forteresse, où vous m'avez dit de vous mener.

BLONDEL.

C'est bien.

Comme il semble tâter ce parapet pour monter dessus...

ANTONIO.

Ah ! ne montez pas dessus ce parapet, vous tomberiez dans un grand fossé plein d'eau, et vous vous noieriez.

BLONDEL.

Ah ! je n'en ai pas d'envie. Tiens, mon fils, voilà de l'argent, va nous chercher quelque chose pour déjeuner.

ANTONIO.

Ah ! vous me donnez trop.

BLONDEL.

Le reste sera pour toi.

ANTONIO.

En vous remerciant. (Il part.)

BLONDEL.

Quand tu seras revenu, nous irons promener. Sans

doute que les campagnes sont aussi belles que je les ai vues autrefois. Au défaut de mes yeux, je me plais à l'imaginer. Tu ne réponds pas? Ah! est-il parti?

SCÈNE IV

RICHARD, sur la terrasse ; BLONDEL monte et s'arrange sur le parapet.

RICHARD.

Une année! une année entière se passe sans que je reçoive aucune consolation, et je ne prévois aucun terme au malheur qui m'accable!

BLONDEL.

S'il est ici, le calme du matin, le silence qui règne dans ces lieux laisseront sans doute pénétrer ma voix jusqu'au fond de sa retraite. Et, s'il est ici, peut-il n'être pas frappé d'une romance qu'autrefois l'amour lui a inspirée? Auteur, amoureux et malheureux : que de raisons pour s'en souvenir!

RICHARD.

Trône, grandeurs, souveraine puissance, vous ne pouvez donc rien contre une telle infortune? Et Marguerite! Marguerite! (Pendant ce couplet, Blondel paraît accorder son violon presque en sourdine, afin de faire sentir qu'il est très-loin; il commence à jouer lors du mot : Marguerite.) Quels sons! Oh! ciel, est-il possible qu'un air que j'ai fait pour elle ait passé jusqu'ici! Ecoutons.

ROMANCE

BLONDEL.
Une fièvre brûlante
Un jour me terrassait...

RICHARD.
Je connais cette voix-là.

BLONDEL.

Et de mon corps chassait
Mon âme languissante ;
Ma dame approche de mon lit,
Et loin de moi la mort s'enfuit.

(Il s'arrête et écoute. Pendant ce coup et, R chaid marque tous les d g és de surprise, de joie et d'espérance. I cherche à se rappeler la fin du couplet, s'en souvient, et dit .)

RICHARD.

Un regard de ma belle
Fait, dans mon tendre cœur,
A la peine cruelle
Succéder le bonheur.

Pendant ce couplet, Blond l marque la joie la plus v ve , il a même l'air de se trouver mal de saisissement)

BLONDEL.

Dans une tour obscure,
Un roi puissant languit ;
Son serviteur gémit
De sa triste aventure.

RICHARD.

C'est Blondel ! Ah ! grand Dieu !

Si Marguerite était ic ,
Je m'écrierais : Plus de souci !

ENSEMBLE.

Un regard de ma [sa] belle
Fait dans mon [son] tendre cœur,
A la peine cruelle
Succéder le bonheur.

(Blondel répète le refia n en fa sant la deuxième pa tie . il danse, il saute, exprime sa joie par l'air qu il joue sur s n violon)

SCÈNE V

BLONDEL, RICHARD, SOLDATS.

Le gouverneur et des soldats font rentrer le roi ; la porte de la terrasse se
ferme ; des soldats s'emparent de Blondel et le font passer par une po'erne
et entrer dans les fortifications ; alors il paraît au devant du théâtre.)

LES SOLDATS, arrêtant Blondel.

Sais-tu, connais-tu, sais-tu
Qui peut t'avoir répondu ?
Réponds, réponds, réponds vite !
Ah ! que tu n'en es pas quitte !

BLONDEL.

Sans doute, quelque passant
Que divertissait mon chant.

LES SOLDATS.

En prison, vite en prison !
Tu diras là ta chanson.

BLONDEL.

Ah ! messieurs, point de colère,
Ayez pitié de ma misère ;
Les Sarrasins furieux,
De la lumière des cieux
Ont privé mes pauvres yeux.

LES SOLDATS.

Ah ! tant mieux pour toi, tant mieux,
Tu périrais dans ces lieux
Si tu portais de bons yeux.

BLONDEL.

Ah ! messieurs, attendez donc
Je dois obtenir mon pardon ;
Je veux parler à monseigneur,
A monseigneur le gouverneur,
Pour un avis important
Qu'il doit savoir à l'instant.

LES SOLDATS, à l'officier.

Il veut parler à monseigneur,
A monseigneur le gouverneur.

BLONDEL.

Pour un avis important
Qu'il doit savoir à l'instant.

LES SOLDATS.

Pour un avis important
Qu'il doit savoir à l'instant!

LES OFFICIERS ET LES SOLDATS.

Tu vas parler à monseigneur,
A monseigneur le gouverneur,
Puisque l'avis important
Doit être su dans l'instant.
Le voici; mais, prends garde à toi.
Oui, sur ma foi!
Tu périrais
Si tu mentais,
Si tu mentais à monseigneur,
A monseigneur le gouverneur.

SCÈNE VI

RICHARD, BLONDEL, FLORESTAN, OFFICIERS, SOLDATS.

UN SOLDAT.

Voici monseigneur le gouverneur.

BLONDEL.

Où est-il, monseigneur le gouverneur?

FLORESTAN.

Me voilà.

BLONDEL.

De quel côté? où est-il?

ACTE II, SCÈNE VI.

FLORESTAN, le prenant par le bras.

Ici.

BLONDEL.

J'ai un avis important à lui donner.

FLORESTAN.

Eh bien, de quoi s'agit-il? Mais ne cherche point à mentir, ni à m'amuser, car, à l'instant, tu perdrais la vie.

BLONDEL.

Ah! monseigneur, c'est être déjà mort à moitié que d'avoir perdu la vue : eh! comment un pauvre aveugle pourrait-il prétendre à vous tromper?

FLORESTAN.

Eh bien, parle.

BLONDEL.

Êtes-vous seul?

FLORESTAN.

Oui... Retirez-vous, vous autres. (Les soldats se retirent dans le fond.)

BLONDEL.

Monseigneur, c'est que la belle Laurette...

FLORESTAN.

Parle bas.

BLONDEL.

C'est que la belle Laurette m'a lu la lettre que vous lui avez écrite, afin que vous vissiez que je suis envoyé par elle : or, vous y dites que vous vous jetez à ses pieds, et vous lui demandez un rendez-vous pour cette nuit.

FLORESTAN.

Eh bien, mon ami?

BLONDEL.

Eh bien, monseigneur, elle m'a dit de vous dire que vous pourriez venir à l'heure que vous voudriez.

FLORESTAN.

Comment, à l'heure que je voudrais !

BLONDEL.

Il y a chez son père une dame de haut parage qui, pour célébrer la jo'e d'une nouvelle intéressante, y donne toute la nuit à danser, à boire, à manger et rire; et vous pourriez y venir sous quelque prétexte; alors, la belle Laurette trouvera toujours bien l'occasion de vous dire quelque petite chose.

FLORESTAN.

C'est donc pour me parler que tu as chanté?

BLONDEL.

C'est pour être mené vers vous que j'ai fait tout ce bruit avec mon violon.

FLORESTAN.

Il n'y a pas de mal; dis-lui que j'irai. Mais se servir d'un aveugle pour faire une commission! Ah! qu'elle est charmante! Va-t'en.

BLONDEL.

Mais, monsieur le gouverneur! monsieur le gouverneur!

FLORESTAN.

Eh bien?

BLONDEL.

Ah! vous voilà de ce côté-là? Pour qu'on ne soupçonne rien de ma mission, grondez-moi bien fort, et renvoyez-moi.

FLORESTAN.

Tu as raison. (A part.) Ce drôle a de l'esprit.

FINALE

Pour le peu que tu m'as dit,
Fallait-il faire ce bruit?

BLONDEL.

Ah! je n'ai pas fait de bruit;
Vos soldats ont fait ce bruit.

LES SOLDATS.

Téméraire, téméraire,
Tu devrais, tu dois te taire.
Alarmer la garnison!
Tu devrais être en prison.

SCÈNE VII

BLONDEL, RICHARD, FLORESTAN, ANTONIO, SOLDATS.

ANTONIO.

Ah! messieurs, pardon, pardon;
Ayez pitié de sa misère;
Les Sarrasins furieux
Ont privé ses pauvres yeux
De la lumière des cieux.

LES SOLDATS.

Ah! tant mieux, tant mieux;
S'il avait porté de bons yeux
Il périrait dans ces lieux.
Va, retire-toi;
Mais prends garde à toi.
Ici, si jamais
Tu paraissais,
Tu périrais.

BLONDEL.

Messieurs, croyez-moi,
Ici, si jamais
Je revenais,

Je me soumets
A votre loi.
Ah! croyez-moi.

ANTONIO.

Ici, si jamais
Il revenait,
Ah! ce serait
Sans moi, sans moi.

Blondel s'en va en repassant par la poterne avec son guide, et les soldats et le gouverneur par la porte qui lui a servi d'entrée.)

FIN DU DEUXIÈME ACTE.

ACTE TROISIÈME

Le théâtre représente la grande salle de la maison de Williams

—

SCÈNE I

BLONDEL, DOMESTIQUES.

TRIO

BLONDEL.

Il faut, il faut,
Il faut que je lui parle !

LES DOMESTIQUES.

Il faut, il faut !
Vous ne pouvez lui dire un mot.

BLONDEL.

Mon cher Urbin, mon ami Charle,
Il faut que je lui dise un mot
Tout au plus tôt, tout au plus tôt.

LES DOMESTIQUES.

On chasserait Urbin et Charle
Si nous vous laissions dire un mot.
Sortez, sortez tout au plus tôt.

BLONDEL.

Mon cher Urbin, mon ami Charle !

LES DOMESTIQUES.

Nous allons partir à l'instant.

BLONDEL.

A l'instant, ciel ! Quoi, dans l'instant ?

LES DOMESTIQUES.
Oui, dans l'instant.

BLONDEL.
Voici de l'or.

LES DOMESTIQUES, à part.
De l'or?
Est-ce de l'or? Oui, c'est de l'or.
De l'or! Attendez; mais comment
Peut-il parler en ce moment?

BLONDEL.
De l'or, afin que je lui parle;
Ah! que je lui parle à l'instant.

LES DOMESTIQUES.
Le pourrait-il en ce moment?
A la dame de compagnie,
Oui, oui, nous pourrions dire son envie.

BLONDEL.
Dans ce moment.

LES DOMESTIQUES.
A la dame de compagnie?
Eh bien, soit!

BLONDEL.
Ah! que je lui parle!

LES DOMESTIQUES.
On peut lui dire qu'il la prie...

BLONDEL.
Mon cher Urbin, mon ami Charle!

LES DOMESTIQUES.
Dans ce moment.

BLONDEL.
Pourvu que je lui dise un mot.

LES DOMESTIQUES.

Tout au plus tôt.

BLONDEL.

Je suis content; mais au plus tôt.

SCÈNE II

MARGUERITE, WILLIAMS, LE SÉNÉCHAL, CHEVALIERS.

MARGUERITE.

Sir Williams, je ne peux trop vous remercier du gracieux accueil que j'ai reçu chez vous.

WILLIAMS.

Madame, que ne puis-je vous y retenir plus longtemps!

MARGUERITE.

Cela ne peut être.

LE SÉNÉCHAL.

Madame, tout sera bientôt prêt pour votre départ.

MARGUERITE.

Ah! chevalier, ce soir assignera le terme à notre voyage; qu'il m'en coûte de vous dire ce qui va le terminer!

LE SÉNÉCHAL.

Quoi donc, madame?

MARGUERITE.

Je vais consacrer mes jours à une retraite éternelle.

LE SÉNÉCHAL.

Vous, madame!

MARGUERITE.

Un long chagrin qui me dévore me rend incapable de

m'occuper du bonheur de mes sujets; je vais, chevalier, faire ajouter quelques mots à cet écrit; vous le remettrez aux Etats rassemblés. Ce sont mes volontés.

SCÈNE III

MARGUERITE, WILLIAMS, LE SENÉCHAL, BEATRIX, CHEVALIERS.

BÉATRIX.

Madame!

MARGUERITE.

Que voulez-vous?

BÉATRIX.

Ce bonhomme, à qui vous avez permis de passer la nuit dans ce logis, et qui n'est plus aveugle...

MARGUERITE.

Eh bien?

BÉATRIX.

Il demande l'honneur de vous être présenté.

MARGUERITE.

Que veut-il? Ah! ciel!

BÉATRIX.

Je lui ai dit que madame était bien triste; il m'a répondu : Si je lui parle, je la rendrai bien gaie. (Blonde chante.)

Un regard de ma belle.

Entendez-vous sa voix, madame? il l'a très-belle.

MARGUERITE.

Qu'il paraisse. Peut-être a-t-1 appris cette complainte de la bouche même de Richard; peut-être... (A un officier Vous mettrez la suscription telle que je vais vous la dicter.

SCÈNE IV

MARGUERITE, WILLIAMS, LE SÉNÉCHAL,
BEATRIX, BLONDEL, CHEVALIERS.

MARGUERITE.

Eh bien, bonhomme, on dit que vous demandez à m'être présenté?

BLONDEL.

Oui, madame ; mais qu'il est difficile d'approcher des grands, même pour leur rendre service !

MARGUERITE.

Qui était celui qui vous a appris ce que vous chantiez si bien tout à l'heure, et en quel lieu de la terre avez-vous appris cette complainte?

BLONDEL.

Je ne peux le dire qu'à vous. (Béatrix sort.)

MARGUERITE.

Hier, vous étiez aveugle?

BLONDEL.

Oui, madame; mais je ne le suis plus ; et quelles grâces n'ai-je point à rendre au ciel, puisqu'il me fait jouir de la présence de madame Marguerite, comtesse de Flandre et d'Artois.

MARGUERITE.

O ciel! vous me connaissez?

BLONDEL.

Oui, madame, et reconnaissez Blondel.

MARGUERITE.

Quoi! c'est vous, Blondel! Vous étiez avez le roi. Où l'avez vous laissé?

BLONDEL.

Le roi, le roi, que je cherchais depuis un an, le roi, madame, est à cent pas d'ici.

MARGUERITE.

Le roi!

BLONDEL.

Il est prisonnier dans ce château que vous voyez de vos fenêtres; car, sans le voir, je lui ai parlé ce matin.

MARGUERITE.

Ah! Dieu! Ah! Blondel! Chevaliers!

BLONDEL.

Madame, qu'allez-vous dire?

MARGUERITE.

Qu'ai-je à craindre? Ce sont mes chevaliers, tous attachés à moi, à ma personne, et sir Williams est Anglais.

BLONDEL.

Oui, chevaliers, oui, ce rempart
Tient prisonnier le roi Richard.

LES CHEVALIERS.

Que dites-vous! le roi Richard?
Richard! qui? le roi d'Angleterre?

BLONDEL.

Oui, chevaliers, oui, ce rempart
Tient prisonnier le roi Richard ;
C'est là qu'est le roi d'Angleterre.

LES CHEVALIERS.

Qui vous l'a dit? Par quel hasard
Avez-vous connu cette affaire?

MARGUERITE.

Qui vous l'a dit? Par quel hasard?
Ah! grand Dieu! ah! mon cœur se serre.

ACTE III, SCÈNE IV.

LES CHEVALIERS.

Comment savez-vous ce mystère ?

BLONDEL.

Par moi, qui, sous cet habit vil,
M'en suis approché sans péril ;
Sa voix a pénétré mon âme;
Je la connais. Oui, oui, madame ;
Oui, chevaliers, oui, ce rempart
Tient prisonnier le roi Richard.

MARGUERITE.

Ah! s'il est vrai, quel jour prospère !
Ah! grand Dieu... ah! mon cœur se serre
De joie et de saisissement.

WILLIAMS, BÉATRIX, MARGUERITE, CHEVALIERS.

Ah! grand Dieu, quel étonnement !
Quel bonheur! quel événement !
Travaillons à sa délivrance;
Marchons, marchons !

BLONDEL.

Point d'imprudence ;
Travaillons à sa délivrance ;
Non, il faut agir prudemment.

LES CHEVALIERS.

Travaillons à sa délivrance.

MARGUERITE.

Que faire pour sa délivrance ?
Ah! Blondel, quel heureux moment !
Que faire pour sa délivrance ?
Chevaliers, écoutez Blondel.

LES CHEVALIERS.

Blondel! Blondel! oui, c'est Blondel !

MARGUERITE.

Chevaliers, connaissez Blondel.
Ah ! quel bonheur! quel coup du ciel!

BLONDEL.

Travaillons à sa délivrance,
Et ne parlons point de Blondel.

SCÈNE V

BLONDEL, MARGUERITE, WILLIAMS, CHEVALIERS.

MARGUERITE.

Ah! chevaliers! ah! sir Williams, et vous, Blondel, mon cher Blondel! voyez entre vous ce qu'il convient de faire pour délivrer le roi; la joie, la surprise... cette nouvelle m'a saisie, de manière que je ne peux jouir de ma réflexion; servez-vous de tout mon pouvoir; c'est de moi, c'est de mon bonheur que vous allez vous occuper. (Elle sort, en s'appuyant sur les bras de ses femmes.)

SCÈNE VI

LE SÉNÉCHAL, WILLIAMS, BLONDEL, CHEVALIERS.

LE SÉNÉCHAL.

Oui, c'est l'infortune de Richard qui faisait toute sa peine.

BLONDEL.

Sires chevaliers, sir Williams, le temps est précieux; voyons quels sont les moyens qui s'offrent à nous pour délivrer Richard; sachons d'abord quel est l'homme qui le garde: Williams, quel homme est-ce que ce gouverneur? le connaissez-vous?

WILLIAMS.

Que trop.

BLONDEL.

L'intérêt peut-il quelque chose sur lui?

WILLIAMS.

Non.

BLONDEL.

Et la crainte?

WILLIAMS

Encore moins.

BLONDEL.

Ni l'intérêt ni la crainte! C'est un homme bien rare. Ecoutez, chevaliers, et vous, Williams, voici mon avis : le gouverneur va venir parler à votre fille.

WILLIAMS.

Parler à ma fille?

BLONDEL.

Oui; il sait que, ce soir, vous donnez un bal, une fête.

WILLIAMS.

Moi!

BLONDEL.

Oui, vous, et faites tout préparer à l'instant pour recevoir ici les bonnes gens des noces qui s'amusent ici près, et que j'ai prévenus de votre part.

WILLIAMS.

Des noces! un bal! Il sait que je donnerai une fête! Et de qui l'aurait-il pu savoir?...

BLONDEL.

De moi.

WILLIAMS.

De vous? Et comment cela se peut-il?

BLONDEL.

Enfin, il le sait, je vous le dirai; mais ne perdons pas

un instant. Il viendra ici dans l'espoir que cette fête lui donnera les moyens de parler à la belle Laurette.

WILLIAMS.

Ah! qu'il lui parle!

BLONDEL.

Oui, il lui parlera; mais qu'aussitôt il soit entouré des officiers de la princesse, qu'il soit sommé de rendre le roi; s'il refuse, alors la force...

LE SÉNÉCHAL.

Oui, la force : armons-nous, forçons le château.

WILLIAMS.

Forcer le château! et que peuvent vingt ou trente hommes, armés seulement de lances et d'épées, contre cent hommes de garnison placés dans un château fort?

LE SÉNÉCHAL.

Vingt ou trente hommes! et les soldats qui jusqu'ici ont servi d'escorte à Marguerite, et qui sont dans la forêt voisine en attendant notre retour! Je vais les faire avancer; et que ne peuvent la valeur, notre exemple et le désir de délivrer le roi?

BLONDEL.

Ah! sénéchal, vous me rendez la vie! Est-il quelqu'un de nous qui ne se sacrifie pour une si belle cause? Williams, Richard est dans les fers, et vous êtes Anglais.

WILLIAMS.

Ou le délivrer, ou mourir!

BLONDEL.

Sénéchal, faites promptement avancer votre escorte, armez vos chevaliers, que Florestan soit arrêté; et dès que nos gens seront au pied des murailles, le signal de l'assaut. J'ai remarqué un endroit faible où, à l'aide des travailleurs, j'espère faire brèche, et montrer à nos amis le chemin de la gloire. En attendant, Williams, faites tout préparer ici pour la danse.

SCÈNE VII

BLONDEL, seul.

Si l'amitié la plus pure, si l'ardeur la plus vive peuvent inspirer un cœur tendre et sensible, que ne dois-je pas attendre des motifs qui m'enflamment?

SCÈNE VIII

WILLIAMS, LAURETTE, DOMESTIQUES.

WILLIAMS, aux domestiques.

Allez, venez, vous autres, et rangez cette salle; préparez tout ici, on va danser.

LAURETTE.

On va danser?

WILLIAMS.

Oui, ma fille, ma chère fille!

LAURETTE.

Ma chère fille! Ah! mon père n'est plus fâché; ah! si le chevalier le savait, peut-être pourrait-il...

SCÈNE IX

WILLIAMS, LAURETTE, BLONDEL, DOMESTIQUES

TRIO.

BLONDEL, à Laurette.

Le gouverneur, après la danse,
Viendra se rendre dans ces lieux;

LAURETTE.

Ah! quel bonheur! que sa présence
Pour moi doit embellir ces lieux!

BLONDEL, à Williams.

Nous n'avons point de mystère :
Je lui disais que mes yeux
Revoient enfin les cieux.

LAURETTE.

Nous n'avons point de mystère,
Non, mon père, non, mon pere;
Ce bonhomme doit vous plaire.

WILLIAMS.

Parlez, parlez sans mystère;
Ce bonhomme a su me plaire.

LAURETTE, à Blondel.

Est il bien sûr de ma tendresse?
Me sera-t-il toujours constant?

BLONDEL.

Si vous aviez vu son ivresse!
Son cœur sera toujours constant.

LAURETTE.

Son Ivresse! son cœur sera toujours constant!

WILLIAMS.

Il te disait que ses yeux
Revoient enfin la lumiere ?

LAURETTE.

Oui, mon père, oui, mon père,
Nous n'avons plus de mystère;
Il me disait que ses yeux
Revoient enfin les cieux.

BLONDEL.

Nous n'avons point de mystère;
Je lui disais que mes yeux
Revoient enfin les cieux :
Je voulais vous dire encore...

ACTE III, SCENE X.

LAURETTE.

Je ne veux point qu'il ignore...

WILLIAMS.

Il te disait que ses yeux...

LAURETTE.

Oui, mon père, etc.

SCÈNE X

FLORESTAN, WILLIAMS, LAURETTE, ANTONIO, PAYSANS, PAYSANNES.

Les noces paraissent, ensuite on danse.

CHANSON

UN PAYSAN.

Et zig, et zoc,
Et fric, et froc.
Quand les bœufs
Vont deux à deux,
Le labourage en va mieux.

Sans berger, si la bergère
Est en un lieu solitaire,
Tout pour elle est ennuyeux ;
Mais si le berger Sylvandre
Auprès d'elle vient se rendre,
Tout s'anime alentour d'eux...

Et zig, et zoc,
Et fric, et froc,
Quand les bœufs
Vont deux à deux,
Le labourage en va mieux.

Qu'en dites-vous, ma commère ?
Eh ! qu'en dites-vous, compère ?
Rien ne se fait bien qu'à deux ;
Les habitants de la terre,

Hélas! ne dureraient guère,
S'ils ne disaient pas entre eux :
Et zig, et zoc, etc., etc.

(La danse continue ; à l'instant que le gouverneur entre et est prêt de danser avec Laurette, on entend un roulement de tambours, Florestan veut sortir.)

FLORESTAN.

Ciel, qu'entends-je?

WILLIAMS, accompagné des chevaliers de Marguerite.

Je vous arrête!

FLORESTAN.

Vous?

WILLIAMS.

Moi.

FINALE

FLORESTAN.

Dieu! quelle trahison!
Dieu! qu'est-ce que prétend
Ce parti violent?

LES CHEVALIERS.

Que Richard, à l'instant,
Soit remis dans nos mains ;
Oui, qu'ici ses destins
Soient remis dans nos mains!

FLORESTAN.

Non, jamais ses destins
Ne seront dans vos mains!

(Les chevaliers emmènent Florestan. Williams sort du côté opposé pour aller joindre le sénéchal et Blondel. — Le théâtre change et représente l'assaut donné à la forteresse par les troupes de Marguerite. Blondel et Williams encouragent les assiégeants ; les assiégés reçoivent un renfort et repoussent l'attaque avec avantage.

Blondel alors jette son habit d'aveugle, et sous lui que couvrait sa casaque, il se met à la tête des pionniers ; il les place et leur fait attaquer l'endroit faible dont il a parlé. L'assaut continue. On voit paraître, sur le haut de la forteresse, Richard qui, sans armes, fait les plus grands efforts pour se débarrasser de trois hommes armés. Dans cet instant, la muraille tombe avec fracas. Blondel monte à la brèche, court auprès du roi, perce un des s   lui arrache son sabre. Le roi s'en saisit. Ils mettent en

ACTE III, SCÈNE X.

fuite les soldats qui s'opposent à eux. Alors Blondel se jette aux genoux de Richard qui l'embrasse. Dans ce moment le chœur chante : *Vive Richard!* sur une fanfare très-éclatante. Les assiégeants arborent le drapeau de Marguerite. Dans ce moment, elle paraît, suivie de ses femmes et de tout le peuple; elle voit Richard, délivré de ses ennemis et condu t par Blondel. Elle tombe évanouie, soutenue par ses femmes, et ne reprend ses esprits que dans les bras de Richard.

Iorestan ensuite est conduit aux pieds du roi par le sénéchal et Williams Richard lui rend son épée; toute cette action se passe sur la marche, depuis la fanfare qui termine le combat.)

RICHARD.

O ma chère comtesse!
O doux objet de toute ma tendresse!

MARGUERITE.

Ah! Richard! ô mon roi! ah! dieux!

RICHARD.

A la tendresse
Je dois ce moment heureux.

MARGUERITE.

C'e t à Blondel, c'est à son cœur
Qu'en ce jour je dois ce bonheur.

RICHARD, embrassant Blondel.

C'est à ton cœur
Qu'en ce jour je dois mon bonheur.
Délivré par ceux que j'aime,
De mes sujets oublié,
C'est l'amour et l'amitié
Qui font mon bonheur suprême.

MARGUERITE, BLONDEL.

C'est l'amour et l'amitié
Qui font son bonheur suprême.

LAURETTE, ANTONIO, PAYSANS, PAYSANNES.

Ah! que le bonheur suprême
L'accompagne chaque jour!
Que le bonheur l'accompagne sans cesse!
Ah! quel plaisir! quelle ivresse!
C'est un roi, oui, c'est lui-même
Qui paraît dans ce séjour.

MARGUERITE, RICHARD, BLONDEL, WILLIAMS,
LES CHEVALIERS.

Ah! que le bonheur suprême
L'accompagne chaque jour!

MARGUERITE, RICHARD, BLONDEL.

Non, l'éclat du diadème
Ne vaut pas un si beau jour.

MARGUERITE, à Florestan et à Laurette.

Vous, commencez ma récompense;
Heureux amants, je vous unis.

(A Wiliams)

Souffrez que ce nœud mette un prix
A notre reconnaissance.

LE CHŒUR.

Heureux amants, etc.

TRIO

MARGUERITE.

C'est l'amitié fidèle
Qui finit mon malheur;
Qu'une amour éternelle
Assure ton bonheur!

RICHARD.

C'est l'amitié fidèle
Qui finit mon malheur,
Et l'amour de ma belle
Assure mon bonheur.

BLONDEL.

Pour un sujet fide e
Est-il plus grand bonheur,
Quand il voit que son zèle
Finit votre malheur?

BLONDEL, MARGUERITE, WILLIAMS, LE CHEVALIERS.

Ah! quel bonheur! quelle ivresse!
Que le bonheur l'accompagne sans cesse!

C'est un roi, oui, c'est lui même
Qui paraît dans ce séjour !

LAURETTE, PAYSANS, PAYSANNES.

Que le bonheur l'accompagne sans cesse!
Ah! quel bonheur! quelle ivresse!
C'est un roi, oui, c'est lui-même
Qui paraît en ce séjour!

RICHARD.

C'est un roi, oui, c'est lui-même
Qui vous doit un si beau jour!

MARGUERITE.

Richard m'est rendu dans ce jour.

BLONDEL.

C'est un roi delivré par l'amour.

LE CHŒUR.

Ah! quel bonheur! quel plus beau jour!
C'est un roi qui vous doit un si beau jour.

FIN DE PICHARD CŒUR DE LION.

ÉPITRE

A

MON HABIT

Ah ! mon habit, que je vous remercie,
Que je valus hier, grâce à votre valeur !
Je me connais ; et plus je m'apprécie,
Plus j'entrevois qu'il faut que mon tailleur,
Par une secrète magie,
Ait caché dans vos plis un talisman vainqueur,
Capable de gagner et l'esprit et le cœur.
Dans ce cercle nombreux de bonne compagnie,
Quels honneurs je reçus ! quels égards ! quel accueil !
Auprès de la maîtresse et dans un grand fauteuil,
Je ne vis que des yeux toujours prêts à sourire,
J'eus le droit d'y parler et parler sans rien dire.
Cette femme à grands falbalas
Me consulta sur l'air de son visage ;
Un blondin sur un mot d'usage
Un robin sur des opéras ;
Ce que je décidai fut le *nec plus ultra*.
On applaudit à tout, j'avais tant de génie !
Ah ! mon habit, que je vous remercie !
C'est vous qui me valez cela !
De compliments bons pour une maîtresse
Un petit-maître m'accabla,
Et, pour m'exprimer sa tendresse,
Dans ses propos guindés me dit tout Angola.
Ce poupart à simple tonsure,
Qui ne songe qu'à vivre, et ne vit que pour soi,
Oublia quelque temps son rabat, sa figure,

Pour ne s'occuper que de moi.
Ce marquis, autrefois mon ami de collége.
Me reconnut enfin, et du premier coup d'œil
　　　Il m'accorda par privilége
Un tendre embrassement qu'approuvait son orgueil
Ce qu'une liaison dès l'enfance établie,
Ma probité, des mœurs que rien ne dérégla,
　　　N'eussent obtenu de ma vie,
　　　Votre aspect seul me l'attira.
　　Ah ! mon habit, que je vous remercie !
　　　C'est vous qui me valez cela.
　　　Mais ma surprise fut extrême :
　　　Je m'aperçus que sur moi-même
　　　Le charme sans doute opérait.
　　　J'entrais jadis d'un air discret ;
Ensuite suspendu sur le bord de ma chaise
J'écoutais en silence, et ne me permettais
　　　Le moindre si, le moindre mais ;
Avec moi tout le monde était fort à son aise,
　　　Et moi je ne l'étais jamais ;
　　　Un rien aurait pu me confondre ;
　　　Un regard, tout m'était fatal ;
　　　Je ne parlais que pour répondre ;
　　　Je parlais bas, je parlais mal.
Un sot provincial arrivé par le coche
Eût été moins que moi tourmenté dans sa peau ;
　　Je me mouchais presqu'au bord de ma poche ;
　　　J'éternuais dans mon chapeau.
On pouvait me priver sans aucune indécence
　　De ce salut que l'usage introduit.
　　　Il n'en coûtait de révérence
　　　Qu'à quelqu'un trompé par le bruit.
　　　Mais à présent, mon cher habit,
Tout est de mon ressort, les airs, la suffisance ;
Et ces tons décidés, qu'on prend pour de l'aisance,
　　　Deviennent mes tons favoris :
Est-ce ma faute, à moi, puisqu'ils sont applaudis ?
　　Dieu ! quel bonheur pour moi, pour cette étoffe,

De ne point habiter ce pays limitrophe
    Des conquêtes de notre roi.
  Dans la Hollande il est une autre loi.
En vain j'étalerais ce galon qu'on renomme ;
En vain j'exalterais sa valeur, son débit ;
    Ici l'habit fait valoir l'homme,
    Là l'homme fait valoir l'habit.
Mais chez nous (peuple aimable), où les grâces, l'esprit
    Brillent à présent dans leur force,
L'arbre n'est point jugé sur ses fleurs, sur son fruit,
    On le juge sur son écorce.

TABLE DES MATIÈRES

	Pages.
INTRODUCTION	V
LE DIABLE A QUATRE OU LA DOUBLE MÉTAMORPHOSE	1
LE ROI ET LE FERMIER	59
Avertissement de l'auteur	61
Le Roi et le Fermier, comédie mêlée de morceaux de musique	63
ROSE ET COLAS	123
L'auteur au lecteur	128
Rose et Colas, comédie prose et musique	131
LE PHILOSOPHE SANS LE SAVOIR	185
Variante du *Philosophe sans le savoir*	269
Analyse du *Mariage de Victorine*	278
LA GAGEURE IMPRÉVUE	281
Avertissement de l'auteur	283
La Gageure imprévue, comédie	285
LE DÉSERTEUR	339
RICHARD CŒUR DE LION	407
Épître à mon habit	459

COLLECTION DES MEILLEURS OUVRAGES FRANÇAIS ET ÉTRANGERS

FORMAT GRAND IN-18 JÉSUS (DIT ANGLAIS) A **3 FR.** LE VOLUME

Arioste. Roland furieux, 2 vol.

Aristophane. Théâtre, 2 vol.

Aristote. La politique, 1 vol — Poétique et Rhétorique, 1 vol.

Aurise (D). Théâtre de la foire, 1 vol.

Bachaumont. (Mémoires secrets, 1 vol.

Barthélemy. Némésis, 1 vol.

Beaumarchais Mémoires, 1 vol. — Théâtre, 1 vol.

Beecher-Stowe. La Case de l'Oncle Tom. Traduit Par Michiels. 1 vol.

Béranger des Familles, 1 vol

Bernardin de Saint-Pierre Paul et Virginie 1 vol.

Beroalde de Verville. Le moyen de parvenir, 1 vol.

Berthoud (S-H) Les Petites Chroniques de la science, 10 vol — Légendes et traditions surnaturelles des Flandres, 1 vol — Les femmes des Pays-Bas et des Flandres. 1 vol.

Boccace Contes, 2 vol.

Boileau (Œuvres) Avec notice de M Sainte-Beuve, annotées par M Gidel, 1 vol.

Bonaventure des Périers. Le Cymbalum mundi 1 vol.

Bossuet. Discours sur l'histoire universelle, 1 vol — Sermons choisis 1 vol — Élévations à Dieu Sur les mystères de la Religion Édition revue. 1 vol — Méditations sur l'Évangile. Revue sur les manuscrits originaux, 1 vol — Oraisons funèbres, panégyriques. 1 vol — Sermons (Édition complète), revue avec beaucoup de soin, 4 vol. — Traité de la connaissance de Dieu et de soi-même 1 vol — Traité de la Concupiscence. Maximes et réflexions sur la comédie. La logique, Traité du libre arbitre 1 vol

Bourdaloue. Chefs-d'œuvre oratoires, 1 vol.

Brantôme. Vies des Dames galantes, 1 vol. — Vies des Dames illustres françaises et étrangères, 1 vol.

Bret (A.). Lettres de Ninon de Lenclos, 1 vol.

Brillat-Savarin. Physiologie du goût 1 vol

Bussy-Rabutin. Histoire amoureuse des Gaules. 2 vol

Byron. Œuvres complètes, 4 v

Mémoires de J. **Casanova** Écrits par lui-même. 8 vol.

César Cantu Abrégé de l'Histoire universelle, 2 vol

Cent Nouvelles nouvelles, 1 v

Cervantès Don-Quichotte, 2 v

Chasles (Philarète) Études sur l'Allemagne au XIX° siècle. 1 vol. — Voyages, philosophie et Beaux-Arts. 1 vol. — Portraits contemporains. 1 vol. — Encore sur les contemporains, 1 vol.

Chateaubriand Génie du Christianisme 2 vol — Les Martyrs, 1 vol — Itinéraire de Paris à Jérusalem, 1 vol — Atala. René. Le dernier Abencerrage, etc 1 vol. — Voyage en Amérique, en Italie, au Mont-Blanc. 1 vol. — Paradis perdu. 1 vol. — Études historiques, 1 vol. — Histoire de France Les Quatre Stuarts, 1 vol. — Mélanges 1 vol

Chénier (André). Œuvres poétiques, 1 vol — Œuvres en prose 1 vol

Collin d'Harleville. Théâtre, 1 vol.

Corneille Théâtre, 1 vol — Théâtre avec notes, 1 vol.

Courier (P.-L.) Œuvres, 1 vol

Cousin Instruction publique en France (1830-1840), 2 vol — Enseignement de la médecine. 1 vol. — Jacqueline Pascal, 1 vol.

Créquy Souvenirs (1710-1803), 10 tomes broch en 5 vol, avec 10 port. sur acier.

Curiosités théologiques, par un bibliophile, 1 vol.

Cyrano de Bergerac Histoire de la lune et du soleil, 1 vol.

Dante (Alighieri). La Divine Comédie, 1 vol.

Dassoucy Aventures burlesques, 1 vol.

Delille (Œuvres), avec notes de Delille, Choiseul-Gouffier, Martin, 2 vol

De Maistre (Xavier). Œuvres complètes. 1 vol.

Demoustier (C.-A.). Lettres à Émilie sur la mythologie, 1 v.

Désaugiers. Théâtre, Introduction et liste des pièces à Désaugiers, par M. Louis Moland 1 vol

Descartes. Œuvres choisies. 1 vol

Destouches Théâtre, 1 vol.

Diderot Œuvres choisies. 2 v — Jacques le fataliste 1 vol. — Les Bijoux indiscrets, Notices et notes par J. Assézat. 1 vol

Diodore de Sicile. 4 vol.

Donville (de). Mille et un calembours et bons mots, 1 vol

Dufaux (Ermance) Le savoir-Vivre dans la vie ordinaire et dans les cérémonies civiles et religieuses, 1 vol.

Dupont (Pierre). Muse juvénile, vers et prose, 1 vol

Dupuis. Abrégé de l'Origine de tous les cultes 1 vol.

Eschyle Théâtre. 1 vol.

Fénelon. Œuvres choisies, De l'existence de Dieu, Lettres sur la religion, etc. 1 vol. — Dialogues sur l'éloquence De l'éducation des filles, recueil de Fables Opuscules. Dialogues des morts 1 vol. — Aventures de Télémaque 8 grav, 1 vol.

Fléchier (Voy. Massillon)

Florian Fables, Théâtre. Illust. par Grandville, 1 vol. — Don Quichotte de la jeunesse. vign. dessin de Staal, 1 vol.

Fontenelle Éloges, 1 vol.

Fournel (Victor), Curiosités théâtrales, 1 vol.

Furetière Le Roman bourgeois, 1 vol.

Galland Les Mille et une Nuits contes arabes 3 vol

Gentil-Bernard. L'art d'aimer. Les Amours, par Bertin Le Temple de Cnides, par Léonard. Les Baisers, par Dorat. Zélis au bain, par Pezay Pièces des poètes érotiques, 1 vol.

Gilbert (Œuvres de), 1 vol.

Gœthe. Faust et le second Faust, choix de poésies de Gœthe, Schiller, etc, 1 vol — Werther suivi de Hermann et Dorothée, 1 vol.

Goldsmith Le Vicaire de Wakefield. 1 vol.

Gresset. Œuvres choisies 1 v.

Hamilton Mémoires de Gramont 1 vol.

Héloïse et Abélard. Lettres, 1 vol

Heptameron (L') Contes de la reine de Navarre, 1 vol.

Héricault (Ch d'). Maximilien et le Mexique. Histoire des derniers mois de l'empire mexicain, 1 vol

Hérodote (Histoire d'), 2 vol.

Homère Trad Dacier. Iliade, 1 vol. — Odyssée, 1 vol.

Jacob (P.-L.), bibliophile Recueil de Farces, soties et moralités du XV° siècle, 1 vol. — Paris ridicule et burlesque, 1 vol. Curiosités des sciences occultes, 1 vol. Curiosités infernales Diables bons Anges Fées, Elfes, Follets et Lutins, Esprits familiers, possédés et ensorcelés, revenants, etc., 1 vol.

La Bruyère, Les caractères de Théophraste, 1 vol.

La Fayette (M de) Romans et nouvelles. Zaïde Princesse de Clèves, Princesse de Montpensier, Comtesse de Tendre 1 vol

La Fontaine. Fables, illustr. de 8 grav, 1 vol. — Contes et nouvelles, 1 vol.

www.ingramcontent.com/pod-product-compliance
Lightning Source LLC
Chambersburg PA
CBHW050558230426
43670CB00009B/1178